商务馆对外汉语教学专题研究书系（第二辑）
总主编　赵金铭
审　订　世界汉语教学学会

汉语作为第二语言教学的跨文化交际研究

主编　李晓琪

商务印书馆
The Commercial Press

2019年·北京

总主编 赵金铭
主　编 李晓琪
编　者 李晓琪　路　云
作　者（按音序排列）

安　然　毕继万　蔡　绿　董　明
高永晨　桂　靖　韩　然　胡　晓
胡炯梅　黄晓琴　李　昊　李　萌
刘　荣　刘慎军　吕俞辉　亓　华
曲凤荣　汝淑媛　Supapit Khamtab（泰国）
王凤兰　王建勤　王永阳　魏岩军
闻　亭　文卫平　吴　庄　徐晶凝
杨　恬　俞玮奇　赵金铭　朱雯静

目　录

总　序 …………………………………………………………… 1
综　述 …………………………………………………………… 1

第一章　跨文化交际视域下的汉语作为第二语言教学研究 … 1
第一节　跨文化交际的内涵 ……………………………………… 1
第二节　国际汉语教育中的跨文化思考 ………………………… 13
第三节　文化全球化对跨文化交际研究的影响 ………………… 33

第二章　跨文化交际能力研究 ………………………………… 45
第一节　跨文化交际能力在汉语作为第二语言教学中的地位 … 45
第二节　汉语学习者跨文化交际能力的发展 …………………… 58
第三节　影响汉语学习者跨文化交际能力的实证研究 ………… 72
第四节　文化依附对汉语学习者跨文化交际能力的影响 ……… 87
第五节　汉语国际传播视角下的跨文化交际能力及其培养 …… 93

第三章　语言或非言语行为中的跨文化交际研究 …………… 104
第一节　语言行为中的跨文化交际研究 ………………………… 104
第二节　非言语行为中的跨文化交际研究 ……………………… 113
第三节　语言或非言语交际行为中的跨文化差异研究 ………… 129

第四节　语言或非言语交际行为中的跨文化冲突成因
　　　　　及策略研究 ································· 141

第四章　跨文化交际语用规则研究 ··················· 150
　　第一节　从跨文化语用学角度谈汉语作为第二语言教学 ··· 150
　　第二节　跨文化交际得体性研究 ····················· 158
　　第三节　跨文化交际适度性研究 ····················· 175
　　第四节　跨文化语境下的汉语作为第二语言教学语用
　　　　　失误研究 ································· 191
　　第五节　跨文化交际语用失误原因及对策 ············· 197

第五章　跨文化适应性及心理因素研究 ··············· 218
　　第一节　汉语教师海外工作跨文化适应性研究 ········· 218
　　第二节　短期汉语学习者跨文化适应性研究 ··········· 230
　　第三节　中高级汉语学习者跨文化适应性研究 ········· 247
　　第四节　汉语学习者跨文化认同感研究 ··············· 262
　　第五节　汉语学习者跨文化交际意愿研究 ············· 279
　　第六节　跨文化交往对汉语作为第二语言教学的影响和对策 ····· 295

总 序

赵 金 铭

对外汉语教学专题研究书系是商务印书馆出版的同名书系的延续。主要收录2005—2016年期间，有关学术期刊、集刊、高校学报等所发表的有关对外汉语教学研究论文，涉及学科各分支研究领域。内容全面，质量上乘，搜罗宏富。对观点不同的文章，两方皆收。本书系是对近10年对外汉语教学研究成果的汇总与全面展示，希望能为学界提供近10年来本学科研究的总体全貌。

近10年的对外汉语教学与研究，呈现蓬勃发展的局面，与此同时，各研究分支也出现一些发展不平衡现象。总体看来，孔子学院教学、汉语师资培训、文化与文化教学、专业硕士课程教学等方面，已经成为研究热门，研究成果数量颇丰，但论文质量尚有待提升。由于主管部门的导向，作为第二语言汉语教学的汉语本体研究与汉语教学研究，在一定程度上被淡化。语音、词汇及其教学研究成果较少，语法、汉字及其教学研究成果稍多，汉字教学研究讨论尤为热烈。新汉语水平考试研究还不够成熟，课程与标准和大纲研究略显薄弱。值得提及的是，教学方法研究与教学模式研究、汉语作为第二语言习得研究、现代教育技术研究及其在教学中的应用研究，发展迅速，方兴未艾，成果尤为突出。本书系就是对这10年研究状况的展示与总结。

近10年来，汉语国际教育大发展的主要标志是：开展汉语教学的国别更加广泛；学汉语的人数呈大规模增长；汉语教学类型和层次多样化；汉语教师、教材、教法研究日益深入，汉语教学本土化程度不断加深；汉语教学正被越来越多的国家纳入其国民教育体系。其中，世界范围内孔子学院的建立既是国际汉语教育事业大发展的重要标志，也是进一步促进国际汉语教学持续发展的一个重要平台，吸引了世界各地众多的汉语学习者。来华外国留学生汉语教学与海外汉语教学，共同打造出汉语教学蓬勃发展的局面。

大发展带来学科研究范围的扩大和研究领域的拓展。本书系共计24册，与此前的22册书系的卷目设计略有不同。

本书系不再设《对外汉语课堂教学技巧研究》，增设《汉语作为第二语言教学的教学方法研究》和《汉语作为第二语言教学的教学模式研究》两册。汉语作为第二语言教学，既与世界第二语言教学有共同点，也因汉语、汉字的特点，而具有不同于其他语言作为第二语言教学的特色。这就要求对外汉语教学要讲求符合汉语实际的教学方法。几十年以来，对外汉语教学在继承传统和不断吸取各种教学法长处的基础上，结合汉语、汉字特点，以结构和功能相结合为主的教学方法为业内广泛采用，被称为汉语综合教学法。博采众长，为我所用，不独法一家，是其突出特点。这既是对外汉语教学的传统，在教学实践中也证明是符合对外汉语教学实际的有效的教学方法。与此同时，近年来任务型教学模式风行一时，各种各样的教法也各展风采。后方法论被介绍进来后，已不再追求最佳教学法与最有效教学模式，教学法与教学模式研究呈现多样化与多元性发展态势。

进入新世纪后，对外汉语教学学科理论研究的一个重要进展是开拓了第二语言习得理论与实际问题的研究，从重视研究教师怎样教汉语，转向研究学习者如何学习汉语，这是一种研究理念的改变，这种研究近10年来呈现上升趋势。研究除了《汉语第二语言学习者语言系统研究》《汉语作为第二语言的学习者研究》，本书系基于研究领域的扩大，增设《基于认知视角的汉语第二语言习得研究》和《多视角的汉语第二语言习得研究》，从多个角度开辟了汉语学习研究的新局面。

教育部在2012年取消原本科专业目录里的"对外汉语"，设"汉语国际教育"二级学科。此后，"汉语国际教育"作为在世界范围内开展汉语作为第二语言教学的名称被广泛使用，学科名称的变化，为对外汉语教学带来了无限的机遇与巨大的挑战。随着海外汉语学习者人数的与日俱增，大量汉语教师和汉语教学志愿教师被派往海外，新的矛盾暴露，新的问题随之产生。缺少适应海外汉语教学需求的合格的汉语教师，缺乏适合海外汉语学习者使用的汉语教材，原有的汉语教学方法又难以适应海外汉语教学实际，这三者成为制约提高对外汉语教学质量、提升对外汉语教学水平的瓶颈。

面对世界汉语教学呈现出来的这些现象，在进行深入研究、寻求解决办法的同时，也产生了一种急于求成的情绪，急于解决当前的问题。故而研究所谓"三教"问题,一时成为热门话题。围绕教师、教材和教法问题,结合实际情况,出现一大批对具体问题进行研究的论文。与此同时,在主管部门的导引下,轻视理论研究,淡化学科建设,舍本逐末,视基础理论研究为多余,成为一时倾向。由于没有在根本问题上做深入的理论探讨,将过多的精力用于技法的提升,以至于在社会上对汉语作为一个学科产生了不同认识,某种程度上干扰了学科建设。本书系《汉语作为第二语言教学的学科理论研究》和《汉语作为第二语言教学的教学理论研究》两册集中反映了学科建设与教学理论问题,显示学界对基本理论建设的重视。

2007年国务院学位办设立"汉语国际教育硕士专业学位",目前已有200余所高等院校招收和培养汉语国际教育专业硕士。10多年来,数千名汉语教师和志愿者在世界各地教授汉语、传播中国文化,这支师资队伍正在共同为向世界推广汉语做出贡献。

一种倾向掩盖着另一种倾向。社会上看轻汉语作为第二语言教学的观点,依然存在。这就是将教授外国人汉语看成一种轻而易举的事,这是一种带有普遍性的错误认知。这种认知导致对汉语作为第二语言教学科学性认识不足。一些人单凭一股热情和使命感,进入了汉语国际教育的教师队伍。一些人在知识储备和教学技能方面并未做好充分的准备,便匆匆走向教坛。故而如何对来自不同专业、知识结构多层次、语言文化背景多有差别的学习者,进行汉语作为第二语言教学的专业培养和培训,如何安排课程内容,将其培养成一个合格的汉语教师,就成为当前迫切需要解决的问题。本书系增设的《汉语作为第二语言教学的教师发展研究》《汉语作为第二语言标准与大纲研究》以及《汉语作为第二语言教学的课程研究》，都专门探讨这些有关问题。

自1985年以来，实行近20年的汉语水平考试（HSK），已构成了一个水平由低到高的较为完整的系统，汉语水平考试（HSK）的实施大大促进了汉语教学的科学化和规范化。废除HSK后，研发的"新HSK"，目前正在改进与完善之中。有关考试研究，最近10年来，虽然关于测试理论和技术等方面的研究仍然有一些成果出现，但和以往相比，研究成果的数量有所下降，理论和技术方面尚缺乏明显的突破。汉语测试的新进展主要表现在新测验的开发、新技术的应用和对重大理论问题的探讨等方面。《汉语作为第二语言测试研究》体现了汉语测试的研究现状与新进展。

十几年来，汉语作为第二语言教学史的研究越来越多，也越来越深入。既有宏观的综合性研究，又有微观的个案考察。宏观研究中，从学科建设的角度探讨汉语教学史的研究。重视对外汉语教学历史的发掘与研究，因为这是对外汉语教学学科建设中不可缺少的一部分。宏观研究还包括对某一历史阶段和某一国家或地区汉语教学历史的回顾与描述。微观研究则更关注具体国家和地区的汉语教学历史、现状与发展。为此本书系增设《汉语作为第二语言教学史研究》，以飨读者。

本书系在汉语本体及其教学研究、汉语技能教学研究、文化教学与跨文化交际研究、教育技术研究和教育资源研究等方面，也都将近10年的成果进行汇总，勾勒出研究的大致脉络与发展轨迹，也同时可见其研究的短板，可为今后的深入研究引领方向。

本书系由商务印书馆策划，从确定选题，到组织主编队伍，以及在筛选文章、整理分类的过程中，商务印书馆总编辑周洪波先生给予了精心指导，在此深表谢意。

本书系由多所大学本专业同人共同合作，大家同心协力，和衷共济，在各册主编初选的基础上，经过全体主编会的多次集体讨论，认真比较，权衡轻重，突出研究特色，注重研究创新，最终确定入选篇章。即便如此，也还可能因水平所及评述失当，容或有漏选或误选之处，对书中的疏漏和失误，敬请读者不吝指教，以便再版时予以修正。

综　述

　　1959年美国文化人类学家爱德华·霍尔（Edward T. Hall）《无声的语言》的出版，标志着美国跨文化交际学的开端。何道宽（1983）[①]首次将"跨文化交际学"引入中国学界。张占一（1984）[②]首先提出了"交际文化"的概念，认为语言教学（尤其初级阶段）中的文化内容应分为两类——知识文化（Cultural Knowledge Information）和交际文化（Cultural Communication Information）。自此，"交际文化"的概念开始进入对外汉语教学学者的研究视野。20世纪以来，随着科技发展和全球化的深入，跨文化交际学更已成为独立的学科，汉语作为第二语言教学的跨文化交际研究也在2005—2016年中呈现井喷式发展。在《商务馆对外汉语教学专题研究书系》（第一辑）之《对外汉语文化教学研究》中，"跨文化交际"[③]只是隶属于文化教学的一个部分，是文化教学研究的一个新视角，对"跨文化交际"研究成果的介绍篇幅只占全书的一个章节；研究的焦点也主要集中于以下几个方面：对跨文化交际能力在第二语言教学中所占地位的探讨，不同文化的差异对比，

　　[①] 何道宽《介绍一门新兴学科——跨文化的交际》，《外国语文》1983年第2期。
　　[②] 张占一《汉语个别教学及其教材》，《语言教学与研究》1984年第3期。
　　[③] 这里说的"跨文化交际"，特指外国人跟中国人之间以汉语作为交际工具所进行的交际。

跨文化交际意识的培养以及提倡建立跨文化研究的新维度等方面的内容。而到了2005—2016年这个时间段，人们已经广泛认识到"跨文化交际"在语言教学中的重要性，特别是在国际汉语教育和传播中占有极为重要的地位。对"跨文化交际"的研究不再局限于对理论的探讨，更增加了很多具体的、实证性的研究，包括对跨文化交际能力的界定、对交际语用规则和失误的探讨、对跨文化适应性和其他心理因素的量化研究等，可以说，在研究范围和研究方法的深度和广度方面都有了进一步的加强。

为了对近10年来的汉语作为第二语言教学的跨文化交际研究有更清晰的了解和认识，本书对相关研究进行了梳理，从数百篇相关文献中选取了23篇论文，涉及五大方面，力求借此全面、系统地向读者展现这一领域的研究成果。

一、跨文化交际视域下的汉语作为第二语言教学研究

随着全球化进程的加速，各民族本土文化都以开放的态势与多样性的异域文化进行积极对话，全球文化呈现出统一性与多样性、普遍性与独特性并行不悖的生动格局，强有力地推动着跨文化交际学科的发展。[①] 汉语作为第二语言教学中的跨文化交际研

---

① 高永晨《文化全球化与跨文化交际学科发展：动力、趋势和展望》，《外语与外语教学》2008年第1期。详见第一章第三节。

究也在这样的背景下迸发出蓬勃的生命力。学者们的研究主要从以下两个角度展开：

（一）汉语作为第二语言教学是一种涉及跨文化交际的教学活动，其主要的目的是为了提升学生的跨文化交际能力

早在20世纪末，汉语作为第二语言研究领域已经开始注重"跨文化交际"的作用，周小兵（1996）[①]提出应该注重提高"外国留学生的跨文化交际能力"。但是对跨文化交际内涵阐述较为全面的当属毕继万（2005）[②]，他首次提出要以学生跨文化交际能力提高的程度作为衡量第二语言教学成果的重要指标。在毕继万之后，很多学者进一步从课堂教学和教学效果的角度对跨文化交际的重要性进行了分析，白朝霞（2006）[③]认为可以把汉语作为第二语言教学视作一种"特殊的跨文化交际活动"，教学课堂本质上也是一个跨文化交际的场所；董明（2007）[④]指出汉语的课堂教学必须符合跨文化交际的特点与规律，必须以提高学生的跨文化交际能力为依归。还有的学者从学科建设的高度来阐述这一问题，如郭风岚（2007）[⑤]将"汉语作为第二语言教学"定位于为了"培养将汉语作为第二语言学习者的跨文化交际能力"。

[①] 周小兵《对外汉语教学中的跨文化交际》，《中山大学学报》（社会科学版）1996年第6期。

[②] 毕继万《第二语言教学的主要任务是培养学生的跨文化交际能力》，《中国外语》2005年第1期。详见第二章第一节。

[③] 白朝霞《试论对外汉语教学中的跨文化交际观》，《德州学院学报》2006年第2期。

[④] 董明《交际文化与跨文化交际琐谈》，《语言文字应用》2007年S1期。详见第一章第一节。

[⑤] 郭风岚《对外汉语教学目标的定位、分层与陈述》，《汉语学习》2007年第5期。

此外，还有学者从汉语国际教育①和文化传播的角度，将跨文化交际的目的定位于扫清中外间的跨文化交际障碍、传播中国传统文化，进而提升中国文化软实力。②

由此可见，研究者们已就跨文化交际在第二语言教学中的重要地位达成共识；从宏观角度，对汉语作为第二语言教学中跨文化交际的重要性展开论述，并在跨文化交际视域下，对汉语作为第二语言教学的教学目的和目标重新进行了定位和分析。

（二）国际汉语教学中应树立正确的跨文化交际观研究

如何确保跨文化交际活动的顺利进行，参与交际的双方持什么样的交际观十分关键。白朝霞（2006）③认为应该从互相尊重、求同存异等方面去激发学生了解与理解目的语文化；黄炎（2009）④认为应该在教学中增强对多元共生意识、平等对话意识和求同存异意识的强调。这方面的研究，赵金铭（2014）⑤的观点较为全面，他认为在国际汉语教学中，师生双方应该进一步明确：学习一种语言就是掌握一种文化；领悟和体味中国文化是一个渐进的过程；对汉语和中国文化之基本认识是跨文化交际的前提；相宜的话语体系是跨文化交际的保障；对自己文化的自信是跨文化交际的动力。

---

① 关于"国际汉语教育"论述，参见吴应辉《国际汉语教学学科建设及汉语国际传播研究探讨》，《语言文字应用》2010年第3期。

② 李旭中、孟斌斌、张蔚《跨文化视角下的对外汉语教学》，《黑龙江高教研究》2013年第7期。

③ 白朝霞《试论对外汉语教学中的跨文化交际观》，《德州学院学报》2006年第2期。

④ 黄炎《对外汉语教学中跨文化交际研究述评》，《海外华文教育》2009年第4期。

⑤ 赵金铭《国际汉语教育中的跨文化思考》，《语言教学与研究》2014年第6期。详见第一章第二节。

从平等尊重、多元共生到文化自信、文化自觉，不仅体现了跨文化交际观的发展，更体现出当下整个中华民族对自身文化地位的反思。在跨文化交际活动中坚持文化自信，并不是要去刻意宣扬汉文化的优越性，而是指在交际活动中要抵制或力避对中国文化的故意歪曲、贬损，以及猎奇或迎合低俗等行为和现象。

纵观近10年来该领域的研究，从比较宏观的视角探讨了跨文化交际的相关问题，主要表现出以下特点：

1.突出了跨文化交际在汉语作为第二语言教学中的重要地位。

语言是文化的载体，对跨文化交际的重视，从某种程度上说体现了人类对语言本质的认识和深化。21世纪之初"交际知识"和"文化知识"的争论①推动了学界对跨文化交际的认识。从语言能力到交际能力再到跨文化交际能力，体现的是跨文化交际在汉语作为第二语言教学中地位和作用的全面提升，这一方面符合时代发展的趋势和汉语作为第二语言教学学科建设的需要，另一方面也与第二语言教学理论的发展有密切关系。

2.全球化和国际汉语教学的发展推动跨文化交际研究向纵深发展。

一方面，全球化的加强和国际汉语教育事业的发展，为汉语作为第二语言教学、中国文化的传播和交流提供了更为广阔的平台；另一方面，学者们也有意识地将跨文化交际与国际汉语教学的大背景相结合，推动了跨文化交际研究的深化。

从已有研究成果看，该领域的研究还有广阔的空间，文章大

---

① 亓华《中国对外汉语教学界文化研究20年述评》，《北京师范大学学报》（社会科学版）2003年第6期；董明《交际文化与跨文化交际琐谈》，《语言文字应用》2007年S1期。

多围绕跨文化交际中的误解和冲突进行衍发性的讨论，缺乏系统梳理和理论框架构建；研究多停留在宏观层面的论述，缺乏对具体问题的严谨深入的分析。如何在汉语国际推广的背景下进一步构建符合汉语语言特点的跨文化交际理论体系，还有待进一步深入研究。

二、跨文化交际能力研究

2005年以后，跨文化交际能力逐渐成为跨文化交际研究领域所关注的重点问题之一。在国际汉语教学时代的视域下，跨文化交际能力更应该作为国际汉语教学的终极目标。

（一）跨文化交际能力的内涵

王斌华（2006）[1]从第二语言教学的角度，认为跨文化能力由四个维度组成，包括语言能力（Linguistic Competence）、社会语用能力（Socio-pragmatic Competence）、跨文化交际能力（Intercultural Communicative Competence）、社会文化能力（Socio-cultural Competence）。郭风岚（2007）[2]提出汉语教学中的跨文化交际能力的培养包含三个方面的内容：语言能力、语用能力和文化能力。

---

[1] 王斌华《"第二文化习得"理论与跨文化的外语教学观》，《山东外语教学》2006年第6期。

[2] 郭风岚《对外汉语教学目标的定位、分层与陈述》，《汉语学习》2007年第5期。

其中毕继万（2005）①对"跨文化交际能力"的阐述具有一定的代表性。他指出，跨文化交际能力指的是跨文化交际环境中的交际能力，包括语言交际能力、非语言交际能力、语言规则和交际规则转化能力、文化适应能力。

在近10年的研究中，学者们基本明确了跨文化交际能力是一个复杂的、包含多种要素的概念系统，对于其具体的内涵，目前仍未能完全统一。另外，学者们对跨文化交际能力各组成要素之间的关系缺乏进一步的分析，对每种能力在语言习得中的发展进度和实现顺序也缺乏相应的关注和研究。

（二）学习者"跨文化交际能力"的发展和获得是一个动态的过程

较早从渐进性的角度对跨文化交际能力进行论述的有高一虹（2002）②，她指出跨文化交际能力是个"变量"，会随语言学习的不同阶段而逐渐加深。近年来出现的"跨文化交际的第三空间"的表述是较为新颖的研究角度。③ 王永阳（2013）④认为在留学生母语文化和目的语文化中存在一个"跨文化交际的第三空间"，这说明能力的获得不可能是一蹴而就的。

此外，特别值得说明的是，关于学习者跨文化交际能力实

---

① 毕继万《第二语言教学的主要任务是培养学生的跨文化交际能力》，《中国外语》2005年第1期。详见第二章第一节。

② 高一虹《跨文化交际能力的培养："跨越"与"超越"》，《外语与外语教学》2002年第10期。

③ "第三空间"是一个借用于社会学的概念，建立在多元文化主义的理论基础之上，它挑战的是跨文化交际中非我即你、非你即我的两极化思维和二元论立场。

④ 王永阳《国际汉语教学传播与跨文化交际第三空间模式》，《云南师范大学学报》（对外汉语教学与研究版）2013年第1期。详见第二章第二节。

证性的研究近年来得到了加强。俞玮奇（2012）^①使用 Chen 和 Starosta 的跨文化敏感度量表（Intercultural Sensitivity Scale）与 Portalla 和 Chen 的跨文化效能感量表（Intercultural Effectiveness Scale），从 11 个层面对学生的"跨文化交际能力"进行考察。发现来华汉语学习者的跨文化敏感与跨文化效能的内部发展是不平衡的，来自不同国家和地区的汉语学习者之间的跨文化交际能力也存在显著差异。

（三）教师在"跨文化交际能力"的教学过程所发挥的作用

教学是一种互动行为，教师在学生跨文化交际能力获得的过程中扮演着重要的角色。祖晓梅（2016）[②]认为汉语教师应当承担六种角色：文化知识的咨询者、文化技能的训练者、探讨文化意义的引导者、文化态度转变的促进者、跨文化交际的中介者、文化学习的合作者。李昊（2012）[③]则从汉语国际传播的角度出发，认为教师应该有全球化眼光，对汉语国际传播的跨文化性有高度的敏感与自觉性。

另外，也有学者从文化依附[④]的角度，从阻碍跨文化交际能力发展的角度分析。蔡绿（2006）[⑤]借用"信息内涵的相互调整

[①] 俞玮奇《来华汉语学习者的跨文化交际能力实证研究：敏感度与效能感》，《世界汉语教学》2012 年第 4 期。详见第二章第三节。

[②] 祖晓梅《国际汉语教师在跨文化交际能力教学中的角色和作用》，《国际汉语教育》2016 年第 1 期。

[③] 李昊《汉语国际传播视角下的跨文化交际能力及其培养》，《现代传播》2012 年第 7 期。详见第二章第五节。

[④] 所谓文化依附，即对外汉语教师在教学中和留学生在学习中代表或体现什么样的文化。

[⑤] 蔡绿《文化依附矛盾与跨文化交际能力——也谈对外汉语教师素质》，《黑龙江高教研究》2006 年第 4 期。详见第二章第四节。

理论"，指出教师在跨文化交际中扮演的是信息发送者的角色，天生完美的交流是不存在的。

综上所述，近10年来研究者们围绕"跨文化交际能力"展开多维度论述，主要体现在：

1. 借用其他学科的研究成果，以多元文化的视角来研究跨文化交际能力。把学习者跨文化交际能力的发展看成是一种互动和渐进的过程；借用后现代主义的观念衍生出"第三空间"的概念；借用文化人类学中"信息内涵的相互调整理论"对"跨文化交际能力"进行解释和说明。

2. 对学习者跨文化交际能力的发展较为关注，并出现了一些针对交际能力发展的量化和实证研究。

3. 研究内容和方法都有新突破，在一些方面还有可拓展的空间：提升学习者跨文化交际能力的具体实施步骤和方法；教师的跨文化交际能力研究；针对不同国别学习者的跨文化交际能力研究，特别受中国"一带一路"倡议的影响，沿线国家和地区学习者的跨文化交际能力特点和相应的教学策略一定会成为研究的热点。

三、语言或非语言行为中的跨文化交际研究

跨文化交际中，人们使用语言和一些非语言的行为来进行交际。后者的内涵十分丰富，比如体态语（姿势、身姿、身体各部分的动作、体触行为等）、副语言（沉默、话轮转换、非语言声音等）、客体语（衣着和妆容等）以及环境语（空间信息、对待

拥挤的态度、身体距离、时间信息等）。近10年针对语言或非语言行为中跨文化交际的研究，从方法来说，量化研究和跨文化交际案例分析的比重明显增大；从研究内容来说，主要可以概括为：

（一）教师语言和非语言中一些有意或无意的行为会对学生的汉语学习效果或课堂教学效果产生影响

语言和非语言的行为都是人们完成交际任务的重要方式。在大多数情况下，两者相辅相成，非语言行为往往伴随语言交际行为的进行而发生。对于汉语教学课堂中教师行为的研究，在汉语作为第二语言教学当中仍属较新的研究领域，本书选取了两篇论文，[①] 从课堂表扬话语的选择模式和教师非语言行为规范的角度展开进一步介绍。

纵观这一领域的研究，不难发现集中于非语言交际行为的跨文化研究成果要更多，究其根本，这实际上和跨文化交际中信息的传递途径相关。"在跨文化交际中，大部分信息是靠非语言行为传递的，同时由于非语言交际具有模糊性和文化规约性，并受到语境的影响，因此非语言交际行为是产生跨文化交际误解和冲突最多的领域之一"[②]，故而非语言交际行为更易吸引研究者的目光。

（二）各种语言或非语言文化观念的不同成为引起跨文化交际差异的主要因素，而价值观念的差异是引起跨文化冲突的深层原因

在跨文化交际过程中，往往会发生障碍或冲突；这些冲突不

[①] 亓华、李萌《汉语"表扬"语的话语模式与跨文化语用策略研究》，《西北大学学报》（哲学社会科学版）2011年第4期。详见第三章第一节。亓华《美国高校汉语教师"非言语行为"规范及优秀个案研究》，《云南师范大学学报》（对外汉语教学与研究版）2015年第3期。详见第三章第二节。

[②] 祖晓梅《跨文化交际》，外语教学与研究出版社，2015年，第114页。

仅表现在语言表面，更在于思维模式、行为规范、价值取向等深层次方面。

对于引起汉语学习者跨文化交际冲突和差异的成因，李树新（2000）[①]从文化规约的角度，王添淼（2011）[②]从教师文化定势的角度进行了分析和探讨。近年来，通过对留学生交际案例的搜集和整理，提出相应的交际策略成为一个新的研究趋势。胡炯梅（2016）[③]通过对中亚留学生的跨文化交际案例的分析，发现与汉语使用者相比，中亚留学生在时间观念、隐私观念、认知方式、行为方式、思维方式和语言承载的意义这几方面都存在明显差异。类似的还有陈杰（2016）[④]关于西班牙语国家留学生在华跨文化交际冲突案例分析。

曲凤荣（2012）[⑤]则进一步借用了社会学的研究成果，对存在于语言或非语言交际行为中的跨文化冲突成因进行了较为深入的分析，认为无论是语言交际、非语言交际或是社会交往，都受到价值观的支配，且价值观处于文化的深层结构之中，想要在短时间内了解另一个民族的价值观并非易事。

综上所述，对语言或非语言行为中跨文化交际的研究呈现出

[①] 李树新《跨文化交际的文化规约》，《广播电视大学学报》（哲学社会科学版）2002年第2期。

[②] 王添淼《文化定势与文化传播——国际汉语教师的认知困境》，《中国文化研究》2011年第3期。

[③] 胡炯梅《跨文化交际中折射出的文化差异研究——基于中亚留学生的跨文化交际案例分析》，《云南师范大学学报》（对外汉语教学与研究版）2016年第3期。详见第三章第三节。

[④] 陈杰《西班牙语国家留学生在华跨文化交际冲突案例分析》，《现代交际》2016年第12期。

[⑤] 曲凤荣《对外汉语教学视阈下的跨文化冲突与策略》，《黑龙江高教研究》2012年第8期。详见第三章第四节。

如下特点：

1. 对课堂中教师非语言行为的量化研究比重加大，如从教师课堂体态语及其他副语言角度开展的研究。① 相比之下，对学生课堂行为的研究和关注则较少。②

2. 国别化跨文化交际案例分析成为新的视角，以汉语作为第二语言教学的跨文化交际案例库的构建已迫在眉睫。

3. 对语言交际行为如特定话语模式（如表扬、道歉、感谢等）的研究，研究视野较之前更为开阔，但方法和思路都有待进一步深化和拓宽。有研究者从语言特点对比或者语言翻译的视角出发，③ 多涉及语用差异的对比，而结合汉语作为第二语言教学特性进行相关阐述的则较少。

四、跨文化交际语用规则研究

1923年，马林诺夫斯基（Bronislaw Kasper Malinowski）提出"语言环境"（Context of Situation）这一概念。1938年，美

---

① 亓华《普林斯顿大学优秀汉语教师非言语行为量化研究》，《云南师范大学学报》（对外汉语教学与研究版）2014年第2期。
② 可搜索到的仅有刘文、毛瑞、廖文武《教师课堂行为对留学生汉语课堂焦虑的影响研究》，《新课程研究》（中旬刊）2012年第4期。
③ 如曾小燕《论汉日敬语表敬程度系统的差异性》，《云南师范大学学报》（对外汉语教学与研究版）2015年第6期；李清源、魏晓红《跨文化交际中汉英言谈语用规约之差异比较》，《西南大学学报》（社会科学版）2008年第2期；李军《道歉行为的话语模式与语用特点分析》，《语言教学与研究》2007年第1期。

国哲学家莫里斯（Morris）首次提出"语用学"（Pragmatics）这一术语。中国较早进行语用学研究的有何自然（1988）[①]、何兆熊（1989）[②]。近10年来，结合汉语作为第二语言教学的语用规则研究的主要观点有：

（一）语用能力是汉语学习者的重要能力之一

较早对这个问题进行论述的余宏波（2005）[③]，从跨文化语用学的角度，强调在教学中要注重对汉语学习者语用能力的培养。王凤兰（2005）[④]进一步明确了语用能力在汉语作为第二语言教学中的地位，认为需要加强学习者语用推理能力和语用得体能力等方面的培养。

近年来，以"语用能力"为题的研究论文并不多，[⑤]可能这也与对"语用能力"界定不够明确，研究范围过于宽泛，很难与语言能力完全区分等因素有一定关系。

（二）适度性和得体性是决定汉语学习者交际成功的重要语用规则

桂靖（2013）[⑥]从适度性的角度出发，强调交际双方需要了

---

① 何自然《语用学概论》，湖南教育出版社，1988年。
② 何兆熊《语用学概要》，上海外语教育出版社，1989年。
③ 余宏波《从跨文化语用学的角度谈对外汉语教学》，《海外华文教育》2005年第4期。
④ 王凤兰《语用能力、语境与对外汉语教学》，《西南民族大学学报》（人文社科版）2005年第6期。详见第四章第一节。
⑤ 如孙德华《以汉语为第二语言的语用能力影响因素研究》，《海洋大学学报》（社会科学版）2011年第6期；施仁娟《留学生汉语语用能力发展状况研究》，《绍兴文理学院学报》（哲学社会科学）2013年第5期。
⑥ 桂靖《论跨文化交际文化规则使用的适度性问题》，《云南师范大学学报》（对外汉语教学与研究版）2012年第3期。详见第四章第三节。

解彼此的交际文化规则，以避免产生文化误解甚至文化冲突。徐晶凝（2016）①从得体性的角度出发，认为在跨文化交际中，要做到交际得体，涉及很多因素，包括学习者的元语用能力、学习者对目的语社会文化与交际原则的理解、学习者对目的语言语行为框架的掌握以及言语行为的内部调节手段等。此外，李连伟和邢欣（2016）②从跨文化语用变体出发，探讨了英语对汉语语用规则的影响。

（三）语用规则的误解和选择错误是导致语用失误的主要原因

较早关注语用失误研究的是毛嘉宾（2003）③，从母语文化影响、语言能力制约等方面对汉语学习者的语用失误成因进行了分析；杨恺琴（2007）、马树华（2009）、周磊（2010）、陈蕾（2012）、郑燕芳（2013）④等从不同方面探讨了汉语学习者的语用失误问题，

---

① 徐晶凝《汉语作为二语教学中的得体性——语言学的语用能力视角》，《国际汉语教学研究》2016年第4期。详见第四章第二节。
② 李连伟、邢欣《西方英语文化对中国人言语行为的影响——以汉语跨文化语用变体为例兼谈汉语国际推广》，《社会科学家》2016年第8期。
③ 毛嘉宾《外国人学汉语的语用失误成因探析》，《云南师范大学学报》（对外汉语教学与研究版）2003年第3期。
④ 杨恺琴《谈留学生在汉语学习中的语用失误》，《新疆教育学院学报》2007年第4期；马树华《语用失误与对外汉语教学》，《玉林师范学院学报》（哲学社会科学版）2009年第1期；周磊《跨文化交际中的语用失误对汉语教学的启示》，《语文学刊》（外语教育与教学）2010年第3期；陈蕾《跨文化交际语用失误研究述评》，《赤峰学院学报》（汉文哲学社会科学版）2012年第9期；郑燕芳《对外汉语教学中的语用失误分析》，《现代语文》（学术综合版）2013年第5期。

其中比较有代表性的是刘慎军（2013）[①]和黄晓琴（2013）[②]：刘文认为汉语学习者在跨文化交际中如果没有充分考虑到说话双方的社会距离、权利关系，或者是违反了交际原则，就会使双方的言语行为遭遇阻碍，进而造成语用失误。黄文通过中英文语用规则的对比，发现中英语之间语用规则的不同、相同的语用规则其主次排序及其动态变化的不同、语用规则与不同言语行为之间匹配错位是导致语用失误的主要原因，并按照重要程度对汉语中的语用规则进行了重新排序。

总体上来说，汉语作为第二语言教学关于跨文化交际语用规则的研究主要有如下特点：

1. 突出了语用能力在汉语作为第二语言教学中的重要地位；针对汉语作为第二语言教学中的跨文化语用规则研究得到了明显加强。

2. 对跨文化语用规则的对比分析多集中在英汉两种语言方面，对其他语言的关注明显不够。[③]

3. 对跨文化语用失误研究的系统性得到了加强。对语用失误的类型、语用失误产生的内在成因有了更为深入的总结和剖析，并尝试结合人类学方面相关的研究成果（如地理环境对性格、思维模式的影响）对语用失误进行阐述。

[①] 刘慎军《跨文化交际语境下的对外汉语语用失误研究》，《语文建设》2013年第12期。详见第四章第四节。

[②] 黄晓琴《语用规则与跨文化语用失误——汉语第二语言言语行为语用失误原因及对策》，《北京师范大学学报》（社会科学版）2013年第2期。详见第四章第五节。

[③] 这也和英语语用规则研究成果较多有直接关系。

五、跨文化适应性及心理因素研究

一提到文化适应（Acculturation），一般都会援引 Redfield，Linton 和 Herskovits（1936）[①] 给出的定义"由个体所组成且具有不同文化的两个群体之间，发生持续的、直接的文化接触，导致一方或双方原有文化模式发生变化的现象"。文化适应是一个复杂、动态的发展过程，早期学者 Oberg（1960）[②] 所提出的"U 型曲线"模式[③]，Schumann（1986）[④] 提出"文化适应假说"都对此问题进行了阐述。国内学界较早开展"跨文化适应性"相关具体问题研究的是李丹洁（2007）[⑤]，她认为高等院校应该重视来华留学生在跨文化社会心理适应过程中遇到的问题；吴庄和文卫平（2009）[⑥] 在调查日本留学生时发现，跨文化适应感较强的汉

[①] Redfield, R. R., Linton, R., & Herskovits, M. J. (1936). Memorandum for the study of acculturation. *American Anthropologist*, 38:149-152; 高剑华《留学生的文化差异与适应》，《教育评论》2007 年第 6 期。

[②] Oberg, K. (1960). Cultural shock: Adjustment to new cultural environments. *Practical Anthropology*, 7: 177-182.

[③] 即短期旅居者的跨文化适应过程会经历蜜月期、挫折期、恢复期和适应期四个阶段，如果无法适应，就会产生"文化休克"。对此，也一直有学者认为这种划分过于简单化，很多短期旅居者可能从一开始就会体验到压力和挑战，而没有蜜月阶段。

[④] Schumann, J. (1986). Research on the acculturation model for second language acquisition. In Gingras, R. (Ed.). *Journal of Multilingual and Multicultural Development*, 7.

[⑤] 李丹洁《来华留学生跨文化社会心理适应问题研究与对策》，《云南师范大学学报》（哲学社会科学版）2007 年第 5 期。

[⑥] 吴庄、文卫平《汉语交际意愿等社会心理因素对日本留学生汉语使用频率的影响》，《暨南大学华文学院学报》2009 年第 4 期。详见第五章第五节。

语学习者，其学习动机和交际意愿也较强。2013年以后，对留学生跨文化适应性及心理因素研究的关注度明显提高，特别是按照汉语学习者的国别和语言水平分类来进行的适应性研究显著增加。近10年来，对这一问题的研究大致从以下几个角度开展：

（一）汉语教师的跨文化适应状况调查

以汉语教师为主体的跨文化适应状况的研究不多，在我们搜索到的论文中仅有吕俞辉和汝淑媛（2012）[①]一篇。论文对汉语教师海外工作时跨文化适应状况的调查，显示有超过一半的教师存在跨文化适应问题，主要困难表现为"语言障碍""工作任务繁重"和"对教学对象缺乏了解"这三个方面。近年来，也有少量从教师这一角度出发进行研究的文章，如高萍和宋璐（2015）[②]对赴泰进行汉语教学的实习生展开调查，但研究更偏向于教师教学能力适应性（知识结构方面）方面，较少涉及跨文化交际方面。

（二）汉语学习者的跨文化适应状况调查

对汉语学习者跨文化适应状况的调查，大致可划分为以下三种情况：

1. 对短期来华留学生的跨文化适应状况调查。

Supapit Khamtab和安然（2011）[③]通过问卷调查和访谈，从跨文化沟通焦虑的角度，发现学习者短期留学后，跨文化沟通焦

[①] 吕俞辉、汝淑媛《对外汉语教师海外工作跨文化适应研究》，《云南师范大学学报》（对外汉语教学与研究版）2012年第1期。详见第五章第一节。

[②] 高萍、宋璐《赴泰实习生汉语教学适应性研究》，《西安文理学院学报》（社会科学版）2015年第5期。

[③] Supapit Khamtab、安然《短期留学教育的跨文化适应实证研究》，《云南师范大学学报》（对外汉语教学与研究版）2011年第4期。详见第五章第二节。

虑程度减轻，而跨文化沟通态度却朝负面方向发展。类似的研究还有叶敏和安然（2012）[①]短期来华留学生跨文化敏感与效力分析；冯丽萍等（2013）[②]短期来华美国留学生课外语言接触及其影响因素分析。

2. 对中长期来华留学生的跨文化适应状况调查。

吴庄和文卫平（2009）[③]是较早涉及这一领域的研究者。他们通过对日本留学生的调查，发现较强的汉语交际意愿是促进留学生使用汉语交际的一个重要因素；学习动机、交际焦虑和跨文化的适应性对留学生的汉语交际意愿均有直接影响。此后，以"跨文化适应性"为主要研究内容的论文大量涌现，多以留学项目[④]、留学地点[⑤]、学生国籍[⑥]等变量开展有针对性的研究。

3. 对中高级汉语学习者的跨文化适应状况调查。

[①] 叶敏、安然《短期来华留学生跨文化敏感与效力分析研究》，《高教探索》2012年第2期。

[②] 冯丽萍、步延新、Li Hong《短期来华美国留学生课外语言接触及其影响因素分析》，《语言文字应用》2013年第3期。

[③] 吴庄、文卫平《汉语交际意愿等社会心理因素对日本留学生汉语使用频率的影响》，《暨南大学华文学院学报》2009年第4期。详见第五章第五节。

[④] 如王全义、周毕吉《以土库曼斯坦留预科学生在武汉的跨文化适应性现状研究》，《云南师范大学学报》（对外汉语教学与研究版）2011年第6期。

[⑤] 如王祖嫘《北京高校留学生跨文化适应实证研究》，《中国高教研究》2016年第1期。

[⑥] 如亓华等对在京的韩国、俄罗斯、越南、泰国留学生跨文化适应调查研究。亓华、李秀妍《在京韩国留学生跨文化适应问题研究》，《青年研究》2009年第2期；亓华、李美阳《在京俄罗斯留学生跨文化适应调查研究》，《语言教学与研究》2011年第2期；亓华、刘汉武《来华越南留学生跨文化适应研究》，《云南师范大学学报》（对外汉语教学与研究版）2012年第6期；亓华、陈玉凤《在京泰国留学生跨文化适应调查研究》，《云南师范大学学报》（对外汉语教学与研究版）2015年第6期。

刘荣等（2013）①等发现高年级学生对在华生活的整体适应性略差于中级学生；欧美中高级学生对主流汉文化观念的适应性要弱于同水平亚洲学生。

除此以外，还有一些研究专注于影响跨文化适应的心理因素研究。韩然（2007）②是较早关注汉语学习者交往心理需求的研究者。魏岩军等（2015）③等则从语言、文化、族群和价值观等四个层面出发，发现汉语学习者的跨文化适应性呈现出复杂、变化的特征，因此，需根据留学生的文化适应性特征来展开有针对性的汉语教学，并围绕核心文化观念来设计教学内容，开展案例教学，从而提高学生的跨文化交际水平。

综上所述，近10年来对这一领域的研究，呈现如下趋势和特点：

1. 2013年以后，对跨文化适应性及相关心理因素的研究呈现爆发式增长的特点，研究对象的主体体现出横向扩展和纵向深化的特点。值得一提的是，近年来针对东南亚、非洲、中亚留学生群体的跨文化适应性调查在增多，这也侧面反映出这几个国别的留学生在华人数的增长。④

2. 在研究方法上，多采用定量研究和定性研究相结合的方法，利用发放调查问卷、面对面访谈的方式，引入教育学的数据分析

---

① 刘荣、杨恬、胡晓《中高级汉语学习者的文化适应性实证研究》，《西南交通大学学报》（社会科学版）2013年第4期。详见第五章第三节。

② 韩然《跨文化交往对汉语教学的影响和对策》，《语言与翻译》2007年第2期。详见第五章第六节。

③ 魏岩军、王建勤、朱雯静、闻亭《影响汉语学习者跨文化认同的个体及社会心理因素》，《语言文字应用》2015年第2期。详见第五章第四节。

④ 教育部公布的2016年来华留学生情况统计，来自非洲国家的留学生同比增长23.70%，是增长最快的地区。

方法对留学生的跨文化适应力进行描述。同时，也广泛吸收二语习得理论中的学习动机的研究成果，研究社会心理因素对学生跨文化认同感的影响。

3. 从研究发展趋势上来看，还应进一步加强对海外汉语教师和志愿者跨文化适应性的研究；[①] 另一方面，也要注意结合目前心理学和社会学领域的研究成果，制定汉语学习者的跨文化适应量表。

六、展　望

汉语作为第二语言教学的跨文化交际研究，起步较晚，回顾10年来的历程，一方面，取得了一些较为显著的成果。表现在：进一步深化了对跨文化交际能力在汉语作为第二语言教学中地位和作用的认识；进一步拓展了跨文化交际能力的研究内涵、研究范围，使研究内容变得更为丰富多元；进一步完善了跨文化交际能力的研究方法，使研究的系统性和实证性得以提升；进一步借用心理学、人类学和社会学等其他学科的研究成果为跨文化交际能力的研究开辟新的视角，等等。另一方面，有些问题仍需进一步地深入研究和挖掘：

（一）理论体系较为薄弱，研究方法有待进一步改进

汉语作为第二语言教学的跨文化交际研究，总体来看，其理

[①] 以2015年为例，根据孔子学院总部《孔子学院2015年度发展报告》，中外专兼职教师总数4.4万人，同比增长30.4%，派出汉语教师志愿者共计5562人，分布于118个国家。

论体系和哲学基础还比较薄弱,而且缺乏多样化的研究方法。目前的研究以演绎性、思辨性的文章居多数,量化实证性研究的文章虽在近年来有所增加,但主要集中于"跨文化适应性"和"非语言交际行为"领域,总体数量不多,许多文章仍沿袭"某个观点或理论+一些例证+结论"[1]这样的路子。

(二)多学科的交叉融合是跨文化交际研究发展的关键

跨文化交际是一个交叉性很强的学科,与人类学、心理学、语言学、社会学和传播学等学科都有着密切的联系,可以涉及文化与交际、价值观与文化模式、语言交际、非言语交际、文化身份/认同、文化适应、跨文化交际的心理因素、不同领域的跨文化交际、跨文化交际能力、跨文化交际训练10个方面。[2] 在近10年来的研究中,学者们有意识地结合其他领域的研究成果对语用失误的成因、非语言交际、跨文化适应力等方面展开了多角度的研究。可以预见在未来的10年、20年,跨文化交际与这些领域交叉融合的程度将成为推动其自身发展和研究深化的重要条件。

(三)教师群体的关注有待增强

整体来看,学者们对汉语学习者跨文化交际能力的研究较多,对教师方面的研究略显不足。研究多停留在提升跨文化交际意识这样的语言表述层面,缺乏更深入和具体的分析,比如教师与学生之间跨文化交际能力的组成部分是否相同;除了意识敏感度,还有哪些因素会影响到教师跨文化交际能力的提升;教师跨文化交际能力发展和教学时长、教学信念等方面的相关性等。随着海

---

[1] 胡文仲《论跨文化交际的实证研究》,《外语教学与研究》2005年第5期。
[2] 祖晓梅《跨文化交际》,外语教学与研究出版社,2015年,第12—13页。

外汉语教学的发展和国外任教群体人数的扩大，对教师跨文化交际相关问题的研究还有很大拓展空间。

(四)"一带一路"倡议将对跨文化交际研究产生积极影响

随着"一带一路"倡议的推进和中国经济实力的进一步增强，汉语和中华文化的国际传播已成为不可阻挡的趋势。不同语言、不同民族间的跨文化接触势必会带来更为丰富的研究内容，"一带一路"倡议也将促进中国与沿线国家和地区间的文化交流，推动国内对沿线国家和地区跨文化交际领域内相关问题的关注和探究，对这些区域内汉语学习者的跨文化交际能力和相关教学策略的研究将成为未来的热点。

习近平同志多次强调，体现一个国家综合实力最核心的、最高层的，还是文化软实力，这事关一个民族精气神的凝聚；[①] 要坚持道路自信、理论自信、制度自信和文化自信，其中，"文化自信，是更基础、更广泛、更深厚的自信"。坚持文化自信，不仅是对中华传统文化的传承和坚守，更是跨文化交际研究和汉语国际传播中应该秉承的原则和信念。值得注意的是，跨文化交际的目的并不是让汉语学习者在认知风格、行为模式、思维方式、价值观念等方面与汉语文化群体保持一致，而是强调建立在平等基础上对彼此的理解和尊重，进而达到"各美其美，美人之美，美美与共，天下大同"（费孝通，1990年12月）的理想境界。只有把跨文化交际放到多元共生、平等对话和求同存异的环境中去研究，才能确保其保持正确的方向，并焕发出持续的生命力。

[①] 中共中央总书记、国家主席、中央军委主席习近平参加十二届全国人大二次会议贵州代表团审议时的发言，2014年3月7日。

第一章

跨文化交际视域下的汉语作为第二语言教学研究

第一节 跨文化交际的内涵[①]

一、交际文化

1983年,张占一先生在其论文中首先提出了"交际文化"的概念。[②] 第二年,张先生又对这一概念进行了具体论述,他说:

语言教学(尤其初级阶段)中的文化内容应分为两类——知识文化(Cultural Knowledge Information)和交际文化(Cultural Communication Information)。所谓知识文化,指的是两种不同文化背景培养出来的人在进行交际时,那些不会对某词、某句的理解和使用产生直接影响的文化背景知识。双方或一方不会因为缺乏这种文化知识而产生误解。所谓交际文化,指的是两种不同文化背景熏陶下的人在进行交际时,那些会直接影响交际的文化知识。双方或一方会因为缺乏有关某词、某句的文化背景知识而产生误解。所以说学生不懂某些知识文化固然不好,但还不会造成误解。而如果不懂交际文化,那就会直接影响交际效果,引起

---

① 本节选自董明《交际文化与跨文化交际琐谈》,《语言文字应用》2007年S1期。

② 张占一《谈谈汉语个别教学及其教材》,转引自黎天睦《现代外语教学法——理论与实践》,北京语言学院出版社,1987年。

误解，或出现问题。①

六年后，张占一（1990）②对之前的论述又进行了补充。他认为非语言交际，譬如体态语等，也应列入交际文化的范畴。这无疑是十分正确的。

交际文化的概念被提出并加以补充以后，很快引起了对外汉语教学界的注意，许多学者纷纷表示赞同，并对交际文化的具体内容发表了不少有益的意见。吕必松（1990）③则结合自己的经验对这一概念进行了重新诠释，认为："所谓'交际文化'，我们也可以理解为隐含在语言系统中的反映一个民族的价值观念、是非标准、社会习俗、心理状态、思维方式等跟语言理解和语言使用密切相关的一种特殊的文化因素。"

当然，也有学者对交际文化与知识文化的分类法提出了质疑，周思源先生就是突出代表。周思源（1992）④在肯定交际文化这一提法的积极意义的同时，也指出了其理论上的缺陷及其对"知识文化"的挤压，兹不具引。

今天应当如何看待当年那场关于交际文化的讨论呢？

我们认为，交际文化是一种客观存在，提出交际文化的概念不但是正确的，而且是十分必要和有益的。这一点必须给予充分肯定。

人类社会的发展历史已经证明，并且还将继续证明：只要人类存在着某种社会实践活动，就必然会逐渐形成与之相应的某种

---

① 张占一《汉语个别教学及其教材》，《语言教学与研究》1984年第3期。
② 张占一《试论交际文化与知识文化》，《语言教学与研究》1990年第3期。
③ 吕必松《对外汉语教学发展概要》，北京语言学院出版社，1990年，第165—166页。
④ 周思源《"交际文化"质疑》，《汉语学习》1992年第4期。

文化。交际是自人类社会诞生以来，最基本、最常见、最重要、最有意义的人类社会活动之一，古今中外，概莫能外。因而，随之产生各种交际文化也是理所当然的，是完全符合文化学的发展规律的。

所谓交际文化，指的是人类在长期的交际实践活动中，摸索、积累、总结出来的，一般需要交际者自觉遵循的，有助于交际顺利进行的一切认识与经验的总和。其内涵十分丰富：包括理论的，也包括非理论的；包括礼仪的，也包括非礼仪的；包括成文的，也包括不成文的；包括语言的，也包括非语言的；包括传承已久的相关风俗习惯，也包括新产生的或从其他国家、民族吸纳而来的相关文化内容。因此，认为交际文化只存在于语言层面或者将交际文化与知识类文化截然分开乃至对立的看法都是不全面的。

实际情况是，交际作为人类重要的社会活动形式，其内容，其过程，其礼仪规范，其言来语往，甚至其一颦一笑，都离不开被交际双方所理解与认同的相关的文化知识。从一定意义上讲，人类的交际是一种载体，自始至终它都或多或少地负载着或者说穿插、蕴含着相关的文化知识。正是这些文化知识，保证了交际的顺利进行。因此，世界上不存在没有任何文化知识含量的交际，也不存在不可用于交际的文化知识。丰富多彩的文化知识可以扩大交际范围，丰富交际话题，完善交际过程，提高交际水准，给交际以有力支撑；而如何有效交际则是人类非常重要的知识与能力。

吕必松（1993）[①]说："人们用语言进行交际除了要遵循语言的内部规则以外，还要受交际目的、交际对象、交际场合等外

---

① 吕必松《对外汉语教学研究》，北京语言学院出版社，1993年，第174页。

部因素的制约。人们在说话或写文章的时候，总要根据一定的交际目的、交际对象和交际场合等选择适当的语音形式，选择适当的词和句式，选择适当的语体和应对方式等。"这段精彩的论述说的主要是语用问题，也是交际文化问题。不过应该指出，语用文化只是交际文化的一部分，交际文化的内涵比语用文化要丰富得多。譬如，交际时优雅的环境，融洽的气氛，当事人得体的服饰，恰当的体态表情，彬彬有礼的相互馈赠，温文尔雅的饭局，甚至愉快地陪客人打麻将、洗桑拿浴等，这些虽不属于语用文化，但均未超出交际文化的范畴。

　　如同"文化"可以从不同角度、不同层面进行细致的再分析一样，交际文化也是可以再分析的。比如，根据交际对象地位的不同，可将交际文化分为"上交文化"——跟地位比自己高者交际的文化，"平交文化"——跟地位与自己相当者交际的文化，"下交文化"——跟地位不如自己者交际的文化；根据同交际对象关系的亲疏，可将其分为"疏交文化"与"亲交文化"；根据交际氛围的不同，可将其分为"肃交文化"——"肃"指气氛严肃，"谐交文化"——"谐"指气氛和谐，如此等等。上述一系列杜撰的称呼不一定准确、恰当，仅欲引起读者意会而已。通过如是细致的再分析，可使交际文化变得条分缕析，使之更清晰、更具体、更易把握，从而也更便于人们学习与实践。

　　有学者认为，交际文化因素对本族人来说往往"习焉不察"。这种说法有其合理性，也有欠严谨之处。说它具有合理性，是因为许多交际文化因素的确是不成文的，是隐含在语言和非语言成分当中的，历史上很少有人一一予以系统指陈与详细解说，现在的人们对其繁复的内容也大多难称十分明悉，是为"不察"。不过，即便如此，自古至今人们对交际文化的大致内涵与重要性还是有深切体会和基本了解的，否则前人就说不出"世事洞明皆学问，人情练达即文章"的话来。因为需要洞明的"世事"与需要历练的"人情"都明显属于交际文化。因此，简单地谓其"不察"，有失周严。此外，"习焉不察"的说法有欠严谨，还因为所谓"习焉不察"，盖谓对其全部内容虽然说不清楚，人们却能根据传统与生活经验而形成习惯，对其正确理解与运用。然而实际情况是，由于历史上从未有人对交际文化的内容进行全面认真的梳理、总结，人们对其繁复的内容是若明若暗，明暗相参，自然不可能对其具有充分自觉的理性认知；缺乏充分自觉的理性认知，人们的所"习"自然会存在很大的局限性；所"习"存在着局限性，自然很难充分而有效地利用所有交际文化因素进行交际，因而交际效果难免受到一定影响。也就是说，"不察"之"习"是盲目的和缺乏系统的，其"习焉"者必多局限而不全面。

综上所述，交际文化概念和理论的提出十分必要。它提醒人们重视交际文化的存在，重视交际文化在交际中所发挥的巨大作用，重视梳理、总结古往今来交际文化的繁复内容，因而深化了人们对交际本质与交际内涵的认识，促使人们在交际时更理性、更自觉、更全面、更得体地利用交际文化诸因素，从而有助于提升交际质量，获得更佳的交际效果。

其次，我们以为，考虑到对外汉语教学培养学生汉语交际能力的最终目标，提出交际文化的概念也是十分必要而有益的，甚至功不可没。

毫无疑问，对外汉语教学的最终目标是培养学生的汉语交际能力。然而这种交际能力的养成，除了必须掌握汉语诸因素（语音、语法、词汇、汉字、修辞等)的相关知识与相关能力以外,还必须了解、熟悉汉语的和中华民族的至为丰富的文化内容,尤其是交际文化内容,才有可能用汉语进行得体而有效的交际。因为语言与文化的关系是如此密切:"语言是文化的最重要的载体之一,文化是语言最重要的属性之一。"① "语言是文化的符号,文化是语言的管轨。好比镜子和影集,不同民族的语言反映和记录了不同民族特定的文化风貌;犹如管道或轨道,不同民族的特定文化,对不同民族语言的发展,在某种程度、某个侧面、某一层次上起着制约作用。"② 因此,学习一种语言不可能不同时了解该语言的文化属性,使用一种语言也不可能不同时掌握制约着该语言使用的特定的民族文化规约。

无数事实表明,外国人用汉语交际时所发生的偏误,固然有不少属于语言层面,但也确有不少属于文化层面;而且属于语言层面的偏误(如词语搭配不当、语法错误等)相对来说比较容易纠正,而属于文化层面的偏误(如有失礼貌、无视语用规约与交际准则等)纠正起来则往往需要大费唇舌。这种情况,也提醒对外汉语教学界的同人不应该只注意语言的教学,还应该重视文化的教学,特别是交际文化的教学。

总之,张占一提出的交际文化理论,乃至拥护这一理论的一些学者的理论,虽然不一定都十分科学、严谨、完善、成熟,或许尚有值得商榷与改进之处,然而其思路是正确的,研究方向和研究方法是可取的。他们在我国对外汉语教学界的跨文化交际研

---

① 邵敬敏《关于中国文化语言学的反思》,《语言文字应用》1992 年第 2 期。
② 邢福义主编《文化语言学》,湖北教育出版社,1990 年。

究领域迈出了第一步，并且催生了一系列初步的研究成果（例如对于影响交际的文化因素做了初步的界定与梳理），其贡献和影响无疑不应该被抹杀。

交际文化理论的出现，使人们进一步看清了提高学生汉语交际能力的正确途径，增加了教师结合语言内容讲授交际文化的自觉性，也增加了学生学习交际文化的自觉性，使对外汉语教学的文化教学走上了更加科学、具体、务实、有效的道路，从而在事实上和一定程度上修正了过去那种存在于部分教师当中的不分轻重缓急、不顾语言学习内容、不考虑语用与跨文化交际、以追求讲授各类文化知识为时髦、为文化教学而文化教学的偏颇倾向。

二、跨文化交际

所谓跨文化交际，指文化背景完全不同的交际双方所进行的交际，其使用何种交际语言——诸如一方使用了外语，或者双方共同使用了同一种外语，或者双方各自使用自己的母语，或者双方各自使用对方的母语，甚至双方各自使用不同的外语——则统统无关紧要。所谓文化背景完全不同，指交际双方的文化背景属于不同的国家或不同的民族，而不是指同一个国家、同一个民族但文化层次、文化水准不同。在这里，因交际双方的国家不同、民族不同而造成的文化背景不同是关键，是本质。至于双方所使用的语言是否相同只是外在形式，不是决定性因素。

需要说明的是，本节所说的"跨文化交际"，特指外国人跟中国人之间以汉语作为交际工具所进行的交际。

外国人用汉语跟中国人进行交际，显然不同于中国人之间的交际：中国人之间的交际是共同使用同一母语和文化背景完全相同的交际，可称之为"同文化交际"。外国人用汉语跟中国人交际时，虽然双方同操汉语，然而汉语对中国人来说是母语，对外国人来说是外语；此外，中国人和外国人从小到大生活环境不同，所受教育不同，即赖以成长的文化背景不同——这样的交际，属于不同文化背景的交际，人们称之为"跨文化交际"。

研究跨文化交际的必要性何在呢？因为跨文化交际中存在着大量或隐或显同交际密切相关的文化因素，如果交际者对这些文化因素若明若暗或者浑然不觉，就会严重影响交际效果，甚至可能造成误解或导致交际的失败。所以，亟须通过研究把那些影响与制约着跨文化交际的各种文化因素尽可能地揭示出来，使交际双方做到心中有数，以保证交际的顺利进行。对此，张占一已有详明论述，兹不赘言。

影响与制约着跨文化交际的文化因素，不仅是大量的，而且是多种多样、形形色色的：它们既存在于语言和语用层面，也存在于非语言和非语用层面；既体现为风俗习惯与历史传统，也体现为思维方式与行为准则，等等。对此，张占一、赵贤州、毕继万、孟子敏等均有初步探讨，兹不赘言。

笔者想着重强调的是：研究跨文化交际对于提高对外汉语教学效果具有至关重要的意义。

第二语言教学所必须遵循的重要原则之一是交际性原则。该原则决定了对外汉语教学的课堂本质上是跨文化交际的场所，课堂教学必须符合跨文化交际的特点与规律，必须以提高学生的跨文化交际能力为依归。此外，以教师为主导、以学生为中心和服务对象的课堂教学模式和教学过程以及"精讲多练"的第二语言教学特点，同样决定了对外汉语课堂教学本质上是一种跨文化交际。这种教学模式，不但要求学习者必须认真聆听教师的讲解，而且要求他们始终与教师保持互动交流，甚至要求他们必要时敢于"干预"教师的教学活动，以保证良好的学习效果。这种教学过程，既是"教"的过程，更是"学"的过程，因而教师必须有效掌控课堂气氛，随时体察学生的情绪变化，圆满解答学生的各种疑难，并根据课堂上出现的所有新情况对教学活动及时予以调整；学生则要善于通过发问或建议促使教师调整讲授内容或讲授方法，使其"教"变得更清晰、更完整、更通俗、更科学。这种教学特点，决定了教师对学生提供的语言内容经常予以热情肯定（即"是是反馈"）或者适当否定（即"非非反馈"）在所难免，而学生的"理解回应"亦所在多有。

交际性教学原则是20世纪80年代初从国外引进的概念。它"主要是强调在实践中为学生设计和提供尽可能真实的交际情景。让学生感到有交际的需要而进行内容合乎实践的模拟性交际，学会'在什么时候、什么地点、用什么方式来表达最为合适'，也就是说交际性原则要求教学内容的交际化、课堂教学环节的交际化和操练形式的交际化"①。但是显而易见，只有注重跨文化交际的交际文化的教学，充分实践跨文化交际的理论，交际性教学原则才有可能成为真正科学的教学原则。这种真正科学的教学原则，所追求的就是使学生从被动地接受语言知识变为主动地学习语言与应用语言；就是不满足于学生会说合乎语法的句子，而注

---

① 王德珮《谈句型教学中交际性原则的应用》，《语言教学与研究》1987年第4期。

重培养其得体使用语言的能力；就是不把语言当成脱离社会的封闭性系统，而考虑到语言使用时社会环境与周围环境等多种因素的影响；就是要让学生在学习语言的同时了解和掌握相关的跨文化交际的交际文化；就是要做到教师为提高学生的跨文化交际能力而教，学生为提高跨文化交际能力而学。

要培养学生的跨文化交际能力，充分利用课堂以外的交际环境固然重要，但其在课堂上由教师指导的根据所学语言知识、语言结构和有关交际文化知识所进行的跨文化的交际性练习，更应得到充分重视，因为这种练习相对来说更集中、更规范、更具强度，也更有利于及时纠正学生的各种偏误，及时给学生以针对性指导。而且有了课堂上的这种模拟真实交际情境的跨文化的交际性练习，学生才能逐渐获得课外跨文化交际实践的基础与能力，树立交际信心，产生交际欲望，课外的跨文化交际实践也才能真正发挥应有的作用并取得良好效果。概言之，培养学生跨文化交际能力离不开课堂教学，它始于课堂教学，并以课堂教学为基为本。

强化跨文化的交际性教学原则，最重要的是从教学理念上解决问题，明确贯彻该原则是快捷有效培养学生第二语言交际能力的必由之路，并且要将这种理念分别落实到第二语言教学的总体设计、教材编写、语言测试等各个环节上，而不是仅盯住课堂教学而已。因为课堂教学环节固然重要，却不能不受总体设计与所用教材的制约，也不能不受语言测试的影响，所以只有全方位实现教学过程的跨文化的交际化，交际性教学原则才算落实到位，对学生跨文化交际能力的培养也才算落实到位。

既然对外汉语课堂教学本质上是一种跨文化交际，则深入研究跨文化交际理论，认真梳理总结影响跨文化交际的一系列繁复内容，切实贯彻跨文化的交际性教学原则，就势在必行，不容彷徨观望。

三、余论

中华人民共和国的对外汉语教学事业已经走过了半个多世纪的风雨历程，但作为新兴学科，得到政府和社会有识之士的承认却不足30年。时至今日，同我国其他传统学科相比，对外汉语教学学科仍然显得稚嫩和不够成熟。这里边有认识和思想观念的问题，更有学科本身的基础与建设问题。具体来说：学科理论尚不够完备，教与学的规律尚未全面揭示，教材尚乏传世精品，教学方法尚需理论化、科学化，教学效率尚不尽如人意，研究成果的学术质量尚需进一步提升，等等。要改变上述状况，虽然谁也拿不出更多的"锦囊妙计"，但有一点，却分明不能不着手进行，那就是深入开展跨文化交际的研究。开展此项研究，有望收提纲挈领之功和"牵一发动全身"之效，对学科的发展建设将起到全面的推动作用。

林焘（2005）[①]曾经语重心长地说："我们不能只满足于又增加了多少学汉语的外国朋友，又编出了多少部新的对外汉语教材，这些数字可以鼓舞人心，但不能使教学和科研水平有突破性的提高。如果不确定今后的主攻方向，就有可能会被繁重的教学任务拖着走，表面上看去很繁荣，实际教学和科研水平并没有明

---

① 林焘《〈世界汉语教学与研究丛书〉总序》，载赵金铭《汉语与对外汉语研究文录》，外语教学与研究出版社，2005年。

显变化。……如果目前这种科研滞后于教学的状态继续下去，将会大大影响今后对外汉语教学事业的发展。"林先生的论述击中了当前对外汉语教学事业的要害，值得深思与回味。同时我们也认为，深入开展跨文化交际研究，应该是林先生所说的今后对外汉语教学的"主攻方向"之一。

随着世界经济全球化、政治多极化、文化多元化趋势的加强，我国同世界各国人民的跨文化交际活动日益密切与频繁。为增强交际效果，凡有志于参与跨文化交际的人士，都有必要学习相关的跨文化交际理论与知识。可见研究跨文化交际有着广泛前景与深远意义，它所惠及的范围将十分广阔，受益人群亦十分庞大。

"汉字文化圈"和历史上大量外国人所撰汉文著作的存在，证明了相对周边国家和地区而言，汉语曾经是"强势语言"，中华文化曾经是"强势文化"，证明了汉语言文化曾经具有巨大的辐射能力，证明了我们所特指的跨文化交际由来已久，源远流长。当然，由于历史的局限，古代很少有人对跨文化交际进行研究，因而相关资料十分匮乏。不过，今天的我们不但有条件、有能力对当代的跨文化交际进行研究，而且有条件、有能力对古代的跨文化交际进行适当考察——尽管这不是我们研究的重点。对古代的跨文化交际进行适当考察，不但可以发掘、整理这部分珍贵的历史遗产，丰富中外文化交流史和对外汉语教学史的内容，为今天的相关研究提供借鉴，而且有可能发现中外语言、文化发展变化的某些蛛丝马迹，从而对中外语言、文化的研究都有所推动。

第二节　国际汉语教育中的跨文化思考①

国际汉语教育过程中，跨文化交际问题通常被认为是一种教学手段，也是一种学习策略，目的在于通过不同文化的交融与碰撞，彼此沟通，通过认识与体验陌生的目的语文化，求同存异，提升学习语言的兴趣，提高语言学习的效率。

跨文化概念，一般认为来自英语 intercultural，原义为"不同文化间的"。目前在汉语中用于三个不同的层面：跨文化交际、跨文化交流和跨文化传播。虽皆以"跨文化"冠之，但三者还有差异。跨文化交际指不同文化中，人与人之间的交际往来与接触，一般应通过语言而完成；跨文化交流，更深一层，指不同文化的人们之间彼此把自己的东西供给对方，当然不只是通过语言。这两者都是双向的。而跨文化传播则指在不同文化之间广为散布，可能是一方向另一方传布，也可能是互为传布。本节使用的跨文化交际，是指面向外国汉语学习者时，在教学与学习过程中，所面临的跨文化交际。

一、学习一种语言就是掌握一种文化

语言是文化的载体，文化是语言的内涵。学习一种语言就是掌握一种文化。外国人在学习汉语的过程中，自始至终伴随着目

---

① 本节选自赵金铭《国际汉语教育中的跨文化思考》，《语言教学与研究》2014 年第 6 期。

的语文化的学习,汉语学习过程是不断体验与认识中国文化的过程,自然也是跨文化交际过程。

汉语与西方语言在类型学上差异较大,汉语特有的声调,语法上的词组本位,以及书写系统的汉字,学习者是十分陌生的。而在学习汉语的过程中,不断接触到的汉语词汇、语法结构及表达中所隐含的文化内容,以及体现在汉语运用过程中的民族思维模式,独特的文化视角,乃至人们的文化心理和价值观念,这些都为学习者打开一扇窗口,接触并了解到不同于自己母语的另一种文化,从而扩大视野,包容差异,接受文化多元性。

学习一种新语言,其实就是熟悉一种新的思维习惯,养成一种新的语言习惯。文化本来植根于基本的思维模式。季羡林(2004)[①]说:"思维模式是一切文化的基础,思维模式的不同,是不同文化体系的根本不同。"

在教学中,我们都会注意到这样一种情况,就是最吸引学习者、最令他们感兴趣的,往往不是语言本身,而是语言所承载的话语题材,语言所承载的故事,也就是文化。即在所学语言中,发现与自己母语不同的思维方式,捕捉到与自己母语文化不完全相同的文化视角,从而也感受到自己母语文化的局限,体味到世界文化的多元。更重要的是,不仅觉察到不同民族之间的文化差异,还认识到人类文化的某些共通性。在学习过程中,就会逐渐感到,目的语文化并非原来想象中的那么不一样,习惯成自然,坚持学习,迟早会感到所学的新语言及其承载的文化,也是很自然的事情,在不知不觉中已经成为自己生活中的一部分。因为,

---

① 季羡林《东学西渐与"东化"》,《光明日报》2004年12月23日版。

世界上所有文化都是相关联的。斯蒂夫·考夫曼（2004）[①]曾这样解说世界文化的关联："近代，欧洲科学和工业革命的发展，都受到中国科技、印度数学和阿拉伯文化的影响；中东和印度的宗教支配了全世界；而许多世界各地的大众音乐，则受到非洲音乐节奏的影响。"

要想真正了解并学会一种语言，就不仅是将语言作为沟通和交际之工具，还要对其文化产生共鸣，文化是吸引学习者学习语言，并乐之、好之的根本因素。因此，最好是参与并融入目的语文化之中，融入其文化心理之中。

正如吕叔湘（1947/1980）[②]在讲中国人学英语时所说："咱们知道，每一种语言习惯的背后有一种与此密切联系的语言心理，要是咱们能把自己浸润在这种语言心理里头，就会觉得这种语言处处有意义，处处合理；要是不能透入这种语言心理，其势一定是怀持着甲种语言心理（本国语的）去观察乙种语言习惯（外国语的），自然要觉得处处无意义，处处不合理了。正如大人要理解小孩的举动，必须浸入儿童的心理，是一样的道理。"

外国汉语学习者对中国文化的真正了解，是从学习汉语开始的。一旦立意学习汉语，就必与中国文化结缘。什么是文化？文化就是语言习惯，文化就是生活习惯，文化就是风俗习惯。文化是可视、可闻、可说、可写的语言。

学习汉语伊始，一些汉语对话"你贵姓？""你家有几口人？""你去哪儿？"已能让一个外国学习者感受到"中国味"。

---

① 斯蒂夫·考夫曼《语言家——我的语言探险之旅》，詹丽茹译，中华书局，2004年，第181页。

② 吕叔湘《中国人学英文》，商务印书馆，1980年。

吃到"馒头",看到街头大妈扭的"秧歌",去过"天安门",听到"茉莉花",都会领略中国文化的"第一次"。一个比利时汉语学习者,讲述在中国学汉语的经历:"1994年,我第一次去中国的时候经历了文化震荡。对我来说,中国的风俗、食物、建筑、语言、文化、音乐、日常活动、思维、精神等等所有的一切,不仅新奇,而且以前完全没有见过,我有了太多的'第一次'。"[①]这种学习汉语的经历,是很真实的,也从一个侧面显示,学习汉语的过程就是不断接触并了解中国文化的过程。

在汉语学习中,语言现象背后体现着文化积淀。当学习者接触到汉语结果补语"听懂、写好、吃饱"时,会感到很奇怪,一个词,还是两个词?其实这是我们用两个表述合成的一个结构。当他们学到"吃食堂、睡沙发、坐地铁"时,起初对这种动宾的直接组合不习惯,但这正是汉语母语者注重意合的思维习惯所致。

所以学语言,一定要欣赏其文化。美国大学理事会主席嘉士顿·凯帕顿说:"一个人语言的边界就是世界的边界。如果我们不了解其他国家的语言,不欣赏他们的文化,我们之间就无法建立真正的联系。所以,我们需要的不仅是加强语言的沟通,更要促进文化的共鸣。"[②]

我们所说的学习一种语言就是掌握一种文化,在国际汉语教育中,可在三个层面上实施:汉语课堂中伴随语言学习而接触文化;为深入了解使用该语言的社会文化而系统讲授文化;为配合汉语学习而组织文化活动。各有侧重,不可互相替代。但都是从

---

① 摘自《人民日报》(海外版) 2010年12月31日。
② 中国华侨网,2009年5月4日。

语言出发，由语言进入对文化的了解。

二、对汉语和中国文化之认识是跨文化交际的前提

在接收外国学习者学习汉语之前，应大致了解其对汉语和中国文化所抱的心态，这一点往往被汉语教师所忽视。从事过多年汉语教学的韩礼德（2012）[①]曾指出："汉语教师的绝大部分仍是以汉语为本族语的人。他们是否接受过用外国人的眼光看待汉语的训练？换句话说，他们是否采用外部立场审视汉语的语言现象？问题是他们可能带来许许多多汉语语言和汉语文化的神话，但是这些往往使'西方'（这里说的'西方'包括南北美、非洲、大洋洲、欧洲、南亚及西南亚）学习者学习起来更加困难。"这里强调了汉语母语者对自己的语言和文化的敬畏与钟爱，以至于陶醉其中，却不了解外国学习者对汉语与中国文化的认识、理解与感受。

实际上不少外国人对汉语及其所承载的文化不仅不了解，甚至对中国也没有正确的认识，这与其所受教育有关。据报道："直到现在，普通美国人从小接受的国际地理、历史教育中，亚洲部分也远远少于欧洲，比如，美国九年级教科书《世界历史：人民与国家》中，有270页谈欧洲，只有55页讲亚洲。大部分美国人接受的是'欧洲中心论'。"[②]直接涉及中国的知识就更少。

季羡林（2004）[③]说："今天的中国，对西方的了解远远超

[①] 韩礼德《教外国学习者汉语要略》，《国际汉语》2012年第2期。
[②] 陆乐等《奥巴马登上了亚洲大舞台》，《环球时报》2009年11月13日。
[③] 季羡林《东学西渐与"东化"》，《光明日报》2004年12月23日。

过西方对中国的了解。在西方,不但是有一些平民百姓对中国不了解,毫无所知,甚至个别人还认为中国人现在还在裹小脚,吸鸦片。连一些知识分子也对中国懵懂无知,连鲁迅都不知道。"

在国外我们曾听到外国学生这样问:"中国有服装设计师吗?需要服装设计师吗?中国人不是穿一样的衣服吗?中国有高速公路吗?不是牛拉着车在土路上走吗?"令人哭笑不得。

美国印第安纳大学曾就"美国人对中国的看法"进行调查,"调查显示,四分之三的受访者无法认出中国的货币,55%的人不知道中国的领导人是谁,只有32%的人能说出中国的首都。52%的受访者认为中国的经济规模比美国更大,而实际上目前它只相当于美国的三分之一左右"[①]。

西方对古代中国尚有所知,对当代中国则知之甚少。最近,法国曾对中法交流最有影响力的书籍进行评选,"来自法国各方面的专家评委,对'在法国最有影响的十部中国书籍'投了票。如法国教育部汉语总督学白乐桑对其领导的'法国汉语教师协会'的两百零七位会员进行了问卷调查,收到了两百位会员的回复"。在法国最有影响的十部中国书籍是:《论语》《孙子兵法》《道德经》《易经》《水浒》《西游记》《骆驼祥子》《鲁迅小说选》《酒国》《家》。从中可以看出,中国的传统文化对法国人所产生的强大吸引力,且持久不衰。另一方面,也反映出西方人更多的还是了解过去的中国,对当今国人的精神风貌、生活状况、社会动态还缺乏真实的了解。

[①] 美国印第安纳大学学生日报网站 2011 年 3 月 21 日报道,《参考消息》2011 年 3 月 23 日。

《跨文化研究：以中国形象为方法》的作者周宁考察了俄罗斯、日本、印度这三个处于中国周边的非西方大国对中国的想象，结果令人震惊："它们对中国的想象不是对中国的直接想象而是以西方对中国的想象为标杆；或以西方的中国形象为晴雨表，或以西方的中国形象为依托。离开了西方对中国的想象，这些国家难以形成自己对中国的想象，而它们对中国的想象又是它们自我文化认同的镜像，借对中国的想象来调节它们与西方距离的远近。"[①]

这就让我们意识到，让外国汉语学习者了解中国，理解中国文化，必须从中国文化的本质出发，必须坚守我们的文化主体，将中国文化的精华，远播四方，让世人了解。万事悠悠，唯此为大。同时，更应该看到，现存的世界观念体系是西方建立的，或者说是一个西方中心主义的观念体系。一些西方人总以为自己的生活方式、背景、信仰都是最好的，并以此衡量别人，要求别人仿效他们。西方有些人视中国为"没有生气的兵马俑"。据此我国外交官傅莹（2012）[②]就明言忠告西方："西方要明白，正确认识中国不仅是为了中国，更是为了你们自己和你们在中国的形象。中国年轻一代对西方有不少反感情绪，有时他们认为西方是在故意发出噪音，成心提出无理指责。"

西方的种族傲慢和文化偏见，也表现在对汉语汉字的认识上："西方人一直对其所操用的拼音语言及其负载的全部文化传统持有一种血统、民族和地域的傲慢"，"德意志的两位哲人巨

---

① 李勇《可怕的结构 焦虑的主体——读周宁〈跨文化研究：以中国形象为方法〉》，《文汇读书周报》2013年12月6日。

② 傅莹《〈金融时报〉专访：中国有不被理解的挫折感》，《北京晚报》2012年2月1日。

匠莱布尼兹和黑格尔都曾以思者的睿智轻率地对东方汉字语言施加一种贬损性评价。即如莱氏所言：中国人要花一辈子才能学好书法。①"

至今西方仍有对汉字的抵制。加拿大列治文市人口不到20万，其中华人比例43.6%，是亚洲以外华人比例最高的城市，也是"反中文"情绪最激烈的地方。今年初，华人组织贴出反赌广告，用汉字标示："小赌怡情，大赌毁前程。"当地报纸称，在公益广告中不使用加拿大官方语言，这是对纳税人资源的浪费。有人称"这会增加种族隔阂并抹灭加拿大身份"②。一条汉语广告竟引起如此大的争议，说明他们骨子里潜藏的对中国和中国文化的偏见。

随着中国综合国力加强，近年来，情况有所好转。但在国际汉语教学过程中，充分了解我们的教学对象，做到知己知彼，才能赢得我们有关汉语文化的话语权。从教者的角度，要让外国汉语学习者对汉语和所承载的中国文化有一个梗概的认识，有对大环境的了解，有了解中国文化的愿望。只要能认识中国文化就够了，目的不重要。了解与认识，为的是彼此之间跨文化交际有一个彼此认可的前提，有一个可供交流的平台。

三、相宜的话语体系是跨文化交际的保障

语言是思想的直接现实。20世纪初叶，美国行为主义心理学代表人物华生认为言语是"出声的思维"，思维是"无声的言语"，

---

① 杨乃乔《西方的汉字偏见与东方的汉字精神》，《中华读书报》2007年9月12日。
② 陶短房《加反赌广告只标中文引争议》，《环球时报》2014年3月20日。

离开了语言就无思维可言。①不同的语言是在不同的文化背景中滋生、发展的,不同民族的想法不同,所以语言的表达方式也不同。不过,一旦语言形式固定下来,也会反过来影响思维的方式。而不同的语言又有各自不同的话语体系,一个词的意义、一个句式的表达功能,都不是孤立存在的,只有在它所依附的话语体系中才能显现,才有意义。在国际汉语教育中,用什么词,说什么话,才能跨越文化的隔阂,达到沟通与交际的目的,不能不引起我们重视。

法国汉学家魏柳南(2009)②建议"中国还需找到诠释自身理念的方式",认为:"很多中国人不了解西方人的思维定式。他们在与西方人交流的过程中,习惯直接用自己母语的话语方式表达思想,而没有考虑到用适合西方的方式来表达。"文中举例说,"比如,中国人喜欢用'和平崛起'这样的词汇来消除西方人的疑虑,对中国人来说,简单明了。但这不是西方人的话语方式,很多西方人在理解上会与中国人产生很大的误差。"

持同样见解的还有李光耀。李说:"我不会使用'和平崛起'这个词。在中文里听上去挺好,但在英文里听上去好像像蘑菇一样吓人地成长。最终,中国人用'和平发展'这个词。"③

又如"和谐"一词,近年来广为使用,源自自古有之的"和为贵""和而不同""和气生财""君子和而不同,小人同而不

---

① 胡明扬《语言与语言学》,湖北教育出版社,1985年,第26页。
② 魏柳南《一个西方人眼中的"中国威胁论"》,《光明日报》2009年5月27日。
③ 《李光耀内阁资政对美国说:善待中国年轻人,努力赢得中国下一代人的支持》,原载新加坡《海峡时报》2009年9月3日,《环球时报》2009年9月4日转载。

和"等诸多观念,也是我们对外使用极广的一个词,我们倡导"和谐社会、和谐世界"。但当一位中国教师在美国课堂上把中国的话语表达让学生评论、分析时,美国学生对"harmony(和谐)一词的理解,首先就认为这是个音乐名词,用在政治上却有点儿看不懂"[1]。魏柳南(2009)[2]也认为:"要把'和谐'这个词的内涵准确地翻译介绍给西方普通群众,也必须要用他们容易理解的方式才能收到最好的效果。"

那么,用什么样的话语,才能跨越文化的屏障,达到沟通与交际的目的呢?解决的办法,首要的是讲解。汉语不同于西方语言,词汇上可能存在概念不对应的情况,也存在具有特殊文化含义的词语。对于教材生词表上的词,胡明扬(1990)[3]说:"生词表上的注释应该一开头就让学生明白两种语言的词语之间不存在一对一的关系,碰到两种语言在语义或用法上有较大差异的词语应该适当讲解。讲清楚词语的特点,防止母语的干扰。"

既要讲解,更要适当调整我们的话语表达方式,用学习者所熟悉的话语体系,按照学习者喜欢并乐于接受的话语方式,讲解学习者听得懂的中国故事。故事要吸引人,要有魅力,要给人以有益的启示。要尽可能把握住学习者的诉求,激发学生对所学汉语和中国文化的兴趣。如果完全从自我文化话语体系出发,用一种自白式的表达方式,会让人感到有一种宣传的意味,则难以调动学习者学习汉语和中国文化的积极性。在跨文化交际过程中,

---

[1] 刘康《让老外听懂中国的政治话语》,《环球时报》2012年1月17日。

[2] 魏柳南《一个西方人眼中的"中国威胁论"》,《光明日报》2009年5月27日。

[3] 胡明扬《外语教学的几个理论问题》,《语言教学与研究》1990年第4期。

以感性方式表达比理性方式表达效果要好得多。

例如在记者会上，有外国记者挑衅性地指责中国军费不透明，发言人秦刚反问记者："如果你的邻居总是扒着你家的门缝窥视，还叫嚷着'打开你家的门，让我看看里面有什么？'，你作何感受？是不是该报警？"[1]

有外国记者问，对时任美国总统布什访问伊拉克被扔鞋子一事，有何看法？发言人刘建超说："这件事也提醒我，在这里观察谁要举手提问题的时候，同时还要注意，谁在解鞋带。"[2]

在涉外交往中，用这种感性的语言，采取这样的表达方式，是我们原来所不甚熟悉的，所谓改变话语表达，就在于此。

用什么形式诠释自己的文化，采用什么话语结构，要看面对的会话对象和交际场合，用对方语言诠释中国文化，有时候要比用汉语解释我们的文化，对方更容易接受。这体现了对彼此文化的尊重，对世界文化的包容。交响乐指挥余隆率中国爱乐乐团访问梵蒂冈，既演奏莫扎特的《安魂曲》，又演奏中国的《茉莉花》，用音乐传递一种爱的和平的愿望，用文化来反映改革开放的中国，用外语阐释中国文化，感动了听众，在音乐会致辞时，方济各最后竟用汉语说："祝大家一切顺利。"令人惊讶，产生了意想不到的效果。

婉转地、在不知不觉之中将自己的故事说出，是西方人很擅长的话语表达，而我们在跨文化交际中，却过于直白，急于求成，喜欢用显而易见的宣传口吻，一板一眼地表述自己的看法，其实

---

[1] 王亚宏《外交部发言人：离开聚光灯之后》，《环球时报》2012年2月4日。
[2] 同①。

这很难引起听众的兴趣，有时还适得其反。

丁扬（2013）①用"英国人'吃人不吐骨头'的温吞方式"，介绍一位英国老太太表达自己情绪的方式："英剧《唐顿庄园》中的老夫人听说美国的亲家母要来，在饭桌上对儿媳说：'我迫不及待地想见你的母亲，每次见到她都让我意识到英国人的美德。'旁人疑惑地插嘴：'她不是美国人吗？'老夫人平静地说：'一点儿也没错。'"

今年两会期间，在全国政协记者会上，香港记者问及在反腐中大家都很关注某前中央领导人时，对这样的敏感问题，发言人在阐述了原则立场后说"我这样说，你懂的"，巧妙地把彼此心照不宣的问题点了出来。

在我们的教学中也曾遇到话语表达方式不同造成的误解。学期结束了，一位外国学生给老师发了一封短信："老师，您辛苦了！"老师回信："这是我应该做的。"学生很迷惘，就问另一位老师："老师是不是生气了？老师认为我批评他了吗？"这误会产生于老师的话语太生硬，如果先说声"谢谢"接受他人的问候，就不会有问题。请看翻译家杨宪益回忆其英籍妻子戴乃迭的轶事就明白了："你（戴乃迭）生前最爱说的一句话是'谢谢'，甚至'文革'中关在监狱，每餐接过窝头菜汤，你也从不忘说'谢谢'。"

当遇到文化冲突时，文化发生了碰撞，这时话语体系就尤显重要。英国科学促进会（BAAS）曾在网上征集最有趣的笑话，我国笑话《祭祀》荣获亚军。笑话全文如下：在一个公共墓地，

---

① 丁扬《中共高层话语体系变迁》，《作家文摘》2013年7月30日。

一个外国人给自己亲人墓献上一束鲜花。他看到旁边一个中国人在墓前供奉肉食和水果,便又好奇又挖苦地问:"你准备这么丰盛的食物,墓里的人什么时候出来吃啊?"中国人答:"等你们的人从坟墓里爬出来欣赏你们献的花时,我们的人就会出来吃东西了。"

对汉语词义的不同理解,也是话语体系中要注意的问题。如对"自力更生"(self-reliance),中国人的理解是:"我完全可以自己搞定。(I can do my own thing.)"美国人的理解是:"我对我的团体不构成负担。(I am not a burden on my group.)"

为了跨文化交际的达成,让世界更好地了解中国,我们的词汇也在不断变动。以前农民到城市讨生活,叫"盲流",后来叫"农民工",多少还是带有点儿歧视意味。现在叫"外来务工者",更新的叫法是"新人"。中外交往时,还要注意词语的差异,中国人尊老敬老,不避讳老,汉语和英语就有不同,诸如:

汉语: 老年大学　　　养老院　老人之家　　老教授
英语: 第三年龄段大学　疗养院　老年人住宅区　资深教授

出生于 1911 年的杨绛先生,国人习惯尊称为"杨老太",有人用英语写成 Old Lady Young,于是杨先生说:"于英语中如此称呼女士,实非尊敬之举也。"

我们的词典对词义的改变和例句的使用,也在不断进行调整。美国《时代周刊》网站曾登载文章,提到中国人口语中一些常用词被赋予新的用法,如"奴",现有"房奴、车奴",是指那些为偿还房屋或汽车贷款而不得不拼命工作的人。再以"咱们"为例,2004 版的例句是"咱们穷人都翻身了",最新的版本改为"咱们村全都富起来了"。①

可以看出,许多所谓文化上的隔阂,一经分析,大多与话语结构有关,其实,说到底,是语言水平所限。提升汉语水平,加深对汉语的理解,还是关键。而在国际汉语教育的跨文化交际中,选择恰当、合适的词语,寻求相宜的话语体系,是交际达成的保证。在汉语教学过程中,采用合适的话语体系,讲述令学习者感兴趣的中国话题,叙述有文化内涵的有意思的中国故事,以提升汉语学习兴趣,提高学习效率,这也是国际汉语教学中应有之义。

四、领悟和体味中国文化有一个过程

学习汉语与了解中国文化是同步进行的。一个外国汉语学习者要真正领悟中国文化,不是一朝一夕的事,也不可能一蹴而就。外国学习者领悟和体味中国文化要有一个过程,需要一定的时间。外国汉语学习者了解汉语文化,往往首先从文化产物入手,比如有人做过调查,德国人了解中国最多的前五件事,第三件事就是"长城"。这大概是不学汉语的人也会知道的。开始学习汉语之后,逐渐了解一些中国的习俗,比如像包饺子、剪纸、编中国结、过春节、打太极拳等。至于中国文化的精髓和要义,那是要到汉语学习到一定程度才能吸收的,这之中不排除用学习者母语系统讲授中国文化,但因听者不懂汉语,不解汉字,终归是不能透彻了解中国文化的深厚内涵。

---

① 乔尼·埃森《中国新字典:"合作社"出去,"嘁喱"进来》,美国《时代周刊》网站,2011年7月26日;《环球时报》2011年9月21日转载。

汉语水平有初、中、高之分，文化也有不同的层级。比如"长城"，初学者一开始了解到这是古代中国修建的军事防御工程。后来听我们的国歌，"把我们的血肉，筑成我们新的长城"，此中"长城"又有了新的文化含义。等学到"人民军队是保卫祖国的钢铁长城"，"钢铁长城"已具有特殊的民族文化比喻意义。可见，对文化的理解是随着汉语水平的提高而不断深入的。

周有光（2012）[①]说："文化有生命，需要不断吸收营养，否则要老化，以致死亡。文化有磁性，对外来文化，既有迎接力，又有抗拒力。文化像人，有健全、有病态，还有畸形。"

文化的生命在于它是活的，文化有深浅不同的层次。不同汉语等级的学习者，吸收文化的能力也是不一样的。中国传统文化之精义"仁义礼智信"，汉语水平不到一定程度是很难理解的。但不懂汉语，或汉语还未达到一定水平的人，却会"Tai Chi（太极）、Kung Fu（功夫）、Shao Lin（少林）"之类的词语，并对其背后的文化现象感兴趣，而这只不过是了解了中国文化的表层。

当某一种习俗蕴藏着深沉的文化时，也需要有一定的汉语知识方能理解。历史学家何炳棣回忆，最使他终身不忘的是，吃饭时，外祖母不止一次教训他："菜肉能吃尽管吃，但总要把一块红烧肉留到碗底最后一口吃，这样老来才不会吃苦。"对此何炳棣（2009）[②]有着深刻的评述："请问：有哪位国学大师能更好地使一个五六岁的儿童脑海里，渗进华夏文化最基本的深层敬始慎终的忧患意识呢？"

[①] 周有光《周有光文集》，中央编译出版社。摘自《北京晚报》2012年1月23日。

[②] 何炳棣《读史阅世六十年》，广西师范大学出版社，2009年，第7页。

我的家乡天津也有个习俗，倘若吃饺子，一定不能把一盘饺子吃光，最后一定要留下一个饺子，叫"压碟子底儿"。为什么？图个生活永有余裕的吉利。

中国文化是世界上极具包容性的文化之一，中国文化的主体精神是建立在以儒释道尤其是以儒家文化为主体的基础之上的，几千年来，从物质文化到精神文化，从风俗习惯到典章制度，从伦理道德到价值观念，一以贯之，数以千年，绵延至今。一些伦理原则，具有人类共通性。众所周知，联合国大厦有一块用世界各种文字书写世人共同遵守的伦理准则，中文用的就是《论语》中的"己所不欲，勿施于人"。

中国文化的精髓是要在具有一定的汉语水平之后才能透彻理解。德国波恩大学汉学系教授顾彬（2009）[①]深有感触地说："我第一次接触鲁迅作品时，译本的德文非常差，我于是产生了错误的认识，认为鲁迅是一个徒有虚名的三流作家。我一辈子不会再看他的作品。到了中国以后我才发现，鲁迅的中文是那么漂亮。因此，我那时就发现，翻译是一个很大的问题。"顾彬是汉语水平很高、中文造诣很深的汉学家，他也是随着自己汉语水平的不断提升，而逐渐加深了对中国文化的理解。

一种普通的文化现象，也会有着深层的文化含义，可以从不同的角度去理解，这当然也跟汉语水平有关。瑞士联邦主席帕斯卡尔·库什潘会下围棋，他认为："围棋讲究的是审时度势。占据有利形势，避免正面冲突，而这正是西方国家，尤其是美国人

[①] 顾彬《中国对于西方的意义》，《中华读书报》2009年12月2日。

所欠缺的。"①

太极拳,为外国学生所熟知,但是,"一位法国学生拍摄中国太极,他的影片讲述了一个太极哲学的故事。他希望在个人主义盛行的社会,借鉴这一哲学找到解决问题的有效办法,使世界和谐共处。"②这就与我们的认识不同,文化理解的角度也不一样。这是在汉语学到一定程度时才有的认识。

国际汉语教育中的跨文化交际,随着汉语程度的不断提升而深入,了解中国文化是第一步,随着汉语水平的提高,由了解进入理解,但要真正能吸收中国文化,汉语必须要好到一定程度。要认同一种文化,先要认同这种语言。认同一种语言,就是要将这种语言学到家。我们主张加强高级汉语教材编写质量,提升高级汉语教学水平,培养更多的高水平的汉语人才,在高层次上进行跨文化交际,保持并促进世界文化的多元。

五、文化自信是跨文化交际的动力

在一个全球化的世界里,从事国际汉语教学的教师,面对来自世界各地的汉语学习者,自己首先得是一个世界公民,对世界各地的多姿多彩的不同文化,一视同仁,采取多元文化立场,不加褒贬,不偏袒、贬损或迷信任何一种文化。陈寅恪曾说过,文化高于种族,也是这个意思。而对我们传统文化中的精粹,应以自豪的心态坚持与守成。对当今社会文化的主体,应把握准确,

---

① 《瑞士联邦主席:任何关注世界变革的人都希望去中国》,《光明日报》2008年7月30日。

② 漆谦《借外国青年视角传播中国文化》,《环球时报》2013年9月26日。

洁身自好，发扬光大。同时也要虚怀若谷，尊重他人文化。

世界各国各地的人们，都以自己的民族文化而傲世。美国灾难片《2012》中有一句所谓的经典台词："只要我们活着，美国文化就不会灭亡。"对自己的文化充满自信。而中国文化在世界上早就影响深远，只是近百年来国力式微，未能远播。

早在20世纪初，英国哲学家罗素就赞扬过中国文化，他说"中国文化在三方面胜过西方"。一是中文胜过西方，不但意美、音美，而且形美，这是中国文字胜过西方的地方。二是思想方面，早在两千五百年前，孔子就把远古传统和神话逐一理性化，把神人化，走在西方前面。三是在教育方面，中国早有开科取士、用人唯贤的考试制度，因此也比西方先进。当然，西方文化也有它的优势。有鉴于此，翻译家许渊冲（2010）[①]献上四言：西方重真，东方重善。东西结合，走向美满。

讲一个曾追随潮流，后又回归民族文化，守住自我文化的例子。舞蹈家黄豆豆年轻时有叛逆思想，他本来专修民族舞，但他总想与别人不一样，看到国外的现代舞，颇有创意，与众不同，于是有两三年时间舍弃民族舞，而热衷于现代舞，其间也曾多次到国外演出。偶尔一次在各国舞者共同排练舞蹈时，他发现舞者里有白人、黑人、黄种人等各色人种，就在这一刹那，黄豆豆突然感到自己追求了很多年，结果不是和他们一样了吗？跟他们又有什么区别呢？于是毅然决然返回自己练了多年的民族舞，终于回归自我，守住自己的民族文化，终成民族舞大家。[②]

---

① 许渊冲《我有四言献世博》，《光明日报》2010年6月19日。
② 摘自黄豆豆在电视节目中的自述。

国际汉语教育中，我们应加强文化自觉，增强文化自信，提升民族认同感和自豪感，这将在跨文化交际中增加巨大的动力。中国文化的很多精粹，同样体现着普世价值观。还是以长城为例，只有爱好和平的民族，才会世世代代修筑长城，这正体现了中国人的和平观念。一般认为，价值观念是文化的核心和灵魂。儒家思想的核心是"仁"，法国汉学家夏尔·勒布朗和雷米·马蒂厄在其《儒家》一书中说："仁"比单纯的"人权"或"诚实"包含着更加深刻的内容。事实上，儒家的天下观念、大同理想、君子人格、和谐理念等都是超越了时空限制和民族界限的具有普世性的价值观。[①] 我们应为此而自豪。

文化有生命，语言也有生命，语言固化了文化中的观念与意义。汉语正是承载着文化的生命。德国教育与研究部（BMBF）在其"人文科学年"的活动中，举行了"世界最美单词"评选大赛，评选标准是"为别的语言提供一种与众不同的感觉"。获得冠军的词是土耳其语 Yaka-moz，意为"水中倒映的月亮"，而汉语"呼噜"一词屈居亚军。该活动选出"呼噜"一词，真有眼光。"呼噜"不仅是拟声词，还是汉语中特有的联绵词。凡圆形且能转动的物与像都可归入这一词族，如"咕噜、咕隆、轱辘、骨碌、骨碌碌、轱轳、辘轳、辘辘、碌碌、葫芦、糊涂、叽里咕噜、稀里糊涂"等。联绵词是一种或双声或叠韵的双音节单纯词，是借助汉语音韵结构而构成的，是汉语中自远古以来所独有的。再说，汉语中有"水中月，镜中花"，可以与荣获冠军的土耳其语"水中倒映的月亮"

---

① 王达三《中国需要大力输出儒家价值观》，http://www.blogchina.com，2009 年 11 月 2 日。

相媲美。总之,这很值得我们为使用了几千年的汉语而自豪。①

讲到文化自信,还有两种倾向应该提出,一种要抵制,一种要力避。对于海外教材对中国文化的故意歪曲、贬损,以及猎奇或迎合低俗,应予以抵制,消除其不良影响。有些误读,应予解释。如电影《刮痧》中,爷爷给拉肚子、发烧的孙子刮痧,被外国邻居告发虐待儿童。这显然对中国文化缺少了解。

语言文字是一个民族文化的天然载体,关涉一个民族的文化认同和国家安全,爱护母语,也是世界共识。保持汉语的纯洁性,应是我们的天赋权利。一种在讲汉语时掺杂英语单词的现象,深究起来也是文化不自信的表现。在汉语课堂上,教师口中出现的"OK、Yes、No"等,实应避免。

瑞典人乔吉反映,在他所学的《趣味商务汉语》教材中有这样的对话:

小　赵:我们的事情恐怕纸包不住火了。

王经理:什么状况?

小　赵:公司会计开始怀疑了。

王经理:一个小会计而已,你怕什么?搞定他还不容易?你自己看着办吧。②

这不仅糟蹋汉语,也是迎合某些人的低级趣味。

对于我们自身汉语教材中这些对西方的迎合或顺应,应力求避免,如发现应予删除。对我们民族文化的精华,守成并发扬光大,也是汉语教学中应有的议题。

至此,我们想引用民国元年北京英文馆国文考试题目做结:

---

① 赵强《语言之死》,《中华读书报》2007年11月21日。
② 路月阳《汉语已变成腐败语言了吗?》,《环球时报》2010年3月10日。

"知中不知外,谓之盲瞽;知外不知中,谓之失心。"在国际汉语教育中,我们既要了解世界各地文化,既明且聪;又要坚信自我,莫失本心。

第三节 文化全球化对跨文化交际研究的影响[①]

任何学科的发展都有着深刻的时代背景。在当今的文化全球化时代,各民族本土文化都以开放的态势与多样性的异域文化进行积极对话,在相互交流中补益和发展自身,全球文化呈现出统一性与多样性,普遍性与独特性并行不悖的生动格局,强有力地推动着跨文化交际学科的发展。揭示文化全球化推动跨文化交际学科发展的动力源泉,预测跨文化交际学科发展的基本趋势,对于顺应文化全球化带来的新变化,促进跨文化交际学科建设以及指导跨文化交际实践都是很有裨益的。

一、以"跨文化"命名的学科不断增加推动着跨文化交际学科建设

异彩纷呈的文化全球化时代已经到来。作为现代新兴文化交际工具的国际互联网络以其巨大的信息容量和无限延伸的触角,

[①] 本节选自高永晨《文化全球化与跨文化交际学科发展:动力、趋势和展望》,《外语与外语研究》2008年第1期。

已经将全球"一网打尽"。现代交通和通信技术的空前发达，跨国界大众传播和人际传播交往的空前频繁，都显示了英国著名学者吉顿斯先生所说的"全球化使时间和空间压缩"这句话的真理性。[①] 与此同时，文化创新的速度、多元文化交往的频度以及相互之间协调和沟通的程度都是历史上从来没有过的。在文化全球化时代，现代意义上，或者说是全世界真正意义上的跨文化交际的大格局才得以形成，换言之，文化全球化才促成了无论是深度还是广度都名实相副的跨文化交际。弗雷德里克·杰姆逊（2002）[②]深刻地指出："全球化是一个传播性概念，交替地掩盖与传递文化或经济含义。"他的话意味着全球化是从经济和文化两个层面同时展开的，在正视经济全球化现象时，不能无视文化全球化。文化全球化，无论是就其概念的解读，还是就其内容的学理阐述，都成了真正的跨国研究，或者说是一种真正的跨国界理论。文化全球化既内在地蕴含着跨文化交际，是跨文化交际的产物和必然结果，又强有力地推动着跨文化交际从深度和广度两个方向发展。

文化全球化时代，是文化的大综合和大分化趋势都日益增强的时代。无论是社会科学的研究，还是自然科学的研究都出现了既不断分化又高度综合的趋势。不断分化的趋势，就是各门学科由于研究的深入，分得越来越细。不断综合的趋势，就是分得越来越细的各门学科，它们之间的内在联系也越来越紧密，互补性和渗透性的趋势日益明显，越是将它们联系起来研究，就越能够

---

① 詹姆斯·H.米特尔曼《全球化综合征》，刘得手译，新华出版社，2002年，第5页。

② 弗雷德里克·杰姆逊《全球化的文化》，三好将夫编，马丁译，南京大学出版社，2002年，第55页。

发现其中蕴含着的共同本质和规律。

　　自从跨文化交际学作为一门学科产生以来，各种以"跨文化"命名的学科就如雨后春笋般地涌现，如跨文化教育学、跨文化管理学、跨文化心理学、跨文化市场营销学、跨文化经营学、跨文化谈判学、跨文化传播学、跨文化比较研究学、跨文化广告学、跨文化领导学、跨文化行为学、跨文化哲学、跨文化历史学、跨文化文献学、跨文化美学、跨文化社会学等。这些以"跨文化"命名的学科的不断产生，都源于传统学科无法适应新时期出现的新问题的需要，都源于全球文化与民族本土文化之间既高度综合又日益分化的趋势，都可谓是应时代之运、问题之运、研究对象需要之运而生。

　　跨文化交际学与这些以跨文化命名的学科，因为各自的研究对象、研究领域和研究范围、研究方法和研究手段以及研究学科使用的原理原则以及方法论等方面的差异性，都存在着各自的适用范围，学科之间的性质具有明显的差别性。但是，跨文化交际学与这些以"跨文化"命名的学科从本质上说，在具有差异性的同时，又有着一致性。因为这些学科都要研究和揭示不同文化背景中的人们在各种文化活动中面临着的文化的特殊性和统一性之关系等问题，都要在各种文化活动中进行从个别到一般，再从一般到新的个别的逻辑分析和学理阐述。在研究使用的材料以及研究的结论等方面都存在着交融性和互补性。质言之，跨文化交际学的发展离不开以"跨文化"命名的各种学科的发展，以"跨文化"命名的各种学科越发展，跨文化交际学越能从中吸收对学科建设有用的理论成果，推动跨文化交际学科的丰富和完善。

　　各种以"跨文化"命名的学科，与跨文化交际学的学科发展有着非常紧密的关联性，对跨文化交际学科建设都起着直接或间接的影响和推动作用。例如，跨文化心理学和跨文化教育学，对跨文化交际学的发展有着直接的促进作用。因为跨文化交际的过程，实质上就是跨文化心理调适和互动的过程，同时也是跨文化学习和教育的过程。不同民族的文化都与不同民族的心理紧密联系在一起。而不同的民族心理都由不同民族的教育方式、教育内容、教育环境等决定。对于不同的民族心理和民族教育的深入研究，有助于为跨文化交际研究提供大量的实证经验材料，推动跨文化交际研究的深入进行。

跨文化交际学与跨文化心理学之间的内在关联性是很明显的。学界一般都认为，英国人类学家、心理学家米勒是跨文化心理学的奠基人，他在其著作《逻辑体系》一书中初步体现出跨文化心理学思想。米勒认为跨文化心理学家要研究适用于任何国家、任何民族的基本心理规律，强调研究人的心理时不应忽视文化环境。他开创性地提出了"习性学"（一门研究人的性格的学科）的概念，指出这一学科在探讨个体性格的形成与发展时，必须注重个体与环境的交互作用，按照一定的规律去研究文化对人的性格的影响。20世纪上中叶的一批人类学家和心理学家对跨文化心理学进行了深入的描述与实证研究，这些研究成果对于跨文化交际研究都有着重要的借鉴作用。在当今的文化全球化时代，不同文化背景下的人们的交往过程，就是跨文化心理的顺应和调适过程。实践证明，越是深入地了解和研究跨文化心理学，越能有效地推进跨文化交际学。

跨文化交际学与跨文化教育学之间的关系也是十分紧密的。其互为动力的作用表现为，一方面，跨文化教育学的发展强有力地推动着跨文化交际学的发展。另一方面，跨文化交际学的发展也是推动跨文化教育学发展的强大动力。跨文化教育学，一般是指在两种或多种文化之间进行的一种教育。从教育人类学的角度看，人类的一切教育活动都是建立在某种特定文化基础之上的，教育是传承文化的载体。每一个人都具有一定的民族属性，而每一种教育也都与特定的民族文化密不可分。具有不同文化的民族，都会选择和确立具有自己民族特色、有助于本民族文化传承和发展的教育模式。教育具有"单一文化教育"和"跨文化教育"的基本类型。前者是指受教育者所受教育基本上仅局限于一个民族的文化，具有单一的民族属性。而后者，则是在两种不同文化之间进行的。进行跨文化教育，如移民教育、殖民地教育、留学生教育、多民族国家中的少数民族教育和多元文化教育等，有助于推进跨文化交际的深入进行。 文化全球化也意味着教育全球化。跨文化教育不仅在学校教育中成为越来越普遍的现象，而且也成为社会中越来越普遍的现象。跨文化教育的理论和实践直接推动跨文化理论的发展和学科建设。

各种以"跨文化"命名的学科不断增多，或者说是"跨文化学科丛林"的出现，既反映了文化全球化时代文化繁荣和学科繁荣的生动景象，同时，也预示着跨文化交际学科建设的春天已经到来。今天的满园春色，必将迎来明天的累累硕果。

二、跨国间的合作研究促进着跨文化交际学的发展

文化全球化时代是国与国之间加强文化交流、并在文化交流中促进文化发展的时代。各国文化需要走向世界，世界也需要了

解各国文化。多元文化之间的交流以及跨文化交际科学研究的跨国合作，是跨文化交际学科发展的强大推动力量。文化全球化本身就是多元文化合作交流的产物，文化全球化的发展又促使多元文化合作交流的趋势进一步增强。中国自 20 世纪 80 年代以来持续不断的学习外语热以及进入新世纪后世界各国的学习汉语热，都反映了多样性文化之间加强交流，使全球文化与民族本土文化之间不断融合和互补的趋势。正是在这样的基础上，推动了跨文化交际研究朝着跨国间联合攻关的方向发展。

跨文化交际学的研究对象、研究范围以及学科性质等，都决定了这门学科的建设必须依赖于跨国间的合作研究。跨国之间的合作研究是促进多元文化交流，克服民族文化中心主义的有效途径。跨国之间合作研究的广度和深度，直接决定着跨文化交际研究的程度和水平。诚然，从国外留学回来的从事跨文化交际研究的学者，对本国文化与别国的文化会有比较深刻的感悟，对跨文化交际学的研究会有很好的帮助。但是，仅仅依靠他们进行跨国间的文化对比研究还是很不够的。对别国的深层次的文化的习得以及深刻把握，并非一日之功，而需要比较长的时间，特别是一些涉及宗教信仰、民族风尚、历史传统、国民心理以及价值准则等方面的文化知识，更不是凭短短几年时间在国外的学习就能理解和掌握的。进行跨国间的合作研究能够有效整合多样性文化的力量，消除跨文化交际研究中的文化偏见，达到合作双赢的目的。因此，在跨文化交际的研究以及学科建设中，只有开展经常性的有专项课题的跨国之间的合作研究，才能推动跨文化交际学理论研究和学科建设的深入。

跨国之间进行跨文化交际研究，不但是我国外语界和企业界的需要，是推动跨文化交际科研深入进行的必要环节，也是欧洲、美国、日本等众多地区和国家教育界、企业界实施跨国战略的需要。任何民族和国家的经济、政治和文化活动，一旦进入国际领域，就有进行跨文化交际跨国研究的必要。谢里夫·海塔塔在《美元化、解体和上帝》一文中指出："我们称之为跨文化的研究能帮助我们消弭二极世界的对立，帮助我们自下，而不是从上接近实现一个全球性世界。那将是一个人们通过共同学习、工作和研究达到相互了解的全球性世界，而不是一个霸权的、金字塔式的世界。"①在2005年10月于北京召开的国际论坛"经济国际化中扩大国际经济、文化和教育的合作"的会议上，德国驻华大使馆公使费华德博士说，德国非常重视跨国文化管理与培训的问题，德国的大学有50多个关于跨文化交际方面的课程，它们是从不同的角度，比如说经济、语言、心理等方面来探讨这个问题。有些学校是教授管理技巧的，有的是关于咨询的，有的是关于私营领域文化管理的。有的课程是涉及具体的地区国家的文化问题，有的是涉及跨国文化的交流。但是，德国也面临着一个迫切的要求，那就是进一步同亚洲国家，特别是中国的文化交流。有一些研究人员进行了亚洲研究，但是，这是不够的，不足以满足社会的要求，特别是工业和经济领域企业的要求。美国和日本也是如此，许多跨国公司在产品营销、市场推广、企业文化建设以及信息传播等方面都迫切需要与中国有关专家进行跨文化交际方面的合作研究。因为这对于增强相互之间的优势互补，推动跨文化交际研究的深

---

① 弗雷德里克·杰姆逊《全球化的文化》，三好将夫编，马丁译，南京大学出版社，2002年，第240页。

入，有效地避免跨文化交际中的矛盾和不必要的误解，都是非常有意义的。可以预见，随着跨文化交际学科建设的需要，跨国交流合作研究将得到进一步的发展。跨文化交际研究领域是向全球开放的，跨文化交际的科研机构也将是全球性的。

我国关于跨文化交际研究方面的跨国合作，这几年成绩斐然，对跨文化交际学科建设起着积极的作用。在国际跨文化研究学术交流方面既有学校与学校之间的合作交流，又有国家有关部门与国外有关部门之间的合作交流。在国外举行的国际跨文化交际研讨会与在中国举行的国际跨文化交际研讨会的经常性召开，推动着宏观的研究与微观的研究、面上的研究以及专题的研究不断深入。可以预见，在跨文化交际研究方面，跨国合作研究增强的趋势会愈演愈烈。

三、文化全球化时代的新事物将成为跨文化交际研究的新课题

目前，我国的跨文化交际学的研究取得了很大的成绩，有关著作和论文如汗牛充栋。研究的主要内容涉及跨文化交际与外语教学、跨文化交际与对外汉语教学、跨文化交际能力的培养、跨文化交际与翻译、跨文化交际中的语用失误、非语言交际、词汇的文化内涵、跨文化交际与修辞、经贸领域的跨文化交际、民族之间的跨文化交际等。配合跨文化交际学的研究，还译介了国外大量跨文化交际学方面的著作，同时还译介了国外大量以"跨文化"命名的著作，如跨文化传播、跨文化管理、跨文化市场营销、跨文化心理学、跨文化教育学、跨文化社会学等。国内的一些重

点大学在外语教学中,基本上都开设了跨文化交际学课程。有的大学还招收了跨文化交际研究方向的博士生和硕士生。但是,将跨文化交际学置于文化全球化的背景和视域中,直接针对文化全球化带来的一系列新问题展开跨文化交际研究的论著,还寥若晨星。从跨文化交际学科建设的角度看,理论研究深入进行的任务还相当艰巨,文化全球化时代的许多新事物需要研究,许多新领域需要拓荒,跨文化交际的研究方法需要大力改进,研究队伍需要加强和充实,研究成果需要进一步走向世界。

在文化全球化时代,存在着一系列需要跨文化交际学深入研究的新课题。其中,最紧迫需要研究的主要课题有十大方面。

(一)对文化全球化概念、实质、规律和发展趋势以及文化全球化对跨文化交际面临的机遇和挑战的研究。文化全球化究竟是文化的分裂化,还是文化的同质化?是文化的单一性,还是多元文化主义?是跨文化主义,还是文化的一体化?文化全球化是有利于全球文化发展的馅儿饼,还是不利于全球文化发展的陷阱?文化全球化对传统的跨文化交际研究究竟带来了哪些新情况和新问题?如何正确对待这些新情况和新问题?对这些问题有待做出具有说服力的回答。

(二)对文化全球化与民族文化本土化双向互动和双向建构辩证关系的研究。文化全球化与本土化的矛盾冲突存在着哪些表现?主要由什么原因引起?文化全球化与民族文化本土化如何才能双向建构和双向互动?双向建构和双向互动的内在机制如何?发展的基本趋势如何?对此,应该通过前瞻性的研究,获得比较清晰的认识。

(三)对文化全球化增强多元文化之间合作,扩大世界政治的文化基础的研究。詹姆斯·罗斯诺在《世界的混乱：变化与继承的理论》中首次提出了"全球文化"（Global Culture）的概念，他认为全球的相互依赖趋势的增强扩大了实践世界政治的文化的基础，加强了国际关系中主权主体和非主权主体之间的合作。相互依赖的加深导致了规范的分享，导致了全球共同体对地域共同体的吸收。[①] 对此，需要做出深入的研究说明。

（四）对文化全球化导致的文化的分离化与同质化并存现象的研究。日本学者星野昭吉（2000）[②] 注意到了文化全球化会带来这一奇特现象，在其《全球政治学》中认为："文化全球化意即全球文化的相互依存、相互作用以及文化角色之间的相互交流，它允许分离化与同质化并存。"对这一现象以及其蕴含的内在意义需要从跨文化交际学的视角做出深入说明。

（五）对文化全球化促进了文化关系和文化实践的延伸和深化的研究。赫尔德等（2001）[③] 在《全球大变革——全球化时代的政治、经济与文化》中把文化全球化看作是"文化关系和文化实践的延伸和深化，即人和物的运动有助于在广泛的范围内建立一种共享的文化信念模式。从而有助于在不同地方之间建立一个地方的文化思想影响另一个地方的互动模式"。对于文化全球化促进人的文化关系和文化实践的延伸与深化的表现、路径以及内在机制、发展结果等，都需要在跨文化交际研究中进行深入的阐发。

---

① 王缉思主编《文明与国际政治——中国学者评亨廷顿的文明冲突论》，上海人民出版社，1995年，第348—349页。

② 星野昭吉《全球政治学——全球化进程中的变动、冲突、治理与和平》，刘小林、张胜军译，新华出版社，2000年，第191页。

③ 赫尔德等《全球大变革——全球化时代的政治、经济与文化》，杨雪冬等译，社会科学文献出版社，2001年，第460页。

（六）对虚拟世界的跨文化交际研究。网络的发展带来了以网络文化为主体的虚拟世界，跨文化交际从真实世界延伸到了虚拟世界。那么，虚拟世界的跨文化交际有哪些特点？虚拟世界的跨文化交际与实在世界的跨文化交际存在着哪些共性？又有哪些个性特征？虚拟世界跨文化交际中的法律、伦理道德等如何建设？虚拟世界跨文化交际推动全球文化发展的基本趋势如何？这些深层次的问题都需要深入研究。

（七）对文化全球化时代强势文化与弱势文化关系的研究。在文化全球化时代，外来强势文化对民族本土文化的冲击究竟有多大？弱势文化在强势文化面前如何保持自己的文化特质？弱势文化如何在跨文化交际中不断地成长壮大？目前，英语文化对非英语区国家的影响大大超过了非英语国家文化对英语国家文化的影响，对其他文化的信息传播构成了极大的冲击和威胁。如何认识和预见文化冲突的范围、文化冲突的多样化和更加频繁性？如何认识信息高速公路上的文化多样性问题？如何抵制信息殖民主义？深入研究这些问题已经很有必要。

（八）对文化全球化时代跨文化交际学与各种以"跨文化"命名的学科之间关系的研究。跨文化交际学与各种以"跨文化"命名的学科之间具有哪些互补性和互馈性？如何在它们之间建立起学术成果的共享机制？它们在各自发展中存在着哪些基本规律？这些都是跨文化交际研究需要说明的问题。

（九）对文化全球化时代跨文化交际过程中因为性别差异、身份差异、地位差异、年龄差异所导致的文化差异的研究，以及文化全球化时代语言和非语言变异以及变异的基本规律、发展趋势的研究。

（十）对文化全球化时代跨文化交际能力的研究，如文化全球化时代，跨文化交际能力的价值、跨文化交际能力提高的途径、文化全球化时代跨文化交际对外语教学提出的机遇和挑战等问题的研究。

此外，在跨文化交际研究中如何进行研究方法的变革，如何将宏观研究与微观研究结合起来，如何将定性分析与定量分析结合起来，如何将理论研究与实际运用结合起来，如何推进跨文化交际学科建设等问题，都是跨文化交际学研究的重大课题。

第二章

跨文化交际能力研究

第一节　跨文化交际能力在汉语作为第二语言教学中的地位①

人们早已开始研究语言、交际、文化之间的关系，现在重提这一问题的意义何在呢？笔者认为有两点还有待进一步研究和探索：一是第二语言教学的目标仍不够明确，教学针对性还不够强；二是教材和教学脱离课外实际的现象仍然存在。笔者认为应当明确而又响亮地提出：第二语言教学要将课堂教学置于跨文化交际

---

① 本节选自毕继万《第二语言教学的主要任务是培养学生的跨文化交际能力》，《中国外语》2005年第1期。2009年，毕继万先生出版专著《跨文化交际与第二语言教学》（北京语言大学出版社），对相关问题有更为详细、成熟的论述。

本节部分参考文献：Acton, W. R., & Felix, J. W. (1986). Acculturation and mind. In Valdes, J. M. (Ed.). *Culture Bound*. Cambridge: Cambridge University Press; Richards, C. J., *et al*.(2000). *Longman Dictionary of Language Teaching & Applied Linguistics*. Beijing: Foreign Language Teaching and Research Press.Hadumod Bussmann (1996). *Routledge Dictionary of Language and Lingusitics*. London, New York: Routledge; Hanvey, R. G.(1979). Cross-cultural awareness. In Elise C. Smith & Louise Fiber Luce (Eds.). *Toward Internationalism: Readings in Cross-cultural Communication*. Rowley, MA: Newbury House Publisher, Inc.；胡文仲《跨文化交际与英语学习》，上海译文出版社，1999年；胡文仲、高一虹《外语教学与文化》，湖南教育出版社，1997年。

环境之中，以培养学生的跨文化交际能力为主要目标，以学生的跨文化交际能力提高的程度衡量第二语言教学的成果。

一、第二语言教学的主要目标是培养学生的跨文化交际能力

（一）跨文化交际能力不同于交际能力，更不等同于语言能力

1. 单纯培养学生的语言能力不是第二语言教学的目标。

乔姆斯基提出的"语言能力"指的是人的语言语法的内化知识，是对语法知识的了解和对语法规则的遵从，与语言的实际运用不是一回事。

现在我国外语教学界和对外汉语教学界有一种看法：语言能力指语音、词汇、语法等语言知识和听、说、读、写、译技能。但是，如果将教学局限于教学环境和教科书的范围，学生还是无法将这些语言能力变成实际交际能力。

2. 培养学生的交际能力也不是第二语言教学的目标。

海默斯（Hymes）的"交际能力"突破了纯粹的语言学习的局限，将语言看成交际的符号和工具，强调的是语用能力，注重在不同语境中运用语言进行正确而又得体的交际能力。但是，海默斯的交际能力指的是同一文化里不同语境中的交际能力，还不能满足跨文化交际环境的要求。

将培养学生的语言交际能力作为第二语言教学的目标，似乎成了许多人的共识。

3. 只有培养学生的跨文化交际能力才是第二语言教学的目标。

跨文化交际能力指的是跨文化交际环境中的交际能力，即具

有不同文化背景的人之间进行交际时具有强烈的跨文化意识，善于识别文化差异和排除文化干扰并成功地进行交际的能力。它与同文化交际能力的根本区别在于它解决的是文化语境问题，是来自不同文化背景的人相互交际时对同一语境中交际行为和交际信号的文化差异的识别和文化干扰的排除能力，解决的是同一语境中不同文化之间交际规则的碰撞和冲突问题。

跨文化交际能力既不是乔姆斯基的"语言能力"，也不是海默斯的"交际能力"，但包括了这两种能力。跨文化交际能力是在跨文化交际环境中必备的由语言交际能力、非语言交际能力、语言规则和交际规则转化能力以及文化适应能力所组成的综合能力。

在跨文化交际中，第二语言学习者会发现，他们不仅外语交际能力受到了巨大的挑战，他们母语文化的交际规则和思维方式也常常行不通。他们的价值观念也常常受到误解或责难。所以，一般的语用能力（交际能力）是难以完成跨文化交际任务的，只有跨文化交际能力才是跨文化交际中的必要能力。

（二）跨文化交际能力的成分

1. 语言交际能力。

语言交际能力不仅指必需的语法知识，还包括对词语的概念意义和文化内涵意义的了解与运用能力；不仅指语言的正确性，还指运用语言在具体语境中进行交际的得体性，即人们所熟知的什么时候、在什么场合、对什么人、说什么话、如何说以及为什么这样说等。

语言交际能力是跨文化交际能力的核心和基础。不懂得外语，不注意语言基本功，或语言交际能力很差就失去了跨文化交际能力的基础和核心，无法胜任跨文化交际工作。

2. 非语言交际能力。

交际能力不只是语言交际能力，还包括非语言交际能力，忽视后一种能力的倾向必须予以纠正。在研究跨文化交际时，应当清楚地认识到，一方面，非语言交际行为或手段是交际行为中不可缺少的组成部分，它不仅对语言交际行为起到良好的辅助和配合作用，在语言交际遇到障碍时还可对其起到代替、维持或挽救的作用。另一方面，在交际中，人们又往往比较注意语言行为的正确性、合适性和可接受性，却易忽略非语言交际行为和手段的文化差异及其影响，从而导致跨文化交际中误解和冲突频频发生。

非语言交际是语言交际以外的一切交际行为和方式，是一种不用言辞的交际。非语言交际包括体态语（如姿势、身势、身体各部分的动作、体触行为等）、副语言（如沉默、话轮转换、非语言声音等）、客体语（如皮肤颜色的修饰、体毛的清除、身体气味的掩饰、衣着和化妆、个人用品的交际作用、家具和车辆所传递的信息等）和环境语（如空间信息、对待拥挤的态度、身体距离、领地观念、空间与取向、座位安排、时间信息、建筑设计与室内装修、声音、灯光、颜色、标识与符号等）。

在跨文化交际中，必须改变只重语言交际而忽视非语言交际的偏向。不得体的非语言交际行为和方式在我国对外交往中的消极影响应当引起相关人士的高度重视。例如：穿着不注意身份、场合和着装规则；行为举止不雅（如姿势、音量、手势及其其他言谈举止表现）；不注意文化差异和国际交往礼节要求（如餐厅服务、餐桌上的礼节、授受礼品等）。

对非语言交际与语言交际的配合中的文化差异可能引起的文

化误解更易为人们忽视。例如，对否定句应答时汉英文化之间点头与摇头的差异就常常引起文化误解甚至文化冲突。

3. 语言规则和交际规则的转化能力。

交际受到语言规则和交际规则的双重制约。交际规则是不同文化的历史积淀，文化不同，交际规则也不尽相同。在学习跨文化交际技能时，语言规则的转化至关重要，但还不够，还要学习交际规则的转化。也就是说，培养跨文化交际技能需要学习两种规则的转化，要培养两种规则的转化能力，而且在国际交往中要学会国际交往准（规）则。

语言规则指的是包括语音、词汇、语法规则体系。而交际规则指的是指导人们相互交往的行为准则，萨莫瓦和波特将其定义为"后天习得的行为方式，也称为组织人们之间相互交往的规则"，指导的是包括语言交际在内的一切交际行为，强烈的文化特性是交际规则的显著特点。

在跨文化环境中进行交际，需要运用外语（或通过翻译）、母语与目的语之间规则的不断转化。但交际规则的转化更为重要，而且更加困难。在跨文化交际中，交际规则最根本的特点是规范跨文化语境中的交际行为和方式，解决在跨文化交际中正确而又得体地处理风俗习惯、行为准则、思维方式、价值观念等诸多方面的文化差异的干扰和文化冲突问题，指导的是在文化语境中交际规则的转化和交际双方的相互适应行为。

下面是摘自一本教科书的案例：甲乙两名教员在下课后相遇时，甲说："下课了？"如何将这句话译成英语呢？该书作者认为要考虑当时的语境。如果这句话是甲在乙夹着书包刚从教室里出来时对他说的，应译成："（Have you）just finished your class？（刚下课呀？）"如果乙以前没教过课，最近刚任教，则应译成："How's your class？（课上得怎么样？）"如果甲乙相遇时，甲急忙向课堂走来，担心误了课，则应译成："Has the bell gone？（打铃了吗？）"/"Am I late for class？（我迟到了没有？）"

笔者认为，对这一问句必须进行语境分析。首先，语境意义必须清楚无误，即要将信息问题与询问型问候语区分开。信息问题用于询问信息，期待的是具体信息的回答，而招呼语则不注重具体信息含义，只是表示"我看见你了，并没有装作未看见你"的客套话，是一礼貌语。上述语境设想与翻译只适用于信息问题。但是，用作信息问题时只适用于家人、亲朋好友和熟悉的同事之间，或者上级对下级。例如：父母问子女这类问题时，毫无礼貌问候之意，期待的是明确的信息回答。只有"下课了？"确定为信息问题时上述区分情景的回答才可能成立。例如：甲正在急切地等待乙去做什么事；指导教师或上级领导关切地了解新教师第一堂课是否顺利；甲急忙赶向课堂，因害怕误了课急切地询问遇到的同事是否迟到了。如果这一问句只是同事或熟人之间一句日常招呼语，这些设想就不仅不能成立，还会起到误导的作用。首先，对中国人可能产生误导；初学英语的人以为对询问型招呼语必须根据不同语境中可能的信息询问做出不同的回答。如对案例中第一句的回答应是："Yes, I have." 对第二句的回答应为："It was OK." 对第三句的回答则是："There's no hurry. Not yet." 外国人也易被误导，误认为中国人"喜欢监视别人的行动去向，喜欢干涉他人的隐私"。

其次，礼貌语言翻译的关键是做好同一语境中两种文化交际规则的转化。汉语询问型问候语体现的是汉人群体文化的特点，表达的不只是问候之意，还有相互关切之情，遵循的是汉文化的交际规则。翻译成另一种语言时不可做语言的直译或照搬汉文化的交际规则，否则就会造成文化误解。在中外交往中，由于中国人或外国人将这类招呼语直译成英语而造成的文化误解屡见不鲜。英国学者 Helen Oatey 认为，将汉语的常用问候语"你干吗去呀？"直译成英语"Where are you going？"就会使英语国家的人产生误解。她说：

……在英语中，这一问题一般用于了解信息的要求，而询问别人的具体情况属于询问个人私事，只能上级当权者才有权利，或者只能在亲朋好友之间才能使用，用于其他场合就会让人难堪；不回答你的问题会不礼貌；如果含糊地给以回答又像是回避问题，也许他们根本就不愿意如实地回答你的问题。正因为如此，这种形式的问候语极易触犯西方人。[①]

最后，既然翻译礼貌语言的指导原则应当是两种文化的交际规则的恰当转化，而不是译出语文化中交际规则的照搬，作为招呼语的"下课了？"就不能从语言上直译成英语，而只能将其转化成相同语境中恰当的英语日常问候语。例如"Hello. How are you？""Good morning（afternoon, evening）.""How are you doing？"等。

在第二语言教学中，需要克服偏重第二语言的语言规则而忽视第二语言文化的交际规则，以及偏重语言规则的转化而忽视交际规则的转化这一步正常现象。这是我国第二语言教学中当前需要统一认识和认真解决的大问题。

---

① Oatey, Helen (1987). *The Customs and Language of Social Interaction in English*. Shanghai: Shanghai Foreign Language Education Press.

4. 文化适应能力。

文化适应能力不仅指身居国外的人对新的文化环境的适应能力，还包括身居一切异文化环境之中的人对新文化环境的适应能力。具备这一能力的人应当善于克服文化休克，客观了解和认识新文化，对自己固有的行为举止、交际规则、思维方式、思想感情等做出必要的调整，并对自己的文化身份做出必要的改变，以使自己适应新文化的生活、学习、工作和人际交往环境并为新的文化的人所接受，还应当善于预见并处理跨文化环境和跨文化交际中可能出现的文化差异的干扰，避免或顺利排除文化冲突。

文化适应的过程是不断克服文化休克，逐步适应新的文化环境或交际环境的过程。文化休克不仅是身居异国他乡的人遭遇到的困难，也存在于本国大文化环境内许多"小文化"环境之中。例如：外国驻华机构、外资与合资企业中的中国工作人员对外国"小文化"环境的不适应；中国外交人员对跨文化合作公事环境的不适应。生活和工作在像北京、上海、广州这样国际大都市之中的所有人也都面临这一问题。"海归派"还会遇到回归文化休克问题。旅居中国的西方人还会遇到特殊的文化休克的困扰，其主要表现是：发达国家与发展中国家的文化差异和文化冲突、人口稀少与人口众多的国家之间生活和工作习惯的差异与冲突、个体文化与群体文化的差异所引起的矛盾和冲突、不同社会制度导致的价值观念的差异和冲突等。当前特别需要注意的是发达国家与发展中国家之间对对方文化"俯视"与"仰视"的偏见及其带来的一系列"交际干扰"现象。

第二语言教师有责任帮助自己的学生学会克服文化休克的干扰，提高文化适应能力，有责任帮助来华学习的外国人适应中国文化环境,帮助在国内学习外语的中国人学会应对即将遇到的各种文化冲突,也有责任帮助全社会的人不仅要学好外语,还要学习不断提高跨文化意识,以适应多元文化环境并学到真正的适应跨文化生活环境与进行跨文化交际的本领。

　　文化适应的根本标志是跨越文化适应门槛。这是克服文化休克、进入文化适应阶段的关卡。初居国外的人,跨越文化适应门槛的关键在于对自己的文化身份做出必要的改变,由"局外人"和"旁观者"变成"局内人"和"参与者"。其具体内涵主要为:理解和承认文化差异,具备必要的居住国语言交际和非语言交际能力,理解并接受新文化的交际规则与思维方式,理解新的价值观念并克服文化休克的障碍,适应新文化的生活、学习和工作环境。只有跨越了文化适应的门槛,才能逐步摆脱文化偏见,排除感情用事的干扰,开始站在新文化之中而不是文化门槛之外去观察和对待新文化,也只有跨越了文化适应门槛,才能客观地、理智地认识和分析所触及的各种问题,正确对待新的文化。如果不愿意摆脱自己的文化偏见,不愿意改变自己观察和对待问题的立场和方法,就永远无法跨越文化适应门槛。外语水平再高,对外国文化了解再深,也永远无法达到文化适应的要求。

　　值得第二语言教师注意的是,第二语言习得过程与文化适应过程密不可分。文化休克与第二语言学习中遇到的困难是相互作用的:文化休克挫伤了第二语言学习的积极性,而语言学习的困难又加深了文化休克的严重程度。因此,克服文化休克的过程与第二语言习得的过程是同步进行的。最突出的表现是跨越文化适应门槛与度过第二语言学习的文化关键期的同步进行而又相互作用的关系。[①] 布朗关于"文化适应门槛"与"文化关键期"[②] 之间密切关系的理论值得进行认真深入的研究。布氏关于在第二文化中学习第二语言过程中"文化关键期"的假说很具有启迪作用,这一理论不仅明确指出了第二语言习得过程与文化适应过程之间同步发展的关系,还揭示了文化适应过程中的"文化适应门槛"与第二语言习得过程中的"文化关键期"之间相辅而行的关系。

文化适应门槛与第二语言学习的文化关键期也是我国出国人员和涉外工作人员需要认真对待的一大问题。如何正确学习外语和学会运用外语与外国人进行有效的交际?如何处理学习外语与了解外国文化之间的关系?如何跨越文化适应门槛(真正理解、客观认识和正确对待本国文化和外国文化并对自己的文化身份有一个恰当的定位)?如何正确认识和自觉处理文化适应门槛与文化关键期之间的关系?等等,恐怕都需要相关人士思考和研究。满足于"洋泾浜"式的语言、僵化语言和行为举止中刻意"邯郸学步"都不足取。

二、第二语言教学应置于跨文化交际环境之中

在第二语言教学中要认真处理好三种环境之间的关系:课堂语言教学环境、第二文化环境、跨文化交际环境。不能将教学内容局限在课堂环境和校园生活,将第二文化只限于社会文化背景

[①] Bi Jiwan (2001). *Acculturation and Second Language Acquisition*. Paper presented at the China's Fourth International Conference on Intercultural Communication, Xi'an, October.

[②] Brown, H. Douglas (1980). *Principles of Language Learning and Teaching*. Engle Wood Cliffs, Prentice Hall. Inc.

第一节　跨文化交际能力在汉语作为第二语言教学中的地位

知识也还远远不够，只帮助学生学习第二文化的交际能力仍不完全。应当将教学置于跨文化交际环境之中，着眼于学生运用第二语言进行跨文化交际的能力培养，使其起到沟通两种文化的"桥梁"作用。他们运用汉语时要懂得遵守汉语语言规则和汉文化的交际规则；运用外语时能遵守外语语言规则和文化规则，还能够熟练自如地进行两种规则的得体转化。例如，某些教科书中的下列译句就不得体：将社交场合第一次见面时的汉语句"对不起，我还没有请教您的尊姓大名呢"译成"Excuse me, I haven't had the honor of knowing you."；将"我们十分感谢你们不辞辛劳远道来访我市"译成"We appreciate very much that you have come to visit our city in spite of the long and tiring journey."。又如，不顾跨文化交际环境的交际价值而简单地将汉英词典中对"您贵姓？"的译文"May I ask your name?"或"What's your name, please?"，照搬第一次见面的跨文化社交场合也是违反跨文化交际规则的。再如，不顾交际场合的具体含义，将"Can I help you?"一律译成"我可以帮你吗？"，初学英语的中国人就难以找到"您买什么？""您找谁？"等礼貌问句的正确得体的英语对应句。

培养跨文化交际能力的关键是不断增强跨文化意识。作为国际大都市的北京、上海、广州等地的居民更不可忽视其重要性。遗憾的是，要达到这一要求，还有待人们认识的提高，尤其需要相关部门领导的足够重视。以我国现在到处泛滥成灾的"老外"一词为例，足以说明我们还需要付出多大的努力。

近年来，在我国大中城市，"老外"一词已成为人们喜用的高频词。据笔者调查，人们毫不在意的"理由"是，这一词"带有诙谐、戏谑的意味，并无褒贬含义"。他们哪里知道，他们是在图一时之快，却丝毫不注意被称为"老外"的人的内心感受和反应。笔者本人和笔者的中外学生曾做过多次调查，尚未发现有"老外"真正从心里接受这一称谓，人们难以听到他们的"心里话"是因为许多在中国工作和学习的外国人的态度是"既在他国，只能不得已而受之（This is their country. They can do what they want.）"。选修笔者跨文化交际课的一名西方研究生做了大量调查研究：他从"新浪""雅虎"等网上找了大约5万条包含"老外"关键词的网站、网址和个人网页，然后对39名讲英语的外国人和15名中国人进行了问卷调查。他本人已在中国生活学习了六年，并与中国姑娘结了婚。他也总结了他六年来的亲身体会。他在学期作业中总结了自己的调查结果，全面阐述了自己的看法。他发现，97.4%的外国调查对象认为这一称谓"太随便""不尊重人"。这些外国人指出，使用这一词时"必须考虑受话人的心理接受能力"，要考虑"外国人是否愿意接受这一称谓"，认为这一词"含有排外意味"；"老外"的大量使用给人的感觉是"中国人把他们看作外星人"；居住在中国的外国人把"老外"这一称谓视为他们仍然被排斥在中国社会之外的标志。他还自嘲地说："我第一次被中国人称为'半个老外'时几乎陶醉了，觉得自己终于实现了逃避当'外人'的渴望，而且认为这是一种荣誉。可见当'半个成员'好不容易呀！"这位学生提出的这一看法很值得我们深思：像"老外"一类中外跨文化交际中的词语涉及跨文化语言交际的准则，中国人在跨文化交际中使用时就应将其视为"跨国籍词"，应当受到国际交往准则的制约。减少这一词的使用将会有助于在中外交往中减少摩擦、消除误解。

生活在北京这样的国际大都市的人士，特别是政府、团体、

第一节 跨文化交际能力在汉语作为第二语言教学中的地位

大众媒体和一切涉外工作人员，如果意识不到自己是身居跨文化交际环境和多元文化环境之中，如果不了解或不重视中外文化差异和国际交往准则，就会处处碰壁，难以收到预期效果。

"老外"一词的泛滥警告我们必须认真对待三个问题。

首先，要提高对自己文化的理性认识，而且要不断跳出本文化，站在本文化之外客观地审视自己。人们对本文化的风俗习惯、交际规则、思维方式和价值观念往往习焉不察，理性认识和换位思维也不足。在跨文化生活和工作环境之中，在中外跨文化交际中就需要不断提醒自己："对我的言行举止其他文化的人都能理解和接受吗？我的交际对象对我的交际行为感受和反应是什么样的？"如果我们的态度和行为不为别人所理解，甚至还会误解，跨文化就会失败。毫不顾忌别种文化的人的感受和反应，随意滥用"老外"一词恐怕就是缺乏这种自我意识。

其次，要正确认识并学会排除文化干扰，懂得设身处地、相互适应。在跨文化生活和工作环境中，在中外跨文化交际中，设身处地和相互适应是不可忽视的原则。别人的交际规则、思维方式和价值观念不能强加给自己；以"入乡随俗"为借口，将自己的想法强加于他人也不足取。滥用"老外"一词的症结就是忽视了这一平等交往的原则。

最后，需要不断地了解教学对象的反馈和跨文化交际的障碍之所在。"老外"这一案例，在如何培养学生的跨文化交际能力和如何有效地进行跨文化交际研究方面带给我们一些启示。笔者认为，第二语言教学的跨文化交际研究必须理论联系实际，正确处理课堂教学环境与跨文化交际环境之间的关系，正确处理理论研究与跨文化交际需求之间的关系，将课堂语言教学置于跨文化交际环境之中，着眼于学生实际交际能力的提高；加强科研工作对跨文化交际的指导作用，满足我国当前改革开放形势的迫切要求。

关于第二语言教学的目的或任务的讨论和研究是一个既简单又复杂的问题。既有认识的差异，也可能有用词和看法阐述的不同。但是，笔者认为，这是一个值得继续研究和探讨的重要课题，在当前全国大学外语教学改革的热潮中这一探索更具现实意义。

第二节　汉语学习者跨文化交际能力的发展[①]

一、第三空间与第三空间文化现象

"第三空间"的概念曾经在美国社会学家 Ray Oldenbury（1989，2000）[②] 中提出并得到深入的阐述。社会学研究中的第三空间指的是介于家和工作单位（第一、第二空间）之间的一个中性平等的社交空间。随着现代社会和科技的发展，越来越多的人可以通过网络在家办公，越来越多的人可以选择"宅"在家里，人与人之间直接的交流与沟通逐渐减少，诸如酒吧、咖啡店、书

[①] 本节选自王永阳《国际汉语教学传播与跨文化交际第三空间模式》，《云南师范大学学报》（对外汉语教学与研究版）2013年第1期。

[②] Oldenbury, R.(1989). *The Great Place: Cafes, Coffee Shops, Community Centers, Beauty Parlors, General Stores, Bars, Hangouts, and How They Get You through the Day (1st ed.)*. New York: Paragon House; Oldenbury, R.(2000). *Celebrating the Third Place: Inspring Stories about the "Great Good Place" at the Heart of Our Communities*. Da Capo Press.

店、发廊等公共的地方,为封闭在家和工作中的现代人提供了一个不论身份地位可以自由平等地交流和对话的空间,即所谓的第三空间。第三空间在跨文化教学与传播中的内涵和外延有所不同,它指的是不同文化在交流过程中产生的、介于两种或多种文化之间的语言文化空间。它既有第一、第二空间文化的特征,又不同于第一、第二空间文化。第三空间的存在突出地体现在跨文化交际和交流[①]过程中产生的"混生文化现象"或"文化混生物"。[②] 比如说,在中国瓷器的影响下,18世纪末期的英国出产了一种曾经很流行的瓷器叫"柳叶瓷",在白底的瓷器上绘蓝色的柳枝、中国的亭台楼宇等,看起来很中国。但是,我们很难对柳叶瓷的文化归属做出准确的定位。它像是中国文化中的东西,却又不是中国的。它出产在英国,却又不是英国文化所固有的。再比如,清康熙时期的宫廷画家意大利人郎世宁(Giuseppe Castiglione)的绘画作品《八骏图》等,由于其中西结合的绘画技巧和风格,西方人不承认它们是西洋画,而中国人又感觉它们不是中国画,我们只能把它们看作中西文化交流过程中产生的第三空间文化现象。

在21世纪的今天,国际交流与合作日趋频繁和开放,特别

[①] 跨文化交际与交流是两个不同的概念,第三空间语言文化现象既存在于跨文化交际中,也存在于跨文化交流中。因此本节未对二者进行区分。

[②] Kraidy, M. (2005). *Hybridity: or the Culture Logic of Globalization*. Philadelphia: Temple; Gutiérrez, K. D., Baquedano-lopez, P., & Tejada, C. (1999). Rethinking diversity: Hybridity and hybrid language practices in the third space. *Mind, Culture, and Activity*, 4; Bhabha, H. K.(1994). *The Location of Culture*. London: Routledge; Canclini, N. G., & Chiappari, C. L.(1990). *Hybrid Gultures: Strategies for Entering and Leaving Modernity*. Minneapolis: University of Minesota Press; Mitsukuni, Y., Ikko, T., & Tsune, S. (Eds.) (1984). *The Hybrid Cultute:What Happened When East and West Met. Michigan*. MAZDA.

是通过国际教育文化交流、国际贸易和各种类型的移民等带来的全球人口流动，促成了不同文化之间更大范围和更深层次的交流与融合，世界各地出现了越来越多的、在不同文化影响下产生的混生文化现象。这种似是而非、似像非像的混生文化现象在澳大利亚和美国等多元文化共存的移民国家更是俯拾皆是。比如说，我们在澳大利亚吃的中餐常常不是地道的中餐，而是根据澳大利亚人的口味改良过的不中不洋的"洋中餐"。再比如说，笔者曾在纽约西区百老汇大街上发现一个中国和西班牙餐饮相结合的餐馆。餐厅的服务员是中国人，食品是"中西"结合的，食客是美国社会的各色人种。近年来，随着中国的现代化和国际化进程，中国文化中也出现了越来越多的在外来文化影响下产生的第三空间文化现象，比如说隐私观念、时间就是金钱、女士优先、过洋节、用感谢回答对方的称赞、西式婚礼、AA制等。[1]

跨文化第三空间也存在于外语和第二语言的教学与传播中，它指的是学生的母语文化（第一空间文化）（C1）和目的语文化（第二空间文化）（C2）交流对话过程中产生的，介于两种文化之间的语言文化空间（C3）。美国加州大学伯克利分校语言学教授 Claire Kramsch（1993）[2] 在《语境与语言教学中的文化》一书中对第三空间的概念进行了论述。其他学者也从不同的角度进一步进行了研究，例如，Lo Bianco、Liddicoat 和 Crozet（1999）[3] 合

---

[1] 李泉《文化教学定位与教学内容取向》，《国际汉语》2011年第1期。
[2] Kramsch, C. J. (1993). *Context and Culture in Language Teaching*. Oxford: Oxford University Press.
[3] Lo Bianco, J., Liddicoat, A., & Crozet, C. (1999). *Striving for the Third Place: Intercultural Competence through Language Education*. Melbourne: Language Australia.

作编写的《寻求第三空间：经由语言教学的跨文化交际能力》 跨文化交际第三空间的概念建立在多元文化主义的理论基础之上，它挑战的是跨文化交际中非我即你、非你即我的两极化思维和二元论立场。它的提出至少突出显示了两个问题：一是跨文化教学与传播不是在目的语文化空间中孤立地进行的，而是在学生母语文化和目的语文化共同作用下的第三空间中发生的一个渐进的过程。二是二语学习者在学习目的语文化（第二空间文化）的时候，总是通过母语文化（第一空间文化）的框架结构来理解和诠释目的语文化，这是母语文化图式对目的语文化的"过滤效应"。[①]因此，当我们开始接触到不同文化的时候，与母语文化相融的部分顺利通过"滤网"，对异文化产生新奇、兴奋和求知的渴望等正面积极的反应。与母语文化有冲突的部分，不能顺利通过"滤网"，于是会产生文化冲突、文化休克甚至抵触、反感等现象。它们是客观存在于跨文化交际第三空间中的语言文化现象。同时，学习者也会在目的语文化的影响下对母语文化进行对比和反思，在这种不断的交流和互动中，学习者的知识结构中会逐渐形成一个"似是而非"的第三空间。第一空间和第二空间的互动和影响很多时候是一种自然而不自觉的行为。比如说，有的澳大利亚人从北京、上海回到墨尔本之后，会发觉墨尔本的机场太小，取行李太慢。澳大利亚的"快速火车"和中国的动车比起来"简直就是慢车"。

[①] Merkin, R. S.(2006). Uncertainty avoidance and facework: A test of the hofstede model. *International Journal of Intercultural Relations*, 30(2): 213-228; Fox, C. (1997). The authenticity of intercultural communication. *International Journal of Intercultural Relations*, 1. Shaw, J. B. (1990). A cognitive categorization model for the study of intercultural management. *The Academy of Management Review*, 4.

再比如说，到过中国的马可·波罗和郎世宁，回头去看待、观照他们的母语文化——欧洲文化的时候，他们的想法和感受与没到过中国的欧洲人是不一样的。这是因为中国的经历给了他们一个不同的思维空间和视角，在他们的知识结构中，存在一个既是欧洲又非欧洲、既是中国又非中国的跨文化的第三空间。这种第三空间思维和知识文化结构，鲜明地体现在郎世宁的绘画中。正是由于这种第三空间视角和知识结构的存在，他们能够理解包容中国文化，不仅与之和谐共处，还能够将两者进行融合创新。

二、第三空间语言现象：洋腔洋调和汉语变体

跨文化交际第三空间的存在也体现在语言在跨国传播和使用中产生的各种各样的变体和"洋腔洋调"。我们过去强调"精英教育"和地道汉语，作为教学的终极目标，这样的要求是没有错的。但是，在实践中我们却往往发现，不同的国家和地区的汉语学习者总是很难达到"标准汉语"的要求，大部分学生都有"洋腔洋调"，有的还有各种"奇奇怪怪"的口音。同时，世界各地还存在着汉语的各种变体。比如说，冯学锋（2011）[①] 指出，"近代以来，不少中国人移居异国他乡，把汉语带到了世界各地，使汉语成为全球分布相当广泛的语言之一。汉语是华人社区人们社会交往必不可少的语言。在自然条件和社会环境都存在差异的华人社区里，汉语自然会形成语言变体。其中词汇最为突出，出现

---

① 冯学锋《描写全球华语实态，突破语言规范观》，《国际汉语》2011年第1期。

了'地域变体'(或称'社区变体')"。吴英成(2010)[1]也指出,汉语在新加坡也有许多"变体"。这是汉语受到当地社会人文环境的影响,自然产生形成的独特的语言形式。我们可以姑且称之为跨文化交际和传播中产生的"第三空间语言现象",它们的存在是语言在跨文化传播中的一个客观现象和规律。英语在世界各国的传播使用过程中,也产生了许多带有地方和国别特征的词汇和用法,也存在着不同的变体,因而才有了英国英语、苏格兰英语、美国英语、黑人英语、"洋泾浜英语"等,世界上能够讲"纯正英语"的人是少数,更何况什么是"纯正英语"也是一个值得进一步讨论和界定的概念。

在国际汉语的教学与文化传播中,要提高教学与传播的效率,就必须要承认和正视这种"不标准"的第三空间语言现象的存在,不追求一步到位培养"精英",尊重语言文化自身发展规律,让汉语能够包容性发展。承认并意识到第三空间语言现象的存在,还可以使我们不对学生提出过高、过急的期望和要求,从而保护学生的学习积极性,同时才能吸引更多的生源来学习汉语。因为在很多国家任何人都没有权力要求学生进行额外的学习,因此,学习汉语全靠本人兴趣。对第三空间语言文化现象进行研究,可以发现不同国家、地区汉语学习可能具有的独特的特点,提高教学的针对性和有效性。对"洋腔洋调",我们需要研究那一种母语的学生容易产生什么样的"洋腔洋调",母语的迁移作用是如何发生的,如何针对母语的这些影响来帮助学生改善发音。当我

---

[1] 吴英成《汉语国际传播的四个核心问题》,《世界汉语教学学会通讯》2010年第3期。

们对"洋腔洋调"产生的原因做到心中有数后,就能够"对症下药",事半功倍。比如说,澳大利亚英语为母语的学生的发音问题,可能与他们发不好汉语拼音 z、c、s 的音有关,也可能与澳大利亚英语的声调有关。这些基础研究对于提高教学效果和开发国别化的教材,具有积极的作用和意义。

三、第三空间与学生母语文化(第一空间文化)

第三空间的概念突出显示了第一空间(学生母语)文化在汉语文化传播与教学中的作用。在过去的教学中,我们往往对汉语和中国文化的研究比较重视,对学生母语(第一空间)文化的重视和研究不够。二语学生来到中文课堂的时候,并不是一张"白纸",他们是带着母语的语言结构和"文化图式"而来。在学习中国文化的过程中,总是会产生带有母语文化影响和烙印的判断和认识,有时候这些认识是积极的,有时候这些认识是负面的。有时候他们的认识跟大部分中国人一样,有的时候又大相径庭。正如陈晓宁(2012)[①]指出的,有的学生"是中文、中国文化的粉丝;有的对中国只有朦胧的了解,立场中立;有的热爱政治,学习中文为的是研究中国、知己知彼;有的对中国有戒心,在某些问题上有负面看法;还有极少数学生,或受父母影响,或亲历某事、印象不佳,对中国、中国人成见较深"。在教学实践中我们会发现,美国学生可能就会认为《白毛女》的中黄世仁不是一

[①] 陈晓宁《我在美国教汉语之六:积极心理学》(上),世界汉语教学学会网站,2012 年。

个反面形象,他们会认为欠债还钱、黄世仁讨债是理所应当的事情。李泉(2011)[①]也谈到,有的西方学生对表现关羽大英雄气概的刮骨疗毒的故事不甚理解,甚至产生恐怖和血淋淋的感觉。有的外国学生还对中国的民族问题、民主问题等抱有偏见和误解。外国学生产生这些认识的主要原因之一是这个阶段的二语学习者还是站在其第一空间(母语)文化的框架中来关照理解中国文化,他们的思维方式仍然是第一空间、单一空间的思维。因此,还不能够从"他者"和站在中国文化的框架中来思考和看待一些文化现象和问题。汉语文化传播与教学的重要目的之一是要帮助二语学生跳出其母语文化的思维框架(第一空间文化),在两者之间建立起一个母语和目的语文化可以和而不同、交融共存的第三空间思维和视角。在这个第三空间当中,学生不仅能够看到自己的母语文化,还能够从比较的视角和"他者"(目的语文化)的视角来看待和理解文化现象。他们原先对中国文化的误解和偏见等,会逐渐得到修正。对某一种文化的极端态度,狭隘的民族主义、欧美中心主义,盲目的自大或自贬等,会在第三空间中找到更加中立的平衡点。

四、跨文化第三空间思维模式

在下文中笔者尝试性地提出跨文化教学与传播的第三空间思维模式。首先,这个思维模式主张从单一空间思维和两极化思维模式向多元文化思维模式转化,从狭隘民族主义向民族相对主义转化。世界上不同的文化之间只有不同,没有绝对的孰优

[①] 李泉《文化教学定位与教学内容取向》,《国际汉语》2011年第1期。

孰劣，不同文化之间的关系是平等、对话、交流和共存。单一空间思维和两极化思维模式往往把母语和目的语文化看作两个孤立且对立的空间，要么对本民族文化盲目自大，要么盲目自贬，也容易产生对异文化的偏见和误解。其次，第三空间思维模式体现的是对二语教学与文化传播的一种新的定位。二语教学与文化传播不是孤立地发生在目的语文化空间中的活动，而是在跨文化第三空间中产生和进行的文化教学和传播活动。也就是说，它是在第一空间（学生母语文化）和第二空间（目的语文化）共同作用下发生的渐进的过程。它强调的是文化传播与二语教学的互动性和渐进性。再次，跨文化第三空间思维模式认为，文化传播和二语教学的目标之一是要通过一切可能的手段和方法，帮助学习者建立起多元互动的第三空间知识结构、思维方式和视角。具有第三空间知识结构和视角的跨文化交际者具有更高的跨文化敏感性，并能够在接受文化差异的基础上进行整合和创新。Bennett（1993）[1]在跨文化敏感性发展模式（the Developmental Model of Intercultural Sensitivity，DMIS）中指出，跨文化敏感性的发展与建立需要经历六个阶段：否定（文化差异的存在）阶段，自我保护阶段，弱化（文化差异）阶段，接受（文化差异）阶段，适应文化差异阶段，整合文化差异阶段。笔者以为，跨文化第三空间思维模式的目的之一是要帮助学习者从否定、自我保护和弱化文化差异的阶段走出来，从行为和意识上接受文化的不同，进而能够从异文化和"他者"的角度来思考看待文化现象，从而到达对

---

[1] Bennett, M. J. (1993). Towards ethnorelativism: A developmental model of intercultural sensitivity. In Paige, R. M. (Ed.). *Education for the Intercultural Experience(2nd ed.)*. Yarmouth, ME: Intercultural Press, pp.21-71.

文化差异的接受、适应和整合创新。

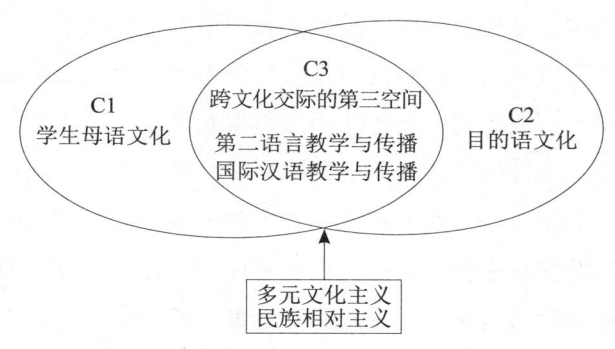

```
        ┌─────────────────────────────────┐
    ┌───┤         C3                      ├───┐
    │   │   跨文化交际的第三空间              │   │
    │C1 │   第二语言教学与传播              │C2 │
    │学生母语文化   国际汉语教学与传播         目的语文化│
    └───┤                                 ├───┘
        └─────────────────────────────────┘
                       ▲
                  ┌─────────┐
                  │多元文化主义│
                  │民族相对主义│
                  └─────────┘
```

图 1　国际汉语教学与传播的第三空间模式

　　跨文化第三空间思维和视角的建立是一个渐进的过程，它需要长期的知识和经验的积累。同时还要克服面对文化差异时容易产生的两种思维障碍：偏见和文化固见。偏见和文化固见的形成与道听途说和先入为主的观念有关，也与以偏概全、过分泛化等思维方式有关系。世界各国、不同地区的不同的人群对于不同的文化和社群都会存在一些偏见和文化固见。比如说我们常见的一些关于外国人的文化固见："美国人比较开放""德国人比较严谨""英国人很绅士"等。再比如说，西方人对中国的一些文化固见或偏见："中国的自行车很多""中国很落后""中国人比较古板"等。美国人杜瑞秋[①]在其自传体小说《洋妞在中国》中说，中国人往往以为美国女孩子都很开放，实际情况并不是这样。她自己就比较腼腆和保守。同样，她发现美国人对中国也有很多偏见，比如说很多人美国人印象中的中国很穷很落后。可是，通过在中国的生活和经历她发现，从现代化程度上讲，北京、上海并

[①] DeWoskin, R. (2005). *Foreign Babes in Beijing*. Beijing:Norton.

不逊于纽约。再举一个身边偏见形成的例子，我的母亲到澳大利亚来旅游，碰巧接触到的几个澳大利亚人都比较懒，从此她就有了一个澳大利亚人很懒的印象。回到中国以后，她身边那些没有到过澳大利亚的老太太也从她那里得到了相同的印象。随着她到澳大利亚次数的增多，逐渐接触到一些勤快的澳大利亚人，她的观念发生了改变，原来不是所有的澳大利亚人都那么懒。外国学生刚开始接触中国和中国文化的时候，也会由于有限的经历、道听途说或以偏概全、过分泛化等思维方式的影响，形成对中国的先入为主的直观印象或主观认识，有的可能是偏见或误解，有的可能会形成一种固定思维。随着知识和经历的丰富，他们对中国的偏见会逐渐减少，文化固见会得到修正。这是一个从直观感性认识上升到理性认识再到情感认同的过程，[1]也是第三空间思维和视角逐渐形成和建立的过程。

当我们提倡文化传播不能够强加于人的时候，我们实际上是在寻找一个两种文化可以和谐共处的跨文化的第三空间。从这个角度来说，笔者更赞同文化传播"融入"的说法。文化"输出"或"输入"的提法在一定程度上体现的是两极化的思维模式，是单向的而不是交融互动的，容易引起反感和抵触。而"融入"是一个在承认不同、了解不同的前提下，寻找契合点从而达到"和而不同"的第三空间的过程。这种融入的结果是在二语学生的知识结构中建立一个介于母语文化（第一空间）和目的语文化（第二空间）的跨文化的第三空间。我们所看到的汉学家，说一口流利的汉语，

---

[1] Hanvey, R. (1979). Cross-cultural awareness. In Smith, E. C., & Luce, L. F. (Eds.). *Toward Internationalism: Readings in Cross-cultural Communication.* Rowley, MA: Newbury House.

也"很懂"中国人和中国文化。但是，他们并不是中国人，而是因为他们具备的第三空间知识结构和视角，使他们能够从中国人的角度来理解中国文化现象，在他们的知识结构中存在一个母语文化和中国文化可以和谐相处的第三空间。二语教学和文化传播的目的不是把目的语（第二）空间文化输出到第一空间（学生母语）文化中，这样的提法和做法不仅容易产生抵触，还容易在国外引起"文化侵略／渗透"等异议。二语教学和文化传播也不是把二语学生从第一空间（母语）文化输出到目的语文化（第二空间）中去，我们不可能把外国人变成中国人，说流利的汉语，具有和中国人一样的思想言行。二语教学与文化传播要到达的目的之一是要帮助学生建立起学生母语文化和中国文化能够平等对话、和而不同、和谐共处的第三空间知识结构、思维方式和视角，这包括增加对中国的了解（知识、经历、见识等），增加跨文化敏感性，逐渐修正对中国文化的偏见和固见思维等。

中国国家汉办向世界各国派出的志愿者和汉语教师成为外国人了解中国的一个很好的窗口。2012年4月在美国华盛顿召开了第五届全美中文大会，会上一位志愿者的发言让我们看到，有些地方的普通美国大众对中国的了解相当有限。在这名志愿者刚到美国的时候，美国房东甚至问她中国有没有电脑。通过她的努力，她与房东和当地的社区融洽相处。通过她的影响，更多的普通美国人开始更多地了解中国。她的经历让我们看到志愿者在改变美国大众知识文化结构中的积极作用和影响。通过志愿者的影响，普通美国人在知识结构中增加了实时的中国文化知识和经验，使他们能够跳出和拓宽其第一空间（母语）文化领域，修正对中国文化的偏见和固见思维，逐渐形成第三空间知识结构和视角。当然我们也要看到，志愿者也会在美国大众心中成为新的固见思维或偏见的来源，这是第三空间视角形成的必然过程。随着信息和知识的不断输入和增加，这些偏见和固见思维又会逐渐得到修正。因此，我们要看到跨文化传播是一个长期渐进的过程，不会立竿见影看到效果。但是，只要我们有所作为，长期坚持，世界对中国的了解会越来越深入，交流中的误解会越来越少。

白乐桑和林季苗（2010）[1]提出，要研究世界其他语言与汉语的远近距离，并根据不同的距离采取不同的教学策略。第三空间知识结构和视角的建立也存在着不同文化之间的距离远近的问题，最明显的例子是英美文化和日韩文化，显而易见，日韩文化由于受中国传统文化的影响大过英美文化，与中国文化的距离就会近些。因此，在讲解一些文化现象的时候，日韩学生的认知和接受理解能力就会不同于英美学生。再比如说，英美文化中也有一些是与中国文化接近的内容，比如说一些人类共性的审美、情感和认识如亲子之情、友谊等。而一些涉及政治制度和意识形态的话题，文化的距离就会远一些，相应的我们在构建学习者第三空间知识结构时候的教学策略就应该不一样。有时候学生的母语文化中并没有一个现成的架构和图式能够帮助他们理解中国文化，正如语言有可译性和不可译性，文化传播也存在类似的问题。比如说，中国文化中孝道的观念在英语文化中就存在一定程度的不可译性。在笔者进行的跨文化婚姻调研中，大部分母语为英语的外国丈夫对中国妻子要与年迈的父母同住一个屋檐下，为其养

---

[1] 白乐桑、林季苗《承认汉语的特殊性——语言测试对汉语教学的考验》，《世界汉语教学学会通讯》2010年第4期。

老送终的愿望不甚理解和接受。再比如说，英语文化中的"隐私"观念（不轻易问询他人的家庭生活、婚姻状况、工资收入等）在中国文化中也存在一定程度的不可译性。面对不同文化间的距离和不可译性，我们不能够简单地将它们灌输或移植到学生的母语文化空间中去，解决的办法之一可能就是在两种文化之间建立一个可以包容异文化和不可译文化的第三空间。

五、小结

在跨文化第三空间思维模式中，二语教学与文化传播从学习者母语文化空间（第一空间）和目的语文化空间（第二空间）两极并列、非此即彼的状态，转变为交融互动的第三空间的教学与传播活动。这种思维视角的转变，使我们在教授和传播目的语和文化的时候，必须要考虑第一空间语言文化（学生母语文化）对教学和传播的影响。同时我们也要看到，通过对目的语文化的了解，学习者会对自己原有的母语文化图式进行修正并产生新的认识和视角。在这个新旧知识和经验相互作用、不断积累和修正的过程中，学习者会逐渐形成一个介于第一和第二空间的新的"文化图式"——第三空间知识结构、思维方式和视角。换言之，跨文化交际能力的发展是一个逐渐走出第一空间的制约，通过对第二空间语言文化的了解与掌握，克服偏见，修正固见思维，逐渐建立第三空间思维与视角的过程。这也是一个超越两极化思维模式，从狭隘民族主义向多元文化主义转化的过程。具有第三空间思维和视角的跨文化交际者，对文化差异更加敏感，更了解和包容异文化和"他者"的不同，并能够与之和谐相处，甚至兼容并蓄，创造出新。

第三空间的概念对国际汉语教师培养也有一定的启发意义。国际汉语教师作为跨文化的传播者和教学者，也需要具备第三空间的知识结构和视角。笔者很赞同华东师范大学提出的国际汉语教师双语双文化能力的发展与培养的目标。[①] 具备双语双文化能力是建立第三空间思维和视角的重要条件。双语双文化能力不仅可以使国际汉语教师具备教授中国语言文化的能力，同时还能够对学习者母语文化与中国文化的异同做到心中有数，从而提高跨文化敏感性，在教学中能够运用对比的方法和恰当的策略提高教学的有效性和针对性。

第三节　影响汉语学习者跨文化交际能力的实证研究[②]

随着全球化的浪潮以及多元文化的接触，跨文化交际行为越来越多，跨文化交际能力也因此成为跨文化交际研究领域所关注的重点问题之一。在第二语言教学方面，教学理念目前也发生了明显的变化：从重视学生语言技能的培养逐渐转移到注重学生跨

[①] 吴勇毅《公共外交、孔子学院与国际汉语教育的人才培养》，国际汉语教育新形势下的教师培养论坛发言，2011 年。

[②] 本节选自俞玮奇《来华汉语学习者的跨文化交际能力实证研究：敏感度与效能感》，《世界汉语教学》2012 年第 4 期。

文化交际能力的培养上。贾玉新（1997）[①]认为跨文化交际能力是外语教育的最终目的；张红玲（2012）[②]更是认为"在全球化背景下，外语教学服务于社会发展和个人需要的一个重要表现就在于将跨文化情感、态度、知识和能力培养确定为其最终目标"。

Spencer-Oatey 和 Franklin（2009）[③]将跨文化交际能力定义为"不同文化背景的交际者实施有效得体的言语或非言语交际行为及处理交际行为所产生的心理问题和交际后果的能力"。跨文化交际能力自身就是一个复杂的概念系统，其包含很多要素，涉及多个层面，是一个包含多种能力和技术的综合技能。来自不同学科的学者都对跨文化交际能力的构成成分做过研究，提出了各自的概念框架。Spitzberg 和 Cupach（1984）[④]提出跨文化交际能力由动机、知识和技能三要素构成；Byram（1997）[⑤]提出跨文化交际能力由语言能力、社交语言能力、语篇能力和跨文化能力构成，其中跨文化能力又具体表现为知识、态度、解释与联想技能、发现与互动技能、文化审视意识与政治素质等；Ting-Toomey（1999）[⑥]认为跨文化交际能力由知识模块、专注力与交际技能三

[①] 贾玉新《跨文化交际学》，上海外语教育出版社，1997年，第3页。

[②] 张红玲《以跨文化教育为导向的外语教学：历史、现状与未来》，《外语界》2012年第2期。

[③] Spencer-Oatey, Helen, & Franklin, Peter (2009). *Intercultural Interaction: A Multidisciplinary Approach to Intercultural Communication*. Palgrave Macmillan.

[④] Spitzberg, Brian H., & William, R. Cupach (1984). *Interpersonal Communication Competence*. Beverly Hills, CA: Sage.

[⑤] Byram, Michael (1997). *Teaching and Assessing Intercultural Communicative Competence*. Clevedon: Multilingual Matters.

[⑥] Ting-Toomey, Stella (1999). *Communicating Across Culture*. New York: The Guilford Press.

项构成，等等。目前学界基本上将跨文化交际能力的构成成分归结为情感、行为和认知三个层次，分别对应态度、技能、知识/意识。[1]

Chen 和 Starosta（2000）[2] 整合已有研究成果，建立起了更为完整的跨文化交际能力理论模型，该理论模型包含认知、情感和行为三个层面。认知层面强调的是对自身和交际对方文化的理解，即跨文化意识；行为层面体现的是在跨文化环境下完成交际任务或实现交际目的的能力，即跨文化效能，也就是通常所说的跨文化技能或技巧；情感层面强调的是个人在某种特殊的情景或与不同文化的人交际时，情绪或情感的变化，即跨文化敏感，跨文化敏感的发展过程是一个人逐步认可与接受不同文化差异的过程。陈国明（2009）[3] 将跨文化敏感具体界定为"一个人对了解与感激文化的差异，与促进适当和有效的跨文化交际的正面情感的能力"。这一定义显示了跨文化交际能力各层面之间的紧密关系：跨文化敏感的形成与发展，将会推动一个人去恰当地处理文化差异，以实现跨文化交际的成功。但目前还需要进一步研究的是某一特定群体在跨文化环境下的跨文化敏感与其完成跨文化交际任务或实现跨文化交际目的的能力（即跨文化效能）之间具体

---

[1] Spencer-Oatey, Helen, & Franklin, Peter (2009). *Intercultural Interaction: A Multidisciplinary Approach to Intercultural Communication*. Palgrave Macmillan；张卫东、杨莉《跨文化交际能力体系的构建——基于外语教育视角和实证研究方法》，《外语界》2012 年第 2 期。

[2] Chen, Guo-Ming, & Starosta, William J. (2000). *The Development and Validation of the Intercultural Communication Sensitivity Scale*. Paper presented at the 86th Annual Meeting of the National Communication Association, 8–12 November. Seattle, Washington.

[3] 陈国明《跨文化交际学》（第 2 版），华东师范大学出版社，2009 年，第 231 页。

存在怎样的关系。

近年来,国内不少学者都对跨文化交际能力展开过相应的实证研究,国内的实证研究主要来自外语界。[①] 对外汉语教学界的有关研究大多缺乏实证性,研究也主要集中在跨文化意识上,对跨文化敏感和效能的研究比较少见。叶敏和安然(2012)[②] 曾研究过暑假来华三至六周的留学生的跨文化敏感与效能情况。但已有研究基本上没有涉及长期处在目的语环境下的汉语学习者的跨文化敏感与效能情况,至于针对汉语学习者跨文化敏感与效能的内部差异与相互关系的研究更是十分缺乏。另外,跨文化交际能力本身是一项包含多种技术层面的综合技能,要了解和掌握来华汉语学习者的跨文化交际能力,自然首先就必须对其各个层面进行深入细致的研究和分析,然后在此基础上,才有可能制定出比较完善的教学大纲,开发出适用的培训课程。仅仅关注跨文化交际的认知层面或表层是远远不够的。因此,这里采纳 Chen 和 Starosta(2000)[③] 所建立的跨文化交际理论模型,用实证调查的方法来研究目的语环境下汉语学习者的跨文化敏感度与效能感,

---

[①] 胡越《中国大学生跨文化意识与跨文化交际能力调查报告》,《中国外语》2005 年第 3 期;彭世勇《国籍与职业对跨文化敏感度的影响》,《浙江大学学报》(人文社会科学版)2006 年第 1 期;彭世勇《英语本科生跨文化敏感多层面间相关系数对比》,《西安外国语大学学报》2007 年第 1 期;胡艳《大学生跨文化交际敏感度调查》,《外语界》2011 年第 3 期;张卫东、杨莉《跨文化交际能力体系的构建——基于外语教育视角和实证研究方法》,《外语界》2012 年第 2 期。

[②] 叶敏、安然《短期来华留学生跨文化敏感与效力分析研究》,《高教探索》2012 年第 2 期。

[③] Chen, Guo-Ming, & Starosta, William J.(2000). *The Development and Validation of the Intercultural Communication Sensitivity Scale.* Paper presented at the 86th Annual Meeting of the National Communication Association, 8-12 November. Seattle, Washington.

深入分析这两个层面的内部差异与相互关系，以及不同国别地区的学习者的个体差异等，探究提高来华汉语学习者跨文化交际能力的途径与方法，最终是要促进他们跨文化交际能力的全面发展。

一、研究方法

本研究采用 Chen 和 Starosta（2000）[①] 研制的跨文化敏感度量表（Intercultural Sensitivity Scale）、Portalla 和 Chen（2010）[②] 研制的跨文化效能感量表（Intercultural Effectiveness Scale）。跨文化敏感度量表包括 24 个项目，分为 5 个层面，分别是交际参与度（Interaction Engagement）、差异认同感（Respect for Cultural Difference）、交际信心（Interaction Confidence）、交际愉悦感（Interaction Enjoyment）和交际专注度（Interaction Attentiveness）；跨文化效能感量表包括 20 个项目，分为 6 个层面，分别是行为弹性（Behavioral Flexibility）、互动放松（Interaction Relaxation）、尊重对方（Interactant Respect）、讯息技巧（Message Skills）、身份维护（Identity Maintenance）和互动掌控（Interaction Management）。问卷被制作成中英、中日、韩文等多个版本。

研究者于 2011 年 10—12 月，先后调查了华东师范大学对外汉语学院和南京大学海外教育学院 300 多名汉语学习者，共回收

---

① Chen, Guo-Ming, & Starosta, William J.(2000). *The Development and Validation of the Intercultural Communication Sensitivity Scale.* Paper presented at the 86th Annual Meeting of the National Communication Association, 8–12 November. Seattle, Washington.

② Portalla, Tamra, & Guo-Ming Chen (2010). The development and validation of the intercultural effectiveness scale. *Intercultural Communication Studies*, 19: 21–37.

有效问卷270份，调查对象基本上是汉语进修生和汉语言专业外国本科生，主要来自韩国（84人）、日本（73人）、美国（27人）、意大利（14人）、法国（10人）、越南（6人）、菲律宾（6人）、德国（5人）、俄罗斯（5人）、印度（5人）等27个国家；欧美地区有80名，亚洲地区有182名。其中男性占43%，女性占54.4%，数据缺失为2.6%；被调查者平均年龄为24岁，学习汉语的时间平均为22个月，平均在华时间为15个月。

二、结果与讨论

（一）来华汉语学习者的跨文化敏感度

表1　来华汉语学习者的跨文化敏感度

	人数	均值	标准差
差异认同感	264	4.04	0.625
交际参与度	259	3.84	0.538
交际愉悦感	266	3.82	0.789
交际专注度	258	3.56	0.613
交际信心	268	3.35	0.704

跨文化交际能力的情感层面主要是跨文化敏感，其内部由5个层面构成。表1显示了来华汉语学习者跨文化敏感各层面的基本状况：均值最高的是"差异认同感"（$M = 4.04$），"差异认同感"指的是对文化差异的承认与尊重，调查显示处在跨文化环境下的汉语学习者已经普遍意识到现实生活中早已存在的文化差异，知道应该尊重中国文化，这是跨文化交际能够顺利展开的前提。

"交际参与度"（$M = 3.84$）的均值位列第二，数据表明来华汉语学习者大多比较愿意与不同文化背景的人交往，愿意积极参与跨文化交际。以下依次为"交际愉悦感"（$M = 3.82$）和"交际专注度"（$M = 3.56$），这表明汉语学习者大多知道要在跨文化交际过程中专注投入、积极捕捉并回应对方所发出的讯息，知道要在必要时顺应不同文化背景的人，因此他们大多能在跨文化交际过程中感受到一定的乐趣。

"交际信心"（$M = 3.35$）的均值最低，这说明尽管汉语学习者知道要积极参与跨文化交际，但由于身处异国他乡，与不同文化背景的人交际的自信心普遍不高，或多或少存在一定程度的跨文化焦虑，容易产生挫折感、疏离感或其他各种心理压力，有些学生甚至会陷入心理危机。因此，如何教会学生有效应对跨文化交际过程中产生的心理压力和各种不确定因素，提高他们参与跨文化交际时的信心，跨越对陌生文化的心理障碍，这是当前国际汉语教师必须高度重视的问题。

（二）来华汉语学习者的跨文化效能感

表2　来华汉语学习者的跨文化效能感

	人数	均值	标准差
尊重对方	221	3.90	0.659
身份维护	219	3.45	0.621
互动掌控	226	3.34	0.784
互动放松	220	3.34	0.667
行为弹性	220	3.18	0.514
讯息技巧	223	3.11	0.687

跨文化交际能力的行为层面主要是跨文化效能，强调的是如何有效交际的技巧，主要是由各种不同类型的交际技巧组成。表2显示了来华汉语学习者的跨文化效能感：均值最高的是"尊重

对方"（$M = 3.90$），这表明大多数来华汉语学习者认为自己在与不同文化背景的人交往时首先做到了尊重对方。均值位列第二的是"身份维护"（$M = 3.45$），这表明大多数汉语学习者还是比较清楚地知道要在交际过程中顾及对方的脸面并维护对方的身份地位，这一点在中华文化中显得尤为重要。"尊重对方"和"身份维护"都是确保跨文化交际顺利进行的不可或缺的能力。

以下依次为"互动掌控"（$M = 3.34$）和"互动放松"（$M = 3.34$）。数据表明不少汉语学习者还是觉得自己对整个跨文化交际过程具有一定的掌控能力，在与来自不同文化背景的人交际时基本能够得体地开始与结束对话，知道如何参与交谈，恰当地转换话语轮次，以及在交际过程中尽量缓解自己的紧张情绪。但就总体而言，汉语学习者在目的语环境下的"互动掌控"与"互动放松"的技能水平都不是很高。

跨文化效能感水平相对较低的是"行为弹性"（$M = 3.18$）和"讯息技巧"（$M = 3.11$）。"行为弹性"是指在不同情况下知道如何表现恰当行为的能力，即灵活性和适应能力；"讯息技巧"则指有效操控语言或非语言的形式，熟练地传递可理解的信息的能力。汉语学习者普遍自我感觉在这两方面的能力都比较弱。我们认为这主要是由于这些汉语学习者生活在与自己文化不同的目的语环境下，即便是已经在中国生活了一两年的学生，对于如何在中国正确处理各类言语或非言语交际行为的信息，如何恰当地使用不同的行为技巧来实现沟通的目的，心里并不是很清楚，这些技能都比较缺乏。因此，如何让汉语学习者学会根据交际场合和交际对象的需要，合理调整自己的言语行为，选择恰当的言语行为以符合交际对方的身份地位和彼此间的关系，是以后跨文化技能培训的重点。

从以上分析可以看出,来华汉语学习者普遍认为自己在跨文化交际过程中"尊重对方"和"身份维护"的能力较强,而"行为弹性""讯息技巧""互动掌控"以及"互动放松"方面的能力都相对较弱。因此,在今后的跨文化交际教学或培训中,必须加强这几个方面的技能训练。

(三)跨文化敏感度和效能感的国别地区差异

表3 跨文化敏感度的国别地区差异

	方差分析		多重比较					
	F	P 值	地区	人数	均值	组间比较	均值差	P 值
交际参与度	7.469***	0.001	日韩	155	3.80	日韩比东南亚	0.308	0.091
			欧美	74	4.01	欧美比日韩	0.211*	0.013
			东南亚	14	3.49	欧美比东南亚	0.519**	0.002
差异认同感	20.379***	0.000	日韩	154	3.95	日韩比东南亚	0.638***	0.000
			欧美	78	4.29	欧美比日韩	0.346***	0.000
			东南亚	14	3.31	欧美比东南亚	0.985***	0.000
交际信心	15.015***	0.000	日韩	157	3.16	日韩比东南亚	−0.130	0.761
			欧美	79	3.66	欧美比日韩	0.500***	0.000
			东南亚	14	3.29	欧美比东南亚	0.369	0.133
交际愉悦感	14.093***	0.000	日韩	156	3.72	日韩比东南亚	0.681**	0.003
			欧美	78	4.09	欧美比日韩	0.365**	0.001
			东南亚	14	3.05	欧美比东南亚	1.046***	0.000
交际专注度	10.291***	0.000	日韩	153	3.42	日韩比东南亚	−0.322	0.125
			欧美	76	3.78	欧美比日韩	0.363***	0.000
			东南亚	14	3.74	欧美比东南亚	0.041	0.969

注:*$p<0.05$,**$p<0.01$,***$p<0.001$。

分析发现,来自不同国家和地区的汉语学习者的跨文化交际能力存在着显著性差异。在跨文化敏感方面,我们通过方差分析发现,欧美学生的跨文化敏感度要明显高于东亚和东南亚的学生

（见表3）。欧美学生要比东亚和东南亚的学生更愿意参与跨文化交际，更愿意与不同文化背景的人建立人际关系；欧美学生对于不同文化之间的差异表现出更为尊重和认同的态度；在与不同文化背景的人交往时，欧美学生的自信心更强，更容易感受到跨文化交际过程中的乐趣。我们认为跨文化敏感的东西方差异，与东西方文化之间的内在差异存在着一定的关系。

至于东亚学生与东南亚学生之间的差异，我们经过事后多重比较发现：日韩学生除了在"差异认同感"和"交际愉悦感"方面显著高于东南亚学生以外，在"交际参与度""交际信心"和"交际专注度"等几个方面和东南亚学生没有任何显著性差异。东亚和东南亚学生在跨文化敏感方面存在比较多的共同特征：他们与不同文化背景者交际的积极性都不是很高；在跨文化交际过程中的自信心都相对较低，都比较容易产生紧张与不安，这些可能是与东亚和东南亚在文化上的共性有关。

在跨文化效能上，我们通过方差分析发现，在"行为弹性"（$F = 5.072, p < 0.01$）、"互动放松"（$F = 20.801, p < 0.001$）、"尊重对方"（$F = 8.446, p < 0.001$）、"互动掌控"（$F = 3.803, p < 0.05$）等几个方面东西方学生的跨文化效能感存在着显著性差异。在以上这几个方面，欧美学生自我感觉的能力水平要显著高于日韩学生自我感觉的水平。

通过以上分析所发现的跨文化交际能力的国别地区差异，提示汉语教师今后在培养汉语学习者跨文化交际能力时必须注意到不同国家和地区学生的跨文化交际能力差异，要针对不同国别的学生设计不同的跨文化培训方案，做到因材施教，有针对性，以适应不同国家地区学生的实际情况。

(四) 跨文化敏感各层面之间的相互关系

表4　来华汉语学习者跨文化敏感各层面之间的相互关系

	交际参与度	差异认同感	交际信心	交际愉悦感	交际专注度
交际参与度	1.000				
差异认同感	0.607**	1.000			
交际信心	0.303**	0.243**	1.000		
交际愉悦感	0.392**	0.467**	0.550**	1.000	
交际专注度	0.424**	0.313**	0.158*	0.120	1.000

注：$*p < 0.05$，$**p < 0.01$。

至于跨文化敏感各层面之间的相互影响和相互关系，这里采用皮尔逊相关系数的方法进行了分析（见表4）。结果发现，来华汉语学习者的"交际参与度"与跨文化敏感其他层面都存在着显著的正相关：与"差异认同感"（$r = 0.607$，$p < 0.01$）存在显著的强相关；与"交际专注度"（$r = 0.424$，$p < 0.01$）、"交际愉悦感"（$r = 0.392$，$p < 0.01$）、"交际信心"（$r = 0.303$，$p < 0.01$）均存在显著的中等程度相关。这说明汉语学习者在目的语环境下的"差异认同感""交际专注度""交际愉悦感"和"交际信心"会直接影响到他们最终是否愿意参与到跨文化交际中来，也就是说跨文化敏感的各构成要素都会直接影响汉语学习者在目的语环境下的跨文化交际意愿。那些更懂得尊重文化差异，在交际中更为专注和投入，并具有较高的交际信心和愉悦感的汉语学习者，更愿意与不同文化背景的人交往。因此，要想全面提升来华汉语学习者的跨文化交际参与度，就需要培养他们积极正面的情感，培养他们对不同文化间差异的尊重、包容、理解和认同的态度，引导他们以多元文化主义的视野来理解不同文化，积极地与不同文化背景的人建立或改善关系，学会自我调节以适应跨文化环境，能有效应对

跨文化交际过程中产生的挫折、压力和焦虑，增强交际愉悦感。

"差异认同感"除了与"交际参与度"有关之外，还与"交际信心"（$r = 0.243$，$p < 0.01$）、"交际愉悦感"（$r = 0.467$，$p < 0.01$）、"交际专注度"（$r = 0.313$，$p < 0.01$）存在显著性相关。这说明汉语学习者所能接受和认同的文化差异程度，与他们在跨文化交际过程中的自信心、愉悦感、专注度和参与度的强弱程度密切相关。那些尊重并认同文化差异的学生，通常在跨文化交际过程中具有较高的自信心、愉悦感、专注度和参与度；反过来，如果汉语学习者不能接受和包容中外文化间的差异，一直以自己的文化标准来衡量别国文化，那么这将直接影响到他们参与跨文化交际的质量和效果。因此，汉语教师在语言文化教学过程中所教的不应该仅仅是文化知识，更重要的是要培养学生对不同文化之间差异的尊重、包容、理解和认同的态度，帮助他们学会以跨文化的视角去看待、分析和解决问题。

"交际信心"除了与"交际参与度"和"差异认同感"有关之外，还与"交际愉悦感"（$r = 0.550$，$p < 0.01$）存在显著的强相关。这表明学生在目的语环境下的跨文化交际意愿、文化差异认同度和交际愉悦程度都会直接影响到他们的跨文化交际信心。

跨文化敏感各构成要素之间所存在的相互影响和相互制约的关系，为我们提供了提高来华汉语学习者跨文化敏感的途径和方法，我们可以利用这些关系来积极促成汉语学习者跨文化交际的实现。

（五）跨文化敏感度与跨文化效能感之间的相互关系

跨文化情感只有转换成行为才更有意义，如果仅停留在情感层面，那么最多只是实现了转变汉语学习者跨文化情感的目的，因此下面重点分析汉语学习者在目的语环境下的跨文化敏感（情感)与跨文化效能(行为)之间的相互关系,具体的分析方法仍然是采用皮尔逊相关系数的方法。结果见表 5。

表 5 跨文化敏感度与跨文化效能感之间的相互影响

	行为弹性	互动放松	尊重对方	讯息技巧	身份维护	互动掌控
交际参与度	0.291**	0.403**	0.630**	0.148*	0.478**	0.232**
差异认同感	0.195**	0.285**	0.613**	0.183**	0.397**	0.164*
交际信心	0.398**	0.724**	0.328**	0.460**	0.363**	0.540**
交际愉悦感	0.446**	0.433**	0.399**	0.421**	0.350**	0.347**
交际专注度	−0.053	0.140*	0.140*	−0.025	0.193*	0.025

注:$*p < 0.05$,$**p < 0.01$。

研究发现,跨文化敏感各构成要素与跨文化效能各构成要素之间大都存在显著的相关性。其中"交际参与度"与"尊重对方"($r = 0.630$,$p < 0.01$)呈显著的强相关,与"身份维护"($r = 0.478$,$p < 0.01$)、"互动放松"($r = 0.403$,$p < 0.01$)呈显著的中等程度相关,与"行为弹性""讯息技巧"和"互动掌控"呈弱相关。这说明来华汉语学习者的跨文化交际技能的掌握情况将直接影响到他们参与跨文化交际的意愿与程度。那些懂得尊重对方、维护对方的面子与身份以及能够自我调适、缓解紧张情绪的汉语学习者,常常更愿意积极主动地参与到跨文化交际中来;而那些不太愿意与不同文化背景的人交往的学生,往往很可能是由于自我感觉跨文化交际技能较弱所致。因此,教授汉语学习者跨文化交际技巧,增强他们在多元文化环境下与人交流、合作的能力,最终会使他们自然积极主动地参与到跨文化交际中来。

"交际信心"与"互动放松"($r = 0.724$,$p < 0.01$)、"互动掌控"($r = 0.540$,$p < 0.01$)呈显著的强相关,与"讯息技巧"

（$r = 0.460$，$p < 0.01$）、"行为弹性"（$r = 0.398$，$p < 0.01$）、"身份维护"（$r = 0.363$，$p < 0.01$）、"尊重对方"（$r = 0.328$，$p < 0.01$）均呈显著的中等程度相关。这表明汉语学习者的跨文化交际技能的掌握程度对他们在目的语环境下的交际信心有着显著的影响。那些能够在跨文化交际过程中灵活地自我调整、缓解紧张情绪，能熟练使用各种言语或非言语的技巧向对方传递信息、掌控好交际进度，懂得尊重对方、维护对方的身份和脸面的学生，往往同时也具有较强的交际信心。反过来说，如果汉语学习者感觉自己的跨文化交际技能较弱，那么这将严重影响到他们与中国人交往时的自信。既然汉语学习者的跨文化效能感与其跨文化交际自信紧密相关，那么可以通过教授跨文化交际技巧来提高他们的跨文化交际自信。

此外，"差异认同感"与"尊重对方"（$r = 0.613$，$p < 0.01$）存在显著的强相关，这表明能尊重、包容和理解不同文化间差异的学生通常更懂得如何去尊重与自己文化背景不同的人。至于"交际愉悦感"与各种跨文化效能感均呈显著的中等程度相关，这说明懂得交际技巧的学生通常更容易在跨文化交际过程中感到愉悦。

跨文化敏感与跨文化效能之间是相互影响、相互制约的关系，因此我们可以通过对汉语学习者的跨文化技能的培训来提高他们跨文化交际的参与度、自信心、愉悦感以及差异认同感等各种跨文化敏感；也可以通过培养汉语学习者积极的跨文化情感，促使他们将积极的态度和情感应用到跨文化交际的实践之中。

三、结论

本节通过对来华汉语学习者跨文化交际能力的实证研究发现，来华汉语学习者的跨文化交际能力发展存在内部差异。在情感层面，来华汉语学习者的"差异认同感"和"交际参与度"普遍较强，而"交际信心"普遍较弱；在行为层面，学生普遍认为自己"尊重对方"和"身份维护"的能力较强，"行为弹性""讯息技巧""互动掌控"及"互动放松"等方面的能力比较欠缺。因此，在设置跨文化交际课程，开展跨文化能力培训时，要做到有的放矢，抓住学生跨文化交际能力的薄弱点，加大薄弱方面的培训力度，以期来华汉语学习者的跨文化交际能力得到全面的发展。

来华汉语学习者的跨文化交际能力除了存在内部差异之外，还存在国别地区差异：欧美学生在跨文化敏感和效能方面的自我感觉要普遍好于亚洲学生，东南亚和日韩学生在跨文化敏感和效能方面存在较多的共同特征，这可能是与文化有关，也提示我们在面对不同国家和地区的汉语学习者时，要设置不同的跨文化能力培养方案，教学与培训内容要符合不同国家和地区的学生的特点，一刀切的培养方案肯定是不合适的。

本研究还发现，跨文化敏感各构成要素之间是互相影响、互相制约的，我们可以利用各种相关关系，来提高来华汉语学习者的跨文化敏感，比如可以从他们的跨文化交际信心、愉悦感、专注度以及差异认同感入手，来提高他们的跨文化交际参与度；通过提高他们的文化差异认同度和交际愉悦程度来增强他们跨文化交际时的自信心等。

最后，跨文化情感只有转换成行为才更有意义，因此可以利用跨文化敏感与跨文化效能之间的相互影响、相互制约的关系，通过对汉语学习者跨文化技能的培训来提高他们参与跨文化交际的意愿、自信等各种跨文化情感，转变他们对跨文化交际的态度，激发他们参与跨文化交际的动机；另一方面也可以通过培养汉语学习者积极的跨文化情感，促使他们将积极的情感应用到跨文化交际的实践之中。

第四节　文化依附对汉语学习者跨文化交际能力的影响[①]

世界各民族世代延续的过程，也是积累独特文化的过程，各民族的文化形态丰富多彩，文化差别更是巨大。可以说没有哪一条行为准则或价值观念是处处适用的。在这样的条件下，各种文化共存的理想状态是：互相交流，取长补短，成果共享。但是，文化却常有本民族文化优越感的倾向。每个人一出生，就会潜移默化地形成以自己文化标准去衡量一切的思维定式。尽管这种民族文化中心主义往往是无意识的，但常常会阻碍跨文化交流的顺利进行。

毋庸讳言，在对外汉语教学中，也存在大量由于文化差异而

---

① 本节选自蔡绿《文化依附矛盾与跨文化交际能力——也谈对外汉语教师素质》，《黑龙江高教研究》2006年第4期。

本节参考文献：陈本义《论不同文化的冲突与适应》，《四川外语学院学报》1992年第4期；关世杰《跨文化交流学：提高涉外交流能力的学问》，北京大学出版社，1995年；周思源主编《对外汉语教学与文化》，北京语言文化大学出版社，1998年。

造成的障碍，其中，对教学双方造成的困扰最为常见、最为严重的就是文化依附矛盾。所谓的文化依附，即对外汉语教师在教学中和留学生在学习中代表或体现什么样的文化。一方面，教师代表着汉语文化，教学对象却来自异文化群体。为了适应教学对象，我们在教学中有时就会自觉或不自觉地进行文化依附选择，文化依附矛盾便产生了。另一方面，留学生代表的是各自民族、国家或地区的文化，为了学习体现汉文化的汉语，必须进行文化选择，他们的文化依附矛盾也产生了。

站在对外汉语教师的立场而言，无疑应该维护本民族的文化。因为，留学生是来学习的，理应依附汉语文化，入乡随俗。留学生却认为，虽然汉语为目的语，可只要一回国，汉语文化就派不上用场了，自己的一切真实行为还应以母语文化为根基。因此，当他们初入汉语文化环境时，失去了自己熟悉的社会交往信号或符号，必然会表现出某种程度的不适应，严重者可能出现文化休克，甚至拒绝接受汉语文化深层次的东西。

为了消除文化差异造成的障碍，促成留学生健康的文化依附，对外汉语教师必须具备较强的跨文化交际能力。长期的教学实践证明，跨文化交际能力是对外汉语教师专业素质的试金石。

一、深入了解跨文化交际的功能

从交流信息的层次来看，对外汉语教学中的跨文化交际应属于交流中的跨文化人际交流。如果进一步细化，可归于人际交流中面对面交流的范畴。我们知道，交流主要有四种功能：情况报道功能、娱乐功能、教育功能和说服功能。在跨文化交际中，这些功能常常是杂糅在一起或是重叠的。

在对外汉语教学中，教育功能首当其冲。留学生们认为，对外汉语教师是汉语教学的行家或权威，理所应当地了解各类语音、词汇、语法乃至文化问题，当然，教师要对其所授知识的准确性负责。同时，对外汉语教师还称得上是一个信息的全方位发布者，从天气预报、电视新闻、互联网资料到对某一社会现象的评说，形形色色，无所不包，而且教师常被留学生认定为一个可靠的消息来源。

纯粹的语言文化教学枯燥乏味，显而易见很难进行。寓教于乐，就是适当融入一些娱乐性内容以增强教学的感染力，如讲笑话、逸闻趣事等或运用幽默诙谐的语言进行授课，既能引起留学生的注意，又能使他们的学习以愉快的方式进行。娱乐功能甚至还会被有经验的教师作为跨文化交际中打破僵局或是缓和紧张气氛的有效手段。

至于说服功能，如果我们期望它能够在课堂教学中发挥作用，就必须善于对留学生的情况加以研究，使关键的教学材料对学生个人的动机有吸引力，因为接受说服者的满意度只能取决于他本人的动机得到满足的程度。由于课堂教学有迅速和比较准确的反馈，所以教师可以及时地对症下药，有的放矢地进行说服。

深入了解跨文化交际的功能，是对外汉语教师提高跨文化交际能力的一个基本环节。要想成功消除或减少文化依附矛盾，必须首先让留学生很快对所接触的知识、信息产生兴趣，感到有价值（这一点尤为重要），然后还要提供能够支持我们自身理论的充足理由，使对方理解我们的主张，进而使他们感动。

二、准确掌握跨文化交际的特点

跨文化交际有别于同文化交际,具有很多独特之处。只有掌握了这些特点,才能弄清产生文化依附矛盾的根源。

首先,跨文化交际的双方文化共享性较差,即来自不同文化群体的成员不具有或者很少具有共同的文化特征。当然,各种文化的差异在程度上是不同的,产生误解的可能性的大小也是不同的。留学生与教师间在文化上所具有的共性越多,他们在交流中所遇到的心理挫折或文化曲解就越少。反之,误解的可能性就越大。

其次,就是前面曾提到过的无意识先入为主的问题。在跨文化交际中,假如留学生缺乏对中国文化背景的了解,常常无意识地用自己文化的种种标准去衡量和评判教师的行为。能够做到以多种文化的眼光看待不同文化人们行为的人,实在是少之又少。无论是对外汉语教师还是留学生,都无法摆脱本民族文化的羁绊。造成这种后果的主要因素是:我们中的大多数人很少有直接与多种异文化接触的机会,很难开阔眼界;有些人即使和异文化有所接触,却始终偏爱自己熟悉的文化,不愿放开胸怀,当与异文化发生碰撞时,总是试图进一步肯定本民族的文化特征;还有些人由于对跨文化交际中可能出现的困难认识不足,在得到与异文化接触的机会时畏缩不前。

基于上述原因,在不顺畅的跨文化交际过程中,不仅误解与冲突会不断增多,而且对异文化的成见和偏见更难消弭,文化依附矛盾就会相伴而生。

三、深刻领悟跨文化交流学理论

作为一名对外汉语教师，遭遇文化差异造成的障碍时，若想掌握教学主动权，顺利解决问题，跨文化交际的相关理论便应熟稔于心。跨文化交流学的理论相当丰富，其中，与对外汉语教学中的跨文化交际联系最紧密的理论如下：

（一）信息的准确性理论

跨文化交际中的师生对彼此文化特征的掌握情况不尽相同。从发送者和接收者的关系来考察，信息得以准确传递的最佳模式为知己知彼—知己知彼，最易造成文化曲解的模式为知己不知彼—知己不知彼，而跨文化交际中最常见的模式却为知己知彼—知己不知彼。在教学中要做到知己知彼，这是对外汉语教师必备的素质，但仅仅了解彼此文化的异同是远远不够的，还要对引起冲突的因素有充分的认识。我们应具备事先预知文化冲突点的能力，在留学生文化曲解发生前，有意识地通过提供丰富翔实的背景知识、通俗易懂地解说文化内涵等手段进行解释性教学，以利于彼此的了解，减少他们对所得信息的误解，达到有效的跨文化交际效果。

（二）适应理论

此理论是对跨文化交流进行专门研究后得出的。留学生在汉语学习的过程中，大都要经历一个逐渐积累式的动态心理进程，即由紧张到适应，由适应到进展，再由进展到紧张，如此循环往复。当进行跨文化交际遇到挫折时，人们自然会产生一定程度的惶恐不安。在这种恐慌心理的刺激下，他们要调整自身的文化尺度去适应汉语文化，进展就发生了。尽管取得进展是一个缓慢的过程，但如果对外汉语教师适时对学生加以点拨，引导他们怀着乐观的心态积极参与汉语文化的社会生活和人际交流，那样很可能使他们相对顺利地适应异文化并缩短取得进展的过程。

（三）信息内涵的相互调整理论

该理论认为，天生完美的交流是不存在的，尤其作为对外汉语教师更应认识到这一点。教师在跨文化交际中扮演的是信息发送者的角色，我们的心理预期是尽量减少发送信息时的盲目性，提升理解的准确性，以增进师生间的相互理解。十全十美的相互理解不但不可能获得，而且是一种误导。进行跨文化交际的目的不是为了彻底改变对方，以使其与汉语文化群体在认知方式、行为模式、思维方式等方面保持共同方向，而是要在交际过程中进行相互调整，降低发生误解的可能性，因此信息内涵的绝对一致或完全的相互理解根本不可能，也不必要。

利用上述理论，对外汉语教师可以帮助留学生减轻文化震荡，增强汉语学习的信心，对于两个民族间难以弥合的矛盾，只能求同存异，让历史的实践去检验。

四、结语

在进行对外汉语教学时，理想的跨文化交际方式为平等对话型，而那种自我中心型或控制对方型都会引起学生的反感。在教学过程中，我们可以运用多种基本技巧，如尊重对方、设身处地地体味别人的喜怒哀乐、给别人讲话的机会、心胸豁达、以理服人，等等。当然，在跨文化交际中，师生双方的互信程度也是交流顺利进行的关键性因素，对教师的信任程度甚至会影响汉文化的形象。一个在本民族文化观上绝对自负或绝对自卑的对外汉语教师，都不容易得到留学生的信任。因此，我们在确立汉语文化自信的同时，也应该对留学生的母语文化做出积极、公允的评价。

只有通晓跨文化交际的功能、特点及相关理论，我们才能增强汉语文化自信心，逐步提高自身的跨文化交际能力。这样的教师，不但能够得到学生的肯定和信任，而且能够促成他们某种文化方面的转变，从而形成健康的文化依附。在这个意义上，跨文化交际能力的强弱又是检测对外汉语教师是否具有良好专业素质的重要指数。

第五节　汉语国际传播视角下的跨文化交际能力及其培养[①]

一、跨文化交际能力概念在汉语国际传播视角下的多元内涵

美国语言学家 Dell Hymes "交际能力" （Communicative

---

① 本节选自李昊《汉语国际传播视角下的跨文化交际能力及其培养》，《现代传播》2012年第7期。

本节参考文献：袁新《跨文化交际与对外汉语教学》，《云南师范大学学报》（对外汉语教学与研究版）2003年第2期；潘文国《对外汉语教学·对外汉语专业·对外汉语学科》，载《第八届国际汉语教学讨论会论文选》，高等教育出版社，2005年；申小龙《中国理论语言学的文化重建》，沈阳出版社，2006年；王斌华《"第二文化习得"理论与跨文化的外语教学观》，《山东外语教学》2006年第6期；张英《"对外汉语文化大纲"基础研究》，《汉语学习》2009年第5期；吴应辉《国际汉语教学学科建设及汉语国际传播研究探讨》，《语言文字应用》2010年第3期；李建军《汉语国际传播的核心概念及问题辨析》，《当代传播》2010年第5期。

Competence）理论的提出对外语教学界影响巨大，就二语习得而言，"交际能力"背后最本质的特征是"跨文化"。外语交际不同于母语交际，交际双方不同的文化背景是影响交际的关键因素。在我国，跨文化交际研究始自20世纪80年代初，研究目的较多集中于促进外语教学发展。跨文化交际能力是跨文化交际学中的一个重要课题，既与语言教学相关又与传播学相关。在全球化背景下，完成跨文化交际研究本土化任务对提升国际汉语教学质量和汉语国际传播的持续有效发展具有深刻意义。因为在汉语国际传播的新形势下，跨文化交际能力既是汉语国际教学的目标，又是实现汉语国际教学目标的手段；既是对传播对象的要求，也是传播者自身素质与能力的体现。

（一） 跨文化交际能力是国际汉语教学的终极目标

所谓语言的"推广"抑或"传播"，其核心价值都超越语言本身。在二语教学中，语言与文化两张皮、不能真正将第二语言教学与第二文化教学有效结合、忽视跨文化交际能力培养是目前普遍存在并使外语教育工作者困惑的问题，也是值得同行们深刻反思的课题。

美国是诸多外语教学方法的诞生之地，20世纪60年代起经历了提高外语教学效率、改变哑巴外语教学模式的艰难探索，并且其语言战略一直处于不断修正和完善的阶段。2005年外语教学在美国已被提升到国家安全的高度，关键语言项目得到政府巨额投入，汉语就是六种关键语言之一。1999年美国政府在1996年颁布的 *Standards for Foreign Language Learning–Preparing for the 21st Century* 基础上通过了新版《21世纪外语学习标准》。这一目标为美国外语教学界带来了自上而下的教学理念、教学法、大纲制定、评估标准等全方位的革新与突破。《21世纪外语学习标准》共有九个针对具体语言（汉语、古典语言、法语、德语、意大利语、日语、葡萄牙语、俄语和西班牙语）的目标文件作为补充，《全美中小学中文学习目标》是其中一部分。由"全国外语学习目标合作项目"和全美中小学中文教师协会（Chinese Language Association of Secondary-Elementary Schools）合作，历时三年完成。该目标依循《21世纪外语学习标准》第一部分所提出的第二语言学习总体目标的内容标准，并针对汉语自身独特的词汇、句法结构、语音系统、书写系统和文化形成了汉语学习目标文件。最重要的是，此目标文件将水平等级和交际模式结合起来，将外语教学中一些重要的因素以法律形式确定下来。而这些因素过去只被当作可有可无或是为增加课堂"趣味性"的附属品。这些重要因素分别体现在该目标的以下核心概念中："五C""四技能""三模式"[①]。这些概念彼此间相互关系如图1：

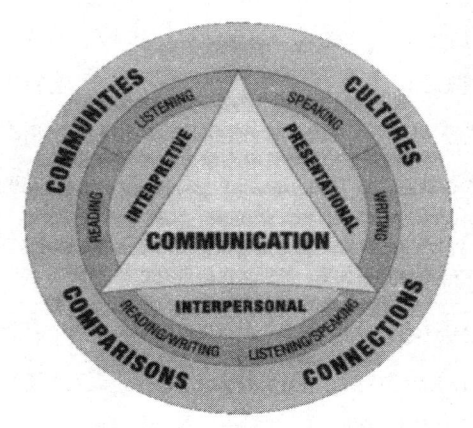

图1

[①] "五C"指交际（Communication）、文化（Cultures）、与其他学科衔接（Connections）、比较（Comparisons）和社区活动（Communities）；"四技能"指听、说、读、写；"交际三模式"指人际模式、诠释模式和表达模式。

该图反映出三条主要组织原则：语言教学的总目标（"五C"）、达到目标所需的课程因素（听、说、读、写）以及交际三模式。不难看出三点：交际能力（Communication）是核心（居图的中心）；"五C"的另外"四C"中除去 Cultures 本身，另外"三C"（Connections，Comparisons 和 Communities）也分别与跨文化紧密相关；听说读写等课程因素并不直接支撑"交际能力"的实现，而是通过交际三模式来完成最终的交际。并且值得我们高度重视的是，直接作用于交际能力的人际、诠释、表达三种交际模式将听说读写等课程因素隐蔽在后，每种模式都包含着语言和内在文化的特定联系。人际模式的特点是交际双方之间积极的协商，常见于双向的对话、私人信件或电子邮件等。交际双方在这一模式下了解并学会不同语言使用不同规则、不同文化使用不同交际模式的能力；诠释模式着眼于不能进行积极协商的书面或口头形式中。指单向的读或听，包括诠释文章、电影、演讲以及各种声像材料等。但不管是口头还是书面，均强调"从字里行间阅读或听懂"的能力。这要求教学对象具备相当的跨文化意识和文化知识方能对交际信息做出适当诠释；表达模式指"单向"的使用口头或书面语言的表达交际。这同样要求表达方具备根据听众或读者的背景展示跨文化信息的能力。

分析《全美中小学中文学习目标》是因为该目标并不旨在描述美国目前的汉语教学状况，而是提供衡量未来汉语教学进步的尺度。它所依循的《21世纪外语学习标准》提出的外语学习"五C"总目标，既在我国英语教学界产生重大影响，也为国际汉语教学界带来启迪。跨文化交际能力并非游离于语言习得过程之外的一个自然衍生物，它就是语言习得过程本身。目前"文化导入"在国际汉语教学中的重要意义已在学界及教学一线形成一定共识，相对于过去仅满足于语音、词汇、语法的单纯语言学知识教学可谓一个进步，但仅仅是"导入"，仍具有工具性色彩，离真正实现跨文化交际能力作为国际汉语教学终极目标还有一定距离。

掌握一门语言意味着在特定文化背景下以得体的方式使用语言完成交际目标。汉语结构形态所反映的汉族特有思维模式以及汉语言所承载的深厚文化内涵对国际汉语教学目标的实现提出了明晰要求。并且，国际汉语教学的过程是一个跨文化的双向过程，如果对教学对象的文化背景一无所知，师生间的互动必然质量不佳。单纯以培养听说读写技能为目标以及语言教学与文化教学相脱节的做法不仅使国际汉语教学目标难以实现，而且从长远看，势必阻碍汉语国际传播事业在新形势下的高质与高效发展。跨文化交际能力作为国际汉语教学的终极目标，并不是随着语言知识和文化知识的积累自然而然实现的。这一观念必须自上而下渗透到国际汉语教学的各个层面，包括教和学双方。

（二）跨文化交际能力是汉语国际传播者自身素质要求的核心

目前投身汉语国际传播事业的人员不再也不可能局限于某一个单一的专业背景，海外汉语师资需求量逐年增加，公派汉语教师（包括派往孔子学院的师资）由2007年的1004人增至2010年2700人的现实需要必然带来对外汉语、中文、英语、小语种、教育学、心理学、传播学等不同专业背景的师资纷纷进入此行业的局面。从业人员背景各异，各有专长，但在汉语国际传播新形势下，国际汉语教学要求广大汉语国际传播者不仅能在国内这块"根据地"站好岗，更能走出去熟练应对海外大中小学汉语教学的各种需要。而大量非对外汉语专业背景的汉语教师纵然具有丰富的语言学知识、较高的古代汉语修养，在完成汉语国际传播新形势下的国际汉语教学任务过程中也有感到吃力或棘手的时候。笔者在2010年12月北京语言大学举办的全国高校对外汉语专业建设研讨会上就听到不少同行感慨虽从事国际汉语教学已多年，但要从"骨子"里完全转到对外汉语竟然用去不止三年五载。这个所谓的"转"之难，不在知识性储备与更新，而是一种新的素质和能力的养成。这种素质与能力有赖于汉语国际传播者的全球化眼光，对汉语国际传播的跨文化性有高度的敏感与自觉性，能主动将语言文字学、应用语言学等专业知识与国际汉语教学的终极目标——跨文化交际能力有效整合。缺乏跨文化交际能力的汉语教师既不能成功地组织教学也不能成功地把这种能力传授给学生。教学的过程，既是学生习得跨文化交际能力的过程，也是展示教师本身这一能力的过程。

随着汉语热逐年升温，目前孔子学院及孔子课堂已分布于全球96个国家和地区，达691所，而且孔子课堂的数量还将增加。海外中小学从基础教育阶段开始学习汉语的势头逐年扩大。法国从2008年开始创立"中文国际班"，旨在法国本土从小学开始进行汉语精英人才的培养。进入国际班的孩子不仅学习中文，还要用中文来学习数学等其他科目。这些学生中学毕业时既拥有优异的汉语交际能力，又能进入政治、外交、金融、自然科学、人文社会科学等其他领域进一步深造，而不一定只进中文系发展单一的语言能力。这样的复合型汉语精英人才可以覆盖未来各个行业。法国政府重视中法关系，从战略高度培养精通汉语、具有跨文化交际能力的专门人才的做法充分证明汉语言教学在法国的地位及跨文化交际能力在国际汉语教学中的核心价值。而国家汉办在为法国中文国际班选拔并输送汉语师资的过程中,得到法方反馈是:不会基础法语、不了解法国文化的汉语教师不能很好胜任中文国际班的工作。这一反馈信息有力证明了跨文化交际能力在国际汉语教学中的重要性。国家汉办从2010年开始对公派汉语教师进行为期一年的小语种培训,实质也是为了提高派出师资的跨文化交际能力。掌握一门语言,即掌握打开目的语文化的钥匙,汉语国际推广转型为汉语国际传播不仅是出于策略的"温和效应",也是基于对跨文化交际过程双向性的认同。

二、跨文化交际能力应从国际汉语师资培养、培训抓起

(一)对外汉语专业本科层次人才培养目标应以跨文化交际能力的培养为核心

汉语国际传播事业不仅需要源源不断的新生力量,而且对新形势下的汉语国际教学人才培养提出了更高要求。自20世纪80年代中期对外汉语本科专业设立以来,我国对外汉语教学学科已建立起本科、硕士和博士三个层次的人才培养体系,并且2007年起在全国设置汉语国际教育硕士专业学位。本科层次人才培养已走过25年,目前学界就新形势下对外汉语专业人才培养目标、培养模式、课程设置等问题已进行多次研讨。面对各地高校纷纷开设对外汉语专业而该专业本科毕业生最终无法从事国际汉语教学的事实,我们应该看到,不管是从为祖国汉语国际传播事业输送未来国际汉语师资的初衷考虑,还是从宽口径、利于就业的角度考虑,跨文化交际能力的培养都应该被置于人才培养目标的核心位置。其一,跨文化交际能力是从事国际汉语教学的最重要素

质,没有这种能力与素质,无论积累多少汉语言文字学、语言学知识,考多高的分数,都不能保证我们培养的学生在未来国际汉语教学活动中自如应对各种知识碰撞、文化碰撞、交际碰撞。在专业建设上,培养观念、培养目标、培养模式、课程设置应该遵循 Backward Design 理念,跨文化交际能力是人才培养的终极目标而非附带成果。在这样的理念下,跨文化方面的课程就不会在课程设置中呈边缘化、起点缀作用。在本科阶段,应该在课程设置上将跨文化交际能力作为该专业人才培养的第一宗旨,通过丰富的案例学习及教育实践活动使学生熟知跨文化交际的理念,在中外文化异同比较中提高汉语言及外语水平,学会恰当运用跨文化交际策略,以培养将来其目的语工作环境中的交际能力。建议开设交际语言学、跨文化交际策略与运用、国际交往经典案例分析、交流学、国际交往与传播、外事问题应急处理案例分析、跨文化心理学等课程,并将其设置为该学科的核心课程。其二,目前本科教育逐步朝"通才教育"模式转变,一些重点高校甚至在低年级打通文史哲界限。试想中国古代许多著名学者往往是文理兼通、学识广博、具有多种才能之人,而现代高等教育却罕有这样的人才产出,这是值得深刻反思的问题。无论从拓宽视野、从学科发展需要出发还是从学生就业角度出发,对综合素质和能力的培养均是本科阶段的人才培养要义。况且,语言学及应用语言学、第二语言习得理论、教育法等课程在本科阶段并不需要过多开设,否则本科与硕士生的培养则无法有效区别与衔接。

(二)汉语国际教育专业硕士人才培养目标应以跨文化交际能力的培养为宗旨

硕士层次的师资培养又分设在语言学及应用语言学或汉语言

第五节 汉语国际传播视角下的跨文化交际能力及其培养

文字学下、偏重理论研究的对外汉语方向硕士与偏重应用型、国际化的汉语国际教育专业硕士,这里主要探讨后者。自 2007 年起,已有 24 所和 39 所两批高校经国务院学位办批准设置汉语国际教育硕士专业学位。专业硕士培养有别于学术型硕士培养之处在于其应用型与专门型。各培养单位在培养目标上应该有明确认识:致力于培养汉语国际传播新形势下胜任汉语作为第二语言的高层次、应用型、复合型、国际化的汉语国际教育专门人才,突出实践,注重提高学生职业素质和增强学生职业技能;突出汉语教学能力、中国文化传播能力和跨文化交际能力培养。然而,过去两年里 24 所首批培养院校在接受全国汉语国际教育硕士专业学位教育指导委员会中期检查时,在人才培养目标、办学理念、培养方案、课程设置、实践环节等方面暴露出以下问题:(1)应用型人才培养的办学理念并未完全落到实处。采用传统满堂灌教学法的教师不占少数,承担教学课程的老师自己就缺乏案例、缺乏互动,跨文化交际能力培养成为纸上谈兵。同时课程设置上并未依循以汉语教学技能培养、中华文化传播能力培养和跨文化交际能力培养为核心目标的原则来安排核心课程,理论性课程比重偏大。(2)教材大多针对学术型研究生培养,几乎没有适用于应用型人才培养、针对汉语国际教育专业硕士的专门教材,严重缺乏以案例为主导、以培养跨文化交际能力为目标的教材及教学资源。(3)海外实习渠道不畅,国内实习基地建设力度不够。以上问题的出现,说明对应用型人才培养的办学理念及跨文化交际能力,对实现应用型人才培养办学目标的重要意义认识还不够深刻、落实还不够到位。各培养单位应该在培养模式、课程设置、教师培养、教学实践以及管理模式等方面进行积极探索与交流。

（三）对现有国际汉语师资的培训应以提高跨文化交际能力为准则

跨文化交际能力除了对未来国际汉语师资的培养具有重要意义，在现有国际汉语师资的培训过程中也应放在重中之重。

就国际汉语师资目前结构而言，因为开设留学生汉语教学的高校多于开设对外汉语专业的高校，因此不是所有授课教师都能既承担面向留学生的汉语课程又承担对外汉语专业本科、硕士乃至博士阶段的课程。但因为后者培养的是未来师资，要让我们未来的国际汉语教师在将来培养出具有跨文化交际能力的汉语习得者，当下授课教师本身就应该具有跨文化意识及跨文化素质。目前有一个现象，能上留学生课程的教师不一定上得了对外汉语专业本科、硕士乃至博士生课程；能上对外汉语专业本科、硕士乃至博士生课程的教师不一定上得好留学生课程。事实上，这两类课程并非没有相通性。相反，如果两类课程同时都上，将对提高教师跨文化意识、提高教师本人跨文化交际能力从而提升教学质量起到极好的促进作用。同样一门《现代汉语》，如果授课教师有留学生教学经历、具有跨文化交际意识，授课时的角度与给中文系学生上这门课就大不相同。

现阶段针对现有国际汉语师资的培训力度和广度均有限，除了针对公派出国汉语教师的培训、针对汉语国际教育专业硕士培养院校承担教学课程教学任务的师资培训，鲜有提高国际汉语教师的业务水平其他类型的培训。但不管是什么样的培训，都应该将跨文化交际意识和跨文化交际能力培养置于国际汉语师资培训的核心地位，从而使现有师资的素质得到双倍效果的提升。上文提到的汉语国际教育硕士培养过程中出现的授课教师本身素质不够理想的问题也可得到较好解决。

三、结语

中国强劲的内在经济动力和全球化的外在环境造就了汉语国际传播的良好条件,顺势而为的汉语全球化发展对于全世界汉语国际传播者而言是一个巨大的挑战。在此语境下的国际汉语教学要求我们的师资必须具备跨文化交际能力,方能培养出具有跨文化交际能力的学生(包括留学生和对外汉语专业学生)。为此,不管是师资培养还是师资培训,都应该将跨文化交际能力视为核心素质来运作。跨文化交际能力培养对汉语国际传播事业至关重要。

第三章

语言或非言语行为中的跨文化交际研究

第一节 语言行为中的跨文化交际研究①

汉语"表扬"语作为日常交际中表达积极情感的言语行为，能够维护交际者的面子，使说者和听者之间建立良好的人际关系。国际上关于"表扬"言语行为的研究成果颇丰，英国哲学家奥斯汀（J. Austin）建立了言语行为的理论模式。美国学者琼·梅恩斯（Joan Manes）和纳沙·沃尔夫森（Nessa Wolfson）对美国中产阶层的表扬言语行为进行了调查并发现规律。马克·L.纳普（Mark L. Knapp）、罗伯特·霍普（Robert Hopper）、珍妮特·霍姆斯（Janet Holmes）和唐娜·M.约翰逊（Donna M. Johnson）等也从不同角度对其进行了一系列研究。

目前国内学者主要是从心理学和教育学角度对"表扬"言语行为进行探讨，而从汉语教学的角度对"表扬"语的话语模式、功能类型、跨文化语用方面尚缺乏系统的描写与研究。本节通过采集归纳八部当代小说、剧本，北京大学现代汉语语料库和对外汉语课堂真实表扬例句，从句法结构、典型词汇、典型话语标记

---

① 本节选自亓华、李萌《汉语"表扬"语的话语模式与跨文化语用策略研究》，《西北大学学报》（哲学社会科学版）2011年第4期。

等方面入手，归纳出"表扬"语六种常用的功能及相关句式，并结合汉语国际教学情况分析汉语特殊的表扬方式的跨文化语用问题，最后对"表扬"语的语用策略提出建议。

一、汉语"表扬"言语的话语模式分析

《现代汉语词典》中"表扬"的注释是：对好人好事公开赞美。它与赞扬、夸奖欣赏等言语行为具有差异，但都属于一种言语激励手段，在人际交往和课堂教学中常常是混合使用，因此，以下例句难免有交叉使用的情况。通过归纳例句，我们发现表扬言语中比较常见的句式结构主要有"受事+副词+形容词""受事+有+名词""受事+是+名词""受事+动词+得+形容词"等（这里的"受事"指的是被表扬的成分，可以是人或事物）。

（一）句式结构层面分析

1. 第一种句式结构中，有时把"受事"或"副词"省略，或者把"受事""副词"都省略，也成立。

（1）"受事+副词+形容词"完整结构：

①爸爸你真棒！我懂啦！（《贫嘴张大民的幸福生活》）

（2）省略"受事"，用"副词+形容词"表示：

②杨晓芸："真棒——真不错，你就住这儿啊？"（《奋斗》）

（3）省略"副词"，用"受事+形容词"表示：

③大、美、有良好的校园环境，学生活泼开朗，老师很亲切，很好。（《北京娃娃》）

（4）省略"受事"和"副词"，直接用"形容词"表示：

④宋思明抬眼看看，笑了，说："漂亮！晚上一起吃饭！"（《蜗居》）

2．用第二种句式结构，"受事+有+名词"：

⑤我是发现这些年轻人有我过去从来没有发现的优点。（《杨澜访谈录》）

3．用第三种句式结构，"受事+是+名词"：

⑥小天你是爽快人，我很看中你，过来跟我吧！（《儿歌》）

4．"受事+动词+得+形容词"：

⑦再说老三人又长得好，脾气也好。（《山楂树之恋》）

（二）词汇层面分析

梅恩斯（Joan Manes）和沃尔夫森（Nessa Wolfson）通过对美国中产阶层中的表扬言语进行总结之后发现，96%的数据表明，形容词和动词承载着表达积极意义的任务。而中国教师实施表扬言语行为时，相对于动词、名词而言，形容词使用得更多。可见，英汉表扬言语在典型词汇上存在词性的差异。[①] 以上例句中"棒""不错""大""美""活泼开朗""亲切""好""漂亮"等词是直接用来表示积极评价的；而"爽快人""最诚恳的白色山茶花"虽是名词词组，但表积极意义的仍是"爽快""诚恳"等形容词。只有"优点"是直接表示表扬的名词，"我很看中你"的"看中"是动词。可见形容词在汉语表扬言语中占据优势。

（三）典型话语标记层面分析

在某些言语中，表扬意义通过使用关联词或典型话语标记，要结合上下文才能体会出来。

1．用关联词"只要……就"组织语句：

⑧小崔就是这样,做什么事只要一开始做就必须做到某种极致。(《杨

[①] 陈成辉《中国教师"表扬"言语行为的实施研究》，广西师范大学硕士学位论文，2003年。

澜访谈录》)

2. 用副词"从来"强调行为：

⑨她吸引我，叫我总想为她做些什么，但她从来不让我为她做任何事。(《奋斗》)

这两句话要表达的意思分别是："小崔做事很认真"和"她很独立"。"认真""独立"两个词却没有出现在语句中。

通过以上分析，我们发现能用来表示"表扬"的词语数量繁多——几乎所有褒义词都能担当此任，而某些表扬言语的句式结构却很有代表性和规律性。因此在汉语国际教学中，我们可将"典型句式结构"作为教学重点，让学生掌握基本典型句式，这样既可使教学更有操作性，又能让学生们学得更加轻松。

二、汉语国际教学中"表扬"语的功能类型

目前我国教育教学和心理学界对"表扬"语的研究多集中在中小学和幼儿阶段。因为这个阶段是少年儿童身心成长发育的重要时期，他们最需要得到别人的认可和表扬。"要不断激励学生前进"也成为优秀教师最重要的标准之三。[①] 与国内中小学生不同的是，各高校的留学生是心智已健全成熟的成年人，他们的自我效能感和评价能力很强，因而教师们往往会忽略育人的工作，很少用表扬和鼓励的话语激励学生。然而，第二语言习得研究证明，习得者在汉语学习初级阶段，由于还没有足够的能力讲话，会经历很大的心理压力和情感焦虑期，有些人会缺乏自信感，因

[①] 赵国忠《优秀教师最重要的标准》，南京大学出版社，2009年，第20页。

为害怕说错话而陷入长期沉默不语的状态。[①] 这就需要汉语国际教师充分了解留学生汉语学习的心理，用真诚表扬和鼓励帮助他们克服心理障碍和学习困难。

我们通过对汉语中级会话和读写课全体教师的课堂提问及教学语言研究发现，在学生正确回答问题后，教师最常用的反馈方式是重复学生的答案或重复加表扬，所占比例最高为 35.2%。其次是点评或点评加表扬，比例最高达到 19.5%。再次是无反馈。教师没有给予反馈，除了疏忽的原因以外，部分教师认为问题很简单，学生回答正确是不言自明的。最后一类是简单表扬，如"对""很好""好"等。学生已经习惯这种简单表扬，在接受表扬时感觉不到成就感。[②]

鉴于目前汉语国际教学界对表扬和鼓励语的研究尚属空白，笔者结合汉语国际教学实际，将表扬语划分为六类：肯定性表扬、点评性表扬、激励性表扬、启迪期望性表扬、贬己尊人性表扬和抑扬结合性表扬。

（一）肯定性表扬

肯定性表扬大都是教师对学生的言行、思想或成绩给予及时、热情的肯定反馈。初、中级阶段留学生的汉语能力和跨文化交际能力都处在模仿和发展时期，积极的肯定能使他们体验到成功和满足，激发兴趣，调动学习积极性。这种表扬根据肯定程度的不同分为：

[①] 刘珣《对外汉语教育学引论》，北京语言文化大学出版社，2000年，第175页。

[②] 杜朝晖、亓华《中级汉语会话课堂教师反馈研究》，《语言文字应用》2007年S1期。

1. 用形容词简短有力地表扬，如"对""好""很好"等表积极肯定的形容词。通过这些具有较强感召力的短语，教师正面肯定学生的良好表现和取得的成绩。例如：

⑩对，很好，这是我们学过的一个结构。汉语中有很多。

2. 使用程度副词"太""真""非常"等加形容词表示赞美，可辅之以夸张的表情、手势语和感叹词。

（二）点评性表扬

据我们调查，点评性表扬在对外汉语教师反馈语中占第二位。高水平教师能够画龙点睛地对学生言行做出恰当点评，也能挖掘其"闪亮点"加以表扬。

⑪这个问题连老师都没有注意到，而你注意到了，你真是个会动脑筋的人。

（三）激励性表扬

激励性表扬在教育教学过程中运用得较为广泛，它的主要功能是通过表扬加鼓励，树立学生刻苦学习，不断进取的信心。这类表扬鼓动性、激励性强，效果明显。

（四）启迪期望性表扬

留学生需要老师给予不断肯定，在人生道路的选择上也常会咨询老师的意见，而教师根据自身经历和学生的个性特点，可以给学生指明专业发展的道路，并对未来做出预测和期许，抑或是开启学生的心智和情感，促进学生积极思维和创新。

（五）贬己尊人类表扬

汉语语用礼貌准则的第一条就是"贬己尊人准则"，指自己或与自己相关的事要"贬"和"谦"，听者或与听者有关的事要"抬"和"尊"。在中国人的言语交际中，贬己抬人、自谦尊人成为一种自觉的言语方式和习惯。

（六）抑扬结合性表扬

汉语在表达真实想法之前，常常会"先扬后抑"地婉转表达，例如"你说得很流利，要是写得跟说得这么流利就更好了"。外国留学生也很喜欢这种表达方法。美国汉语教师让中国老师提意见时经常说："请从'但是'以后说起……"在汉语国际教学中直言批评学生是一大忌讳，但是教师可以通过委婉的方式，在不损害学生面子和自尊的前提下，表明自己的态度和意见。先肯定、表扬学生，能制造友好的气氛，使学生情绪平静地听取老师的意见；同时也有利于防止教师片面、偏激地看问题。同理，"先抑后扬"也属于礼貌得体的表达方式。

由于中外文化的差异，教学理念和师生关系的不同，使得汉语国际教学中表扬语的运用与国内中小学教学存在一定的差别。例如，国内有研究认为，"批评性表扬"是教育教学的"黄金原则"，对于国内中小学英语教学，"表扬，尤其是批评性表扬，是一种非常有效的教育教学手段，在教学中起着不可估量的作用"[①]。而在对外汉语课堂上，适用于中小学的批评性表扬以及国人常用的贬己尊人性表扬一般都很少使用。但无论怎样，表扬语在各自教学中的地位和作用都是十分重要、不容忽视的。国内对"表扬"语功能的划分还不甚科学，值得进一步研究。

---

① 陈成辉《中国教师"表扬"言语行为的实施研究》，广西师范大学硕士学位论文，2003年。

三、汉语"表扬"语的特色话语模式与跨文化语用策略

从跨文化语用差异的角度考虑，中国人表扬的方式有着一定的社会文化背景和民族特色。首先是树立榜样原则。用"向……学习"来表达对某人或事物的表扬。"树立榜样"话语模式不同程度地存在于各国语言之中，而用这种方法来表扬、赞美却是中国当代文化的一大特色。不过，在欧美国家或地区的文化中，人们对个体和自我的重视与尊重程度相当高，他们一般不用"向……学习"的方式来表扬。

其次是留学生对"继续努力"的误解。有作业的评语"作业认真，继续努力"等，在汉语中，这原本是句鼓励语，但在欧美学生看来，老师这样说是觉得自己还不够努力，感觉是在"警告"和督促自己。因此，教师应该特别注意在对欧美学生的教学中尽量少用这类表扬语，而应选用肯定性表扬和激励性表扬话语。

再次是用自谦或自贬的言语方式，就是主动承认自己"做不到"或"比不上"来表扬对方的出色、能干和了不起，例如，谦辞表示对人尊敬，也体现中国传统礼仪文明。而在欧美文化中，很少使用此类"贬己尊人"的表扬方式。对于他们"谦虚就是减少对自己的表扬，而不是根本不要自我表扬"[①]。有学者认为产生这种差异的原因，一是因为中国封建社会等级森严的宗法制度，要求人们与长辈、上级说话时要用敬语谦辞，否则会被认为失礼；而西方国家自资产阶级革命以后奉行自由、平等政治制度，追求

[①] Geoffrey, N. (1983). *Leech Principles of Pragmatics*. New York: Longman, 136-138.

人人平等。二是几千年来中国的"群体主义"要求个人利益服从群体利益,形成了卑己尊人的言行方式;而西方的个人主义文化强调尊重个人价值,从而形成了喜欢鼓励和乐于接受表扬的言语习惯。[①] 若要使外国留学生正确地理解和掌握汉语的礼貌原则,汉语中常见的这种贬己尊人的言语表达方式应该作为教学的一个重点。

为了更好地指导汉语国际教师合理有效地运用"表扬"语,我们提出以下五条建议:

第一,表扬时要伴以亲切的微笑。笑容是人类最甜美动人的表情语,是缓解学生焦虑情绪和打消说话顾虑的良方。这显示出教师平易近人、平等尊重的态度,使学生感到亲近,愿与老师交谈。

第二,对发言的学生应及时予以表扬。通过与学生的交谈,可以了解他们的真实想法和心态,找到学生感兴趣的话题,增强课堂互动效果。

第三,给出具体而非笼统的表扬。明确具体的表扬能给学生指明努力的方向,使他们再现和巩固自己的正确做法。

第四,善于发现和表扬学生细小的进步。因为学生都希望与别人,尤其是教师分享自己的进步,如果教师能及时发现学生的哪怕是细小的进步并加以表扬,都能不断增进师生之间的感情和信任,使学生不断追求进步。

第五,多采用正面评价表扬而不采用批评责备的方法。批评成年留学生是危险的,因为这样做很可能会伤害学生的自尊心,

[①] 刘永红《从汉英语言的差异看中西文化的不同》,《英语学习》2000年第1期。

引发学生的愤恨和抗拒情绪。留学生们认为他们是成年人可以对自己的行为负责,无须老师批评教育。正确的做法是,教师最好先与缺课或不完成作业的学生单独谈话,问明情况再给出合理建议,让学生有回应与澄清的机会。

总之,教师对学生的表扬应该是礼貌真诚且恰如其分的,应当遵循表扬适度的原则。虚假夸大的表扬与称赞会损害教师的威信和形象;忽略了文化差异的失当表扬,也会引起学生的反感。最新研究表明,"表扬对学生学习动机的影响受多种因素的制约,如表扬者是否有真诚的态度;表扬能否增强受表扬者的胜任感和自主感,能否促进受表扬者正确的归因方式的形成;表扬者传达的行为标准或期望是否恰当。现实生活中,有效的表扬常常能够改变学生的一生等"[①]。因此,我们要科学有效地用好"表扬"语。

第二节　非言语行为中的跨文化交际研究[②]

现代语言学意义上的汉语作为外语教学源于美国,源自1943年汉语教育家赵元任先生主持的哈佛大学"陆军特训班"。赵元任借鉴当时起源于欧美外语教学的直接法、听说法,最先创立实行了一套汉语速成训练法,即大小班结合,大班讲解练习,小班

---

① 范春林《表扬与内在动机关系的研究》,《中国教育学刊》2005年第9期。
② 本节选自元华《美国高校汉语教师"非言语行为"规范及优秀个案研究》,《云南师范大学学报》(对外汉语教学与研究版)2015年第3期。

集中操练法，俗称"军队法"。[①]1965年曾是"特训班"优秀学员的牟复礼受聘为普林斯顿大学教授，创建东亚系，并把赵先生在哈佛大学的对外汉语教学方法全套搬到了普林斯顿大学。[②]1966年明德学院（Middlebury College）汉语暑期学校创办，赵先生的学生、明尼苏达大学刘君若教授任该校首任校长。不久普林斯顿大学陈大端教授任校长，将普林斯顿大学模式引入明德暑期学校。陈大端卸任后，普林斯顿大学东亚系周质平教授于1976—1992年在明德学院中文暑校任教并担任了九年校长，继承并发展了赵先生的汉语训练模式和方法。逐步完善了明德学院汉语教学模式，"明德以其独特的教学和管理成为全美中文教学的重镇"[③]。1993年周质平又与北京师范大学联合，创办了普林斯顿大学暑期班（简称"普北班"），把普林斯顿大学明德教学和管理模式引进了中国。经过20年不懈探索与实践，不仅建立起了具有标准化、规范化和可操作性的"普北班"的教学模式和配套的教材体系，普林斯顿大学北京中文项目成为在华美国长短期培训的领航旗舰项目。[④]可以说，哈佛大学、普林斯顿大学、明德学院以及"普北班"教学模式是一脉相承、传承发展的，不仅对美国高校汉语教学与培训，也对中国高校对外汉语教学产生了积极而又深远的影响。

---

① 赵元任《赵元任语言学论文选》，叶蜚声译，中国社会科学出版社，1985年，第103页。
② 周质平《对外汉语教学史上的赵元任》，载《第九届国际汉语教学学术研讨会论文集》，中央民族大学出版社，1999年。
③ 李恺、刘芳《略论美国在华中文教学项目》，《国际汉语教育》2010年第3期。
④ 朱永平《继承与发展：赵元任汉语教学理念与普林斯顿模式——对外汉语教学之普林斯顿模式探讨之三》，《国际汉语教育》2012年第4期。

在美国高校通用的汉语教师培训方法中，最见成效的是对上岗教师的"非言语行为"的规范和培训。笔者认为，这恰是明德暑期学校和"普北班"课堂操练模式得以有效实施的前提保证。鉴于以往对教师教学行为研究比较薄弱，特别是对教师非言语教学行为研究近于空白，在几十篇关于明德学院、哈佛大学和普林斯顿大学汉语教学研究论文中都未见提及，我们基于长期的听课观摩，首次对美国明德学院和普林斯顿大学的教师非言语行为规范进行总结，得出有益于提高课堂教学水平和效果的八条规则，并选取普林斯顿大学二年级优秀教师兼课程主任的录音录像，对其课堂体态语和副言语进行量化统计分析，从而科学地揭示出美国高校优秀汉语教师课堂教学的特色、风格与基本特质，为国际汉语教师提供可资借鉴的范例。

一、美国高校汉语教师非言语行为规范与培训

无论是美国的哈佛大学、普林斯顿大学和明德暑期学校，还是在华的十几家中美联办的暑期班，对教师课堂操练都有严格的要求和规范训练。一般是在上岗前一周对教师进行培训。新手教师除了听多名专家的讲座外，都要观摩有经验的年级负责教师的教学示范，然后自选一两个语法点轮流上讲台演练。大体来说，训练到第三天，有胜任力的新手教师就基本能适应"普北班"密集式的"控制操练法"。[①] "普北班"教师体态语训练的重点是教

---

① 亓华《美中合办"普北班"的教学模式与启示》，载蔡昌卓《多维视野下的对外汉语教学研究——第七届国际汉语教学学术研讨会论文集》，广西师范大学出版社，2009年。

师的手势语、头势语、目光语、面部表情语和身势语,这五种体态语密不可分,相互配合,需要练到协调一致、运用自如。概括来说,美国高校汉语教师培训对非言语行为细则主要有以下八条:

(一)教师应用"指令性手势语"代替言语指令语,以节省教师话语量

教师在向学生发出指答动作时应单手伸出、五指并拢,意为"请你回答"。双手位于身体两侧上抬,意为"大家一起说""齐说"。这几种指令性手势语可替代重复性的点名回答,加快了学生语言操练的速度,提高了课堂时间的利用率和有效性,是美国各名校汉语教师课堂教学中常用的手势语。"指令性手势语"的有无和多少可以作为第二语言操练课的评判标准。"讲多练少""以讲代练"的课堂,教师一般很少使用"指令性手势语",教师往往以讲明白为目的,缺少以让学生练会为目的的操练环节。

(二)教师用手势语发指令时,头势、体势、目光和表情语要与之配合

教师应多用头势语、目光和表情语等非言语方式表情达意,教师应做到:手到、眼到、身体到、表情到。在"普北班"教师培训中,头势语常见的动作是点头。头势语除了用以辅助修饰言语以外,还用以代替语言,表达难以用语言表示的亲切、友好、鼓励、表扬、赞赏与惊奇等各种情感。如称赞学生时,可用头、手配合(点头、手掌稍向下挥)或频繁点头代替语言,以表示对学生的肯定,或对学生观点的首肯等;头势语表达的含义很丰富,如学生回答问题时,教师点头有时是表示"很好""真棒",有时是"说的对""说下去""继续"的意思。教师频频点头的动作,有利于消除外国学生学汉语的畏难情绪,及时给予他们鼓励和反

馈。对教师目光语的要求是，教师说话时要注视学生，目光和蔼亲切。男教师的目光语应采取公事注视，辅之以社交注视的方式，大方坦诚；年龄稍长的女教师可采用社交注视，辅之以亲密注视的方式看着学生，目光亲切自然，充满知性美。

（三）教师用手势指答时，应看着学生的脸和眼睛说话，用眼神期待学生回答

因为不用或很少使用数字化教学设备，普林斯顿大学的汉语教师可以摆脱因操作仪器而被限制在讲台上的境况，教师常常走下讲台，站在第一排学生面前来回走动，需要到黑板前时再走上讲台。而且他们非常注意调节与学生之间的体距，如果是第一排体距较近的学生回答问题，教师会稍稍后退，离得稍远一些，以免给学生造成压迫感；也不会一直站在一个地方，而是根据教学需要不时地变换位置和师生间的体距。由于"普北班"课堂学生人数大班为六七个，小班为三四个，学生一般都坐成一排。所以，教师只需站在学生对面来回走动指答，无须像国内高校一个班12—20名学生，需要教师走到学生中间去讲课。

（四）教师上课应使用备课卡片，不要手持或抱拥课本

美国普林斯顿大学汉语教师上课时手里通常不拿课本，而是拿着备课纸片或卡片，接连不断地向学生发问，给人的感觉是教师很熟悉课文，无须看书就能串讲和复述课文。课堂上最常见的教学工具就是教师拿在掌中的备课纸条。这点有别于国内高校汉语教师，后者大都手拿书本或抱书于胸前，教师解词造句读课文，始终不离书本，对课本较强的依赖性常会影响与学生的眼神接触和情感情绪的交流。相对来说，普林斯顿大学对教师备课数量和质量要求更高，教师用在备课上的时间和准备的句型和提问量远多于国内高校教师。这恰恰是降低教师话语量、提高学生开口率的前提和保障。

（五）教师应在课前 15 分钟写板书，课上不许出现超课文生词、尽量不再板书

为节约课堂时间，普林斯顿大学要求所有汉语教师课前板书完毕，课堂上一字不写，或只在必要的时候板书。本着节省上课时间的观念，该校教师对现代化教学用具（如投影仪等）的使用率较低，而是让学生把目光集中在黑板的语言点上。老师要在课前把新课要学的大约 20 个句型以及必练的生词写满一黑板，按部就班、逐词逐句地用两节课练完，这样的教学程序决定了教师讲得少，而学生练得多，保证是在教师控制下的语言操练课。

（六）教师应情绪饱满、声音洪亮、精神振奋、富有激情

普林斯顿大学汉语教师非常注重教师的精神状态对学生的影响，每个教师都以饱满的精神状态迎接来上课的学生。教师的教学风格，或亲切婉约，或知性大方，或成熟稳健，或激情四溢，但都应该精神焕发、情绪饱满，学生受教师情绪感染，学习热情也会随之高涨。教师要充分利用情绪情感对学生情感的调动作用，活跃课堂气氛，激发学生的学习兴趣和热情，从而提高教学效果。从教学评估反馈看，"普北班"的美国学生最喜欢有激情、声音洪亮的教师，即我们归纳的"高亢激情型"教师。学生的评教表中，"energy""enthusiastic""excitment"等字样出现的频率很高。[1] 教师充满激情和能量，能感染影响学生，让课堂气氛热烈，学生能一直保持兴奋状态。这些是优秀教师的必要条件，也是教师个人魅力之所在。

---

[1] 王学松《来华美国留学生对汉语教师的评价标准——以 PiB "教学评价"为例》，《东北师大学报》（哲学社会科学版）2008 年第 2 期。

（七）教师提问与学生回答中间不停歇，尽量减少静默等待的时间

普林斯顿大学汉语教学重视教师课堂设问、提问技巧的培养，要取得师生互动热烈顺畅，课堂气氛活泼生动之效，必先对所练内容了然于胸，所提问题设计缜密，做到"明知故问，知而少言"。由于"普北班"课堂学生人数较少，教师的操练量和提问量都很大，学生回答问题的频率很高，教师提问之后不停顿等待，因此，可以集中学生的注意力，防止出现学生开小差走神儿的情况，有效地节省了时间，增强了师生话语互动的频率，可以保证课堂教学的快节奏，防止出现课堂拖沓的现象，可以节约出更多的时间来让学生操练。

为此，对课堂提问质量也有一定的要求，具体到二年级课堂提问的具体情景是："你是怎么来北京的？什么时候到北京的？他是什么时候到北京的？你呢？你是什么时候到北京的？你是从哪儿来北京的？他是从哪儿来北京的？你呢？他是怎么来北京的？他的飞机降落在哪儿？一起说一次！再说一次！再说！再说！"这样以练到能脱口说出为目的的提问或问答练习，多属封闭式机械问答，无须停顿，学生完全可以回答。但对于三年级水平以上的教学提问，开放式讨论问题增多，为此提出了九条原则和策略："提问目的要明确，问法要准确，应该提供有效信息，有趣味性和思辨性，设计提问要注意文化差异，难度要适宜，应和学生展开互动，提问设计应该具有扩展性和层次性。"[①] 同时

---

① 曲铮《中文教师如何提高课堂提问质量》，载《第九届国际汉语教学学术研讨会论文集》，中央民族大学出版社，2011 年。

严格规定了应尽量避免的 21 种提问。[①]

（八）控制教师消极懒散的体态动作，树立能激励学生有正能量的教师形象

教师在教学过程中常会采取一些自身养成的习惯姿态动作，或是为了缓解紧张情绪，抑或是消除身体某部位的不适感而采取某些动作。"体适性动作"常见的用手撑讲桌、斜靠讲桌、手持书本或抱着书、坐着讲课；"体调性动作"主要有下意识地摸头发、摸脖子、捂嘴、看手表、扶眼镜等。由于美国高校汉语培训课堂教学节奏较快，教师处于高度紧张中，这类体适性、体调性动作相对较少。"普北班"常见教师体调性动作有下意识地摸手表、推眼镜、摸头发、频看手表、频看讲稿卡片等。普林斯顿大学汉语教师在学生面前应树立知性大方、爱岗敬业、积极向上的形象，教态端庄大方、友好亲切。

综上所述，普林斯顿大学借鉴明德学院的教师培训经验，在教学实践中形成了一套简洁有力、高效快捷的操作范式，对教师言谈举止、体态动作、空间距离、时间节奏、板书教具，教师的情感和情绪控制，以及教师的正面形象都做了具体要求和集中培训，有效地配合并保证了"普北班"全浸式短期高效、密集速成性的汉语培训项目的顺利实施。本节从汉语教师课堂教学行为研究的角度，首次把它提炼总结出来，作为教师课堂非言语行为细则要求和规范，来指导教学实践。

[①] 朱永平《明知故问：相关式提问技巧——对外汉语教学之"普林斯顿模式"探讨之二》，《国际汉语教育》2011 年第 4 期。

二、普林斯顿大学二年级优秀教师课堂体态语量化分析

我们选取了普林斯顿大学负责二年级教学的刘锦城老师[①]在"普北班"二年级大班课50分钟的录像,讲授的是《新的中国》第37课《手机和电子邮件》,对教师体态语(去掉5分钟听写时间)做全面的统计分析。请见表1。

表1 普林斯顿大学刘锦城老师课堂体态语量化统计表

功能 类型	表现形式												
	1.指令性动作 322, 35.90%			2.解说性动作 144, 16.05%	3.表露性动作 177, 19.73%		4.工具性动作 95, 10.59%		5.适应性动作 12, 1.34%			6.体调性动作 147, 16.39%	
	指势	掌势	头势		注视	环视	板书	操作	撑桌	手置胸前	其他	指向自身	指向物体
辅助修饰	48	105	37	39	105	169							
替代言语		123	9										
表达难以言表的感情或态度					8								
适应生理心理需要									12			147	
调控组织								95					
共计	897												

注:表中所填为符合某种功能的汉语教师课堂体态语表现形式出现的次数。

该教师使用的课堂体态语数量很多。首先是符合普林斯顿大学汉语培训标准的"指令性动作"很多,共322个,占35.90%。

[①] 刘锦城,男,北京师范大学文学院硕士研究生毕业,自2006年在校时起开始教"普北班"。2008年受聘于加州大学戴维斯分校工作三年,先后八次在"普北班"任教。

其中的掌势语最丰富，常常用手掌伸向学生，并配合目光语注视学生。学生们对这个"请答"动作也早已烂熟于心；练习一个生词的读音让学生一个接一个地读出来时，也是采用手掌、目光配合法；有时是双手一起向上挥动，意思是"请全体同学一起说"；有时是手指黑板，起指引作用；有时是摆手表示"不、没有"等意义。指势主要表现为边说边用手指比画强调词语的声调，共有48次。头势主要是点头，表示肯定、赞扬、请继续说等含义。以"指令性动作"取代了教师的课堂用语，大大节省了课堂指令语的时间。

该教师在课堂上激情洋溢、充满活力，"解说性动作"使用很多，共144个，占16.05%。其中纯粹的说明性动作39个，即说明事物的高矮胖瘦大小之类。此外，是体态语非常丰富，在解释说明事物时，总是伴随肢体语言，以配合他的言语。这类动作共有105次，其主要特点是意义虽不如第一类鲜明，但能让人一目了然，在解释说明事物时能起到不可或缺的辅助作用，丰富的体态动作成为该教师洋溢着激情的一大教学特色。该教师"表露性动作"有177次，占19.73%。形式上记录了注视、环视两种；功能方面，支持修饰言语169次，表达用语言难以表示的感情或态度8次，包括恍然大悟的目光、会意的目光、启发期待的目光、纠错后的含义丰富的目光等。该教师注视学生的时间较短，目光注视学生请答后，常常立即转移目光看稿，然后再继续注视学生，如此反复交替出现。该教师的工具性动作共95次，占10.59%，其中操作鼠标4次、看手表6次、看稿85次。教师课前就把知识点写在黑板上，手里拿着讲稿，课堂上边看边练。进度很快，期间师生话语互动，从不中断。教师的适应性动作有147次，占16.39%。其中晃手表14次，看稿41次，看手表1次；在学生回答问题或自己说话时,频繁点头 71 次,头晃动 20 次。该教师突出的动作是频繁点头、晃头、看稿和晃手表。唯一一次看表动作,是晃手表动作之后。体调性动作共 12 次,占 1.34%。其中摸鼻子 1 次,摸手表 1 次,捋袖子 4 次,推眼镜 4 次,摸胳膊 1 次,挠头 1 次。教师体态语的不足之处是调节紧张情绪或适应生理心理需要的动作稍多。

下图 1 是刘锦城老师课堂体态动作组图。图 A 是刘老师对全班同学做出的"一起来,跟我读"的指令性动作。两臂微微上伸,并向内小幅摆动,表示"一起来,跟我读"。图 B 是刘老师在解释"提高"时的体态语展示。一手掌平伸,从下往上升。

A. "一起来,跟我说"指令　　　　B. 演示"生活水平提高"

图 1　刘锦城老师课堂体态动作组图

该教师课堂体态语的总体特点是:体态丰富多样、动作挥洒自如、充满青春活力。他的双手就是指挥棒,他的学生如同乐队成员,他的课堂就是充满激情、亢奋昂扬的舞台,让人联想到日本指挥家小泽征尔。他的课堂体态语属于典型的支持型的非言语行为,头势、手势、目光无不包含对学生的满意、肯定、启发、激励等意义。教学动作活泼而不失稳健,热情而不乏夸张,充满正能量。这与教师课堂上采用公事注视，辅之以社交注视不无关系。课堂上，教师采用的是面对面的自信的教学姿势，用目光提问的方式不止一次地关注每一位同学。该教师控制课堂的能力非常强，节奏快，动作快，次数多，每句话必伴有动作。手势语节奏快，动作幅度大，力度大，直观冲击力强。头势语频繁，不仅有对学生充分肯定的点头，还有说话时伴随的头部动作。对教材的处理，刘老师把教材内容变成了一首可以诵读的欢乐之歌，让学生尽情跟他大声地诵读说唱。刘老师的板书也很有特色，提前板书了满满一黑板学习内容，讲到某词时，信手拈来即可。不足之处是适应性动作稍多。总之，年轻的教师、年轻的课堂，给人留下活力四射、激情澎湃的深刻印象。

三、"普北班"二年级优秀教师兼级主任课堂副言语量化分析

我们选取刘锦城老师在"普北班"二年级课本《新的中国》第38课《开放留学政策》的课堂教学录音，分析他的副言语面貌。教师的声音与他的年龄、体态语相符，年轻、高亢、嘹亮、铿锵有力、充满激情，整节课都在高音区，很有力量，让人精神振奋。教师一般不会故意拉长语音，语速较快，蓬勃向上；课堂节奏较快，老师很少提开放性的问题等待学生思考回答，而多是给出课文的生词语句，明确提示学生该干什么，如"来""一起说"或直接把手伸给某学生，连语音也省了，所以语顿较少。课堂上的静默很少，一是因为教师提问很有技巧，教师话音刚落学生就能回答出来，回答问题是为了复述课文，达到让学生脱口而出、发音准

确的目的；二是因为教师的课是以练带讲，带学生操练比较多，一般是教师先把词语或句子示范一遍，用手势语逐一请学生跟说跟练，在练的过程中学生已经明白词语和句子的意思，省略了讲解的部分，只有学生不明白的个别地方需要老师来解释。这就比由教师先解释生词，说明句义的讲课方式，比让学生先说出或猜出生词句义的做法高效得多。这种操练法体现了普林斯顿大学汉语教学所传承的赵元任先生"语言是一套习惯，学习外国语就是养成一套特别的习惯"的主张。

作为一名年轻的男教师，该教师上课的语气理性而不乏温情，让美国大学生们既感到温暖，同时也能感受到尊重，这对一个年轻男教师来说是难能可贵的。由于课堂节奏快，学生好似冲浪一般，面对汹涌而至的波涛，根本没有分神的余暇，尽情享受跟随刘老师学习汉语带来的快感。该教师的音量表现出的特点是自信、理性、阳光，有感染力，让人想去倾听。从该教师的音频声波图可以看到，教师发音响亮、激情高昂、充满活力的教学风格。图2为刘锦城老师5分钟的音频声波图。

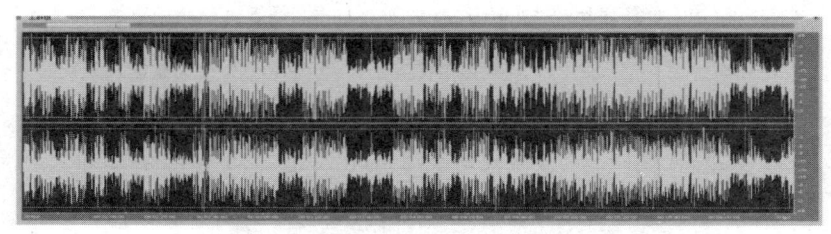

图 2　刘锦城老师 5 分钟音频声波图

图 2 是刘老师讲《开放留学政策》一课时第 1 分 26 秒至 6 分 26 秒的音频声波图。以下是与音频声波图对应的课堂教学录音转写：

师：好1，我们开始上课，来，看这里，这是什么东西？来！（1：26-1：31）/生2："布告栏"。（2秒）/师：好2！"布告栏"！（2秒）/生生："布告栏"！/师："布告栏"！/生1："布告栏"！/生2："布告栏"！/生3："布告栏"！/生4："布告栏"！/生5："布告栏"！/生6："布告栏"！/生7："布告栏"！/师：好3，"布告栏"！/生生："布告栏"！/师：这是"布告栏"！，好4，来！那这是什么东西呢？来！（7秒）/生1："广告"！/师：可以，好5，"广告"！/生生："广告"！/师：是什么"广告"呢？（2秒）生1：是托福和……，托福和GRE广告。（5秒）师：对，好的6，"托福"！/生生："托福"！/师："托福"！/生生："托福"！（1秒）/师："托福"！/生2："托福"！/生3："托福"！/生4："托福"！/师：好7，"托福"！/生生："托福"！/生生："托福"！/师："托福广告"！/生生："托福广告"！/师："GRE广告"！/生生："GRE广告"！/师：好8，来！老师怎么样？老师做了什么？/生1：嗯，老师把托福和GRE广告贴在布告栏。/师："上"！/生1："上"！/师："贴在布告栏上"！/生1："贴在布告栏上"！/师："布告栏"！/生1："布告栏上"！/师：嗯1，好9，来，"贴在——"/师生："贴在布告栏上"！/师：好10！那现在，现在新松公寓二楼的布告栏上，贴着什么呢？/生2："现在，新松公寓二楼的布告栏上"，（发音有问题）师："二楼的布告栏上"！/生2：布告栏上，贴着我们的学生表。/师：可以！好11，"贴着学生上课的——"/生2："学生上课的表"。/师：嗯2，好12，来！星期五，星期五考试的时候，老师会做什么？来！……星期五，你们考试的时候，老师常常做什么？/生3："星期五，老师把这个——"/师：嗯3，/生3："多个别谈话——"/师：好13，"额外个别谈话"。/师："额外"！/生3："额外"！/生3："额外个别谈话，标在考试——"/师："贴在"！/生3："贴在，——"/师："这个角"。/生3："贴在布告栏上"！/师：嗯4，好14，这个你可以叫黑板，这个布告栏是一个，这个上课用的我们这个地方叫黑板。/生3："黑板"！/师：对。我们普大是网上黑板，这是教室里。来！

"黑板"！／生生："黑板"！／师："黑板"！／生生："黑板"！／师：好15，接下来1，"贴"！／生生："贴"！／师："贴"！／生生："贴"！／师："贴在黑板上"！／生生："贴在黑板上"！／师："个别谈话"！／生生："个别谈话"！／师："个别谈话"！／生生："个别谈话"！／师："额外个别谈话"！／生生："额外个别谈话"！／师："额外个别谈话表"！／生生："额外个别谈话表"！／师：好16，"考试的时候"！／师生："考试的时候，老师把——"／师：把什么？／师生："额外的个别谈话表贴在黑板上"！／师：所以我们考试的时候黑板上贴着——／师生："黑板上贴着额外个别谈话表"。／师：嗯5，好17，来！学校校园里，在中国校园里，那些布告栏上会贴着许多什么东西呢？／生4："校园的布告栏，贴着——"／师："布告栏上"！／生4："布告栏上贴着学生活动的星期"。／师：可以，好18，"校园"！／生4："校园"！／师：对，好19，来！"校园"！／生生："校园"！
（1秒，6分26秒）

通过录音、图片与转写文字的核对发现，声波图上只有极少的几个稍长时段波线较短、声波稀疏：2分23秒到2分31秒，3分5秒到3分15秒，3分33秒到3分50秒等部分，是学生回答部分，4分32秒到4分53秒和6分3秒到6分26秒是教师提示或纠正、学生回答的师生对话部分，相对于刘老师高亢的声音，学生声音较低、语速较慢、汉语不太流利（学生在语流中会夹杂一些隔断音之类）。声波图上绝大部分时段都波线较长（竖轴表示分贝音强）、声波密集，那是教师语音部分和师生、生生"齐唱"的操练部分。可以看到，虽然有学生声音，但波线长短起伏并不明显，且时段都很短，因为主要操练词语和短句子，学生障碍小，显示了"普北班"二年级课堂以练带讲的操练特色和短促快速的课堂节奏，集中体现了"普北班"二年级操练课的面貌；也集中反映出刘老师高亢的声律特色和充满激情的教学风格。

综上所述，刘锦城老师最大的特色是声音洪亮高亢，有男高音的音色美，上课节奏快，富于激情，言语动作非常吸引学生的注意力，在学生面前来回走动指答，伸掌请答动作很快，不足1秒，学生读词或回答问题的频率很高。教师就像激情四射的乐队指挥，时而单指，时而齐挥，没有一刻停歇。学生们同样处于情绪昂扬的状态中，目不转睛地注视着教师，随时准备按教师的指令来做，班里的气氛热烈亢奋。通过他的教学案例分析，我们可以清晰地了解美国高校优秀汉语教师的"高亢激情型"的典范及其风格魅力。

由赵元任借鉴欧美外语教学法最先在美国陆军汉语训练班实行的这套汉语速成训练法，经由美国哈佛大学、普林斯顿大学到明德学院中文暑期学校发展完善，再到普林斯顿大学、加州大学、哈佛大学、哥伦比亚大学、杜克大学等在北京的汉语长短期培训项目[①]的发展推广，对国内高校对外汉语教学和国际汉语教师培训都产生了不同程度的影响。实践证明，对于新手教师来说，这是一套行之有效的教师行为规则，即使是文史哲教育专业的在校研究生，经过一周培训也能上岗执教，并在一两个月的教学实践中成为熟练的汉语陪练或操手。本研究从教师教学行为层面，揭示了如何降低教师话语量、提高学生开口率、大幅度提高汉语课堂教学效率的行为操练模式。该研究不仅有利于从教学实践中提炼新理念、新规则，有效规避对外汉语教学中普遍存在的教师开口率过高、"讲多练少"的问题，也为国际汉语教师培训以及如

---

① 北京几个有名的同类培训机构如北京外国语大学的 IES、北京教育学院的 CET、清华大学的 IUP、北京语言大学的哈佛班等，甚至是美国各大高校都优先聘用"普北班"教师。

何成长为一名合格的国际汉语教师提供可资借鉴的样板。

第三节　语言或非言语交际行为中的跨文化差异研究①

改革开放以来,随着中国的经济、政治等综合国力的提高,中国在世界上的地位日益凸显,进而在全球范围内便掀起了一股"汉语热"浪潮,一大批来自世界各地的留学生涌入中国各地学习语言、教育、政治、经济、法律等专业。

新疆地处亚欧大陆腹地,凭借着得天独厚的区位优势,成了中亚国家学生学习汉语的首选目的地。结合当前国际汉语推广的大好环境,国家教育部和新疆维吾尔自治区教育厅积极举办了面向中亚国家的教育展览,打开了新疆与中亚国家教育交流与合作的渠道,为中亚学生来华留学搭建了广阔的平台。②

新疆留学生教育起步较晚,自 1985 年招收第一名外国留学生以来,经过多年的发展,从留学生的数量统计结果来,总体上呈上升趋势,尤其是近些年更是突飞猛进。如下表 1 所示③:

---

① 本节选自胡炯梅《跨文化交际中折射出的文化差异研究——基于中亚留学生的跨文化交际案例分析》,《云南师范大学学报》(对外汉语教学与研究版) 2016 年第 3 期。

② 伊莉曼·艾孜买提《针对中亚来华留学生的汉语教学策略》,《新疆师范大学学报》(哲学社会科学版) 2007 年第 6 期。

③ 统计数据均来自新疆维吾尔自治区教育厅。

表1　2000—2013年来疆留学生人数

时间/年	2000	2001	2002	2003	2004	2005	2006
人数/人	454	682	833	951	745	1127	1762
时间/年	2007	2008	2009	2010	2011	2012	2013
人数/人	2810	3745	3294	4386	4424	5067	6857

随着留学生教育事业的蓬勃发展，新的问题也随之而来，那就是留学生的跨文化交际问题。新疆地处亚欧大陆腹地，新疆高校的留学生95%都来自中亚国家。笔者长期从事留学生教育，在对留学生的教育、教学以及日常管理中发现诸多问题都是由于跨文化交际所产生。本节试图用收集到的跨文化交际案例来分析其中的文化差异，其研究结果可为跨文化交际问题提供因素分析，还可为对外汉语教学中的文化教学提供借鉴，同时也为对外汉语教师提供一些跨文化知识，进而提升跨文化交际意识。

一、"文化"与"跨文化交际"的科学界定

（一）"文化"的科学界定

"文化"的定义可谓仁者见仁，智者见智。语言学家、人类学家、民族学家等眼中的文化是截然不同的，而对文化的界定都是源自其研究的目的和视角。纵观前人的研究成果，普遍认可的是泰勒对文化的阐释：文化是一个复杂的综合体，包括知识、艺术、宗教、神话、法律、风俗以及人类在社会里所得一切的能力与习惯。但很多学者认为这一定义忽略了文化在物质方面的体现。就我个人理解而言，文化是无所不包的，诸如与我们休戚相关的饮食、服饰、建筑、交通等物质文化；伦理、道德、风俗、艺术、

宗教、观念、思维等精神文化；法律、准则、行为规范等制度文化。可见，文化的辐射范围非常之广。本研究采用了赵贤洲（1989）[①]对文化的定义，他把文化分为知识文化和交际文化。这里着重分析交际文化。

（二）"跨文化交际"的科学界定

"跨文化交际"的英文是"Intercultural Communication"或"Cross-cultural Communication"，指的是不同文化背景的人与人之间进行的交际。[②] 这里的不同文化背景的人可指不同国家之间的人的交际，譬如中国人和吉尔吉斯斯坦人，塔吉克斯坦人和哈萨克斯坦人；也可指同一文化体系内部不同亚文化之间的人的交际，如中国的哈萨克族人和维吾尔族人，塔吉克斯坦的塔吉克族人和乌孜别克族人。

跨文化交际不是一个简单的过程，并不是学会了语音、词汇、句法和语法规则就可以顺利地进行交际。因为在其交际过程中，不仅需要一定量的词汇和语法知识，还需要对其交际双方文化的理解、包容与整合。"几乎任何民族国家都或多或少存在自我中心主义的文化心态"[③]，不同文化背景的人在相互交流与交际时，由于语言障碍、价值观念、思维方式、刻板印象和认知方式等文化差异产生了误解与偏见，导致矛盾或对立。这种文化差异带来的矛盾或对立小则可以通过解释来化解，大则可能引起群架斗殴等矛盾加剧的恶性事件。

[①] 赵贤洲《文化差异与文化导入论略》，《语言教学与研究》1989年第1期。
[②] 严明《跨文化交际理论研究》，黑龙江大学出版社，2009年，第12页。
[③] 李丽《论对外汉语研究生文化课教学》，《大理学院学报》2014年第3期。

二、跨文化交际案例分析所折射出的文化差异

我们共收集跨文化交际案例 651 例，其收集对象主要分为四部分：中亚各国在非目的语国家（本国）学习汉语的学生；中亚各国在中国学习汉语的留学生；赴中亚各国任教的中国教师；与中亚留学生长期相处的中国学生。笔者以收集到的跨文化交际案例为主要分析对象，从中分析其文化差异所在。

通过对这些跨文化交际案例的分析，笔者发现中亚留学生在跨文化交际时所体现出的差异有以下类型：

（一）时间观念上的文化差异

时间观念隐于人们的思维深处，不易被觉察，不同文化背景的人对时间的感知和利用又有诸多差异，因此在一些不同文化杂糅的生活或工作场合里，如果人们只承认各自文化的时间观念的话，误解就有可能发生。

【案例1】中亚的留学生时间观念非常薄弱，对于时间没有明确的概念。在上课的时候，很多留学生常常会迟到5—10分钟，甚至更多。但是，到了快下课的时候，又会催促教师，要求准时下课。每当我问他们"为什么总是会迟到5分钟、10分钟或更多"的时候，他们常会回答我"老师，没关系"。

【案例2】实习的时候有几次带同学们出去玩，或者是参加活动的时候我发现一个现象就是中亚的同学们特别爱迟到，几次下来我发现这应该不是巧合。第一次我们一起去孔庙参加活动，说好9：50在教学楼前面集合的，可是到了10：00他们才陆陆续续地下来；还有一次是我们一起去财经大学听讲座，约好2：30集合，可是没有人准时到；还有几次是参加模特儿比赛和唱歌比赛。总之是没有准时到的，中亚的学生们真可谓"迟到大王"啊。

【案例3】五一假期的时候，我约好几个朋友一起出去爬山，早上

我们收拾好背包正要走出宿舍楼的时候，碰到了一个吉尔吉斯斯坦的学生小菲，他看到我们，也要一起去爬山，我们同意了，然后约好我们在学校大门口等他10分钟，结果15分钟后还没等到他，我们继续等，25分钟后仍然没等到，最后我们打电话催他，他说再等5分钟。

【案例4】新学期刚开学的时候，一位吉尔吉斯斯坦的同学约我周末带她去商场买衣服，我们打电话约好周六下午2：00宿舍楼下一起出发。我如约2：00的时候在宿舍楼下等他，可是等到2：30还是没有见到她，给她打电话，她说她忘记了，并问我能不能下个周末带她去。

"一寸光阴一寸金，寸金难买寸光阴。"这是中国人普遍的时间观念，时间对每个人来说都是很重要的。大多数中国人认为，只有准时、守时效率才会高，准时、守时才是对别人的尊重，准时、守时才能兼顾自己和别人的要求。从上面案例可以看出，中亚留学生的时间观念并不强，他们对时间的重要性认识不够。只有当我们了解了这种文化差异，我们才能进行有效的跨文化交际，对于这种异文化的时间观念我们要有包容之心，尊重之态，不能随意做出优劣评价，进而怀疑人的素质等其他方面的问题。而对于这种文化差异带来的负面效果我们也不能放任不管，我们在接受、理解、适应异文化的同时，要告诉对方我们的时间观念，让对方充分了解我们的文化，以此加深感知认识，避免发生文化冲突。

（二）隐私观念上的文化差异

【案例5】在精读课上，老师在讲解汉语的生词，"尺码""号"。老师让同学们造了很多句子。随后，老师以提问的方式，让学生用"尺码""号"回答问题。老师指着来自吉尔吉斯斯坦的女生迪娜拉："迪娜拉，请问你的鞋是多大号的？"老师话一出口，学生们立刻哗然。老师很疑惑："怎么了，我说得不对吗？"一位男生说："老师，在我们国家，男人不问女孩子的脚或者鞋是多大。"

【案例6】有一次，老师需要填写学生的家庭详细信息，就一个个问学生他们家的电话、他们父母的电话以及他们的邮箱,可是他们一开始就很不理解:为什么要告诉你这些信息?老师要这些信息做什么?都很不配合,在老师告诉他们这是要做一个校友录,方便以后联系大家的,他们才明白,才开始配合老师的工作。

【案例7】笔者教授零起点学生《汉语教程》(第一册上),其中有一篇课文内容为"你多大了",班上一名坦桑尼亚学生拒绝回答。下课后,他告诉我在他的文化中,这样问非常粗鲁,很不礼貌。

隐私的概念始于西方,是个体或群体控制与他人交往的调节机制,是人的一种生存特性。"隐"即隐秘的,不愿或不便公开的事情;"私"即私人的事务,是存在于私人生活空间的事务。这种存在于私人生活空间的隐秘的事务、活动及相关的信息就是隐私。它与公共生活空间、公共生活领域中的公共事务、活动及相关信息是相对应的。具体地讲,隐私就是指个人信息、私人活动、私人领域。对于中亚留学生来说,有关个人的年龄、工资、电话、住址及家庭情况都属于隐私,不便告知他人,双方交际时询问诸如此类的问题,将会引起他们的反感,会被误解为在侵犯他人的隐私。而中国人与此相反,见面时嘘寒问暖的话题就是询问你个人及家庭的问题,如:你多大了?结婚了没?有几个孩子?父母怎么样了?……

(三)认知方式上的文化差异

【案例8】周五,课外文化时间,由实习老师和班主任老师带领同学们去红光山参观,到了红光山后,大家都被景色吸引开始兴奋地拍照。这之前,教师强调进入景区后,不要大声喧哗,室外地区可以拍照留念,但是进入正殿后不许拍照,因为这是中国人拜佛的地方,很神圣。但是,到景区后,同学们情绪非常兴奋,又蹦又跳,大声说笑,在自由活动时,有同学进正殿拍照,被中国游客和工作人员制止。回来后,个别的同学非常气愤,并说你们中国人很奇怪,这么漂亮的地方为什么不让人拍照?

第三节 语言或非言语交际行为中的跨文化差异研究

【案例9】面对有问题的牙齿，中国医生希望通过修补治疗，病情能得到改善，可最终还是因为无法改善或无法根治而拔掉牙齿，病人受苦受折磨。吉尔吉斯斯坦的医生态度截然不同，毫不犹疑地决定拔掉，因为那是坏了的东西。

【案例10】中亚国家的男生大多认为如做饭、擦黑板一类的活儿都应该是女生的工作，男生是不需要去做的。这种现象在塔吉克斯坦学生身上有更突出的体现。非学历班的学生都是在上午上课，且两节课之间有半小时的休息时间。可是，第一节课的老师用完黑板后，学生没有及时将黑板擦干净，当第二节课的教师让学生上来擦黑板时，同为班长的一男一女两名学生就会争执。男生说："我不干这样的活儿，这是女生的事情。"而且，在全班一起包饺子的时候，男生也不会主动洗碗或洗菜切菜，因为他们认为那都是女生应该做的，男生只要吃就好了。

【案例11】中亚国家的男孩子在家里是不做家务的，他们认为那是女孩子的事情，男孩子做是不光彩的。比如，有一位老师在进教室时，发现黑板上全是学生练习时用粉笔写的字，就让坐在前排的个子高大的男同学来擦，可是男同学不愿意擦，并叫后面个子偏小的女同学擦，同时告诉老师，他不是姑娘，不擦黑板。

认知方式，又称认知风格，是指个体直觉、记忆、思维和解决问题等认知活动中加工和组织信息时所显示出来的独特而稳定的风格。[①] 由于人们之间的认知方式不同，从而也产生了较大的文化差异。案例10和案例11所反映出的文化差异：在中国，学生会以为老师擦黑板为荣，认为那是老师对自己的喜爱和对自己能力的认可。同时，现在在家做家务的男孩子越来越多，展现的是能文能武的一面。而在一些中亚国家，男尊女卑还是很明显的，男生的地位明显高于女生，女生做的事情很多，而且女生毫无怨言，

---

① 程涛、张茂林《认知方式理论的整合与发展》，《济南大学学报》（社会科学版）2004年第2期。

任劳任怨。男生不干活儿是因为他们觉得有面子，那些原本就是应该女生做的事情，为什么要一个大男人去做，所以他们不能接受。

（四）生活方式产生的文化差异

【案例12】在吉尔吉斯斯坦生活中，我听到，也确实遇到了这样一个情况：当地人不是很乐意将房屋出租给中国人居住，他们害怕中国人做饭的方式，"爆炒加上花椒辣皮子"让当地人觉得中国人的饮食方式过于火爆，过于油腻，甚至会把房子也给"烧"了。每次房东到访，都要去我们的灶台看看有没有烟熏火燎的痕迹，再叮嘱我们几句，希望我们做饭小心。刚开始的时候，一说到这个，我们总有点儿不开心。由于当地人不用抽油烟机，做完饭，自然就会有一些油烟。当地人更倾向于炖煮，奶制品比较丰盛，所以他们的房间总是有一种奶味。我们不习惯他们房间的气味，就像他们闻不惯我们房间里的油烟味一样。有些中国学生因为这个觉得自己的生活受到了干涉，会与当地人发生一些争执，但是争执一般都是没有好的结果。

【案例13】跟留学生接触一段时间后，我们都会发现他们很喜欢用香水，而且用量还很足，你和他相隔很远就能闻到他们身上的香水味，还是十分浓烈的那种，乍一闻有一种要被熏晕的感觉，会认为：他们的香水是桶装的吗？留学生说到中国人，就会提到中国人身上的油烟味，就是刚从厨房里面出来的感觉，加上中国菜的风格，让他们觉得中国人对于自身的体味不是很讲究，好像中国人很不注重个人卫生。

不同的生活方式会带来不同的文化差异，饮食上也不例外，但是对于汉语教师志愿者来说，"入乡随俗"显得更为重要，试着去适应新的生活，适当调节自己的生活方式以达到和谐，是美好生活的开始。在此基础上，试着去让当地人理解接受你的生活方式，会让大家相处更加融洽。如案例13，喷香水是他们注重个人卫生的一个体现，他们觉得出门会要遇见很多人，如果让人家闻到了自己身上的异味或者其他的什么，是对对方的不尊重，所以他们都会在出门前喷香水。

（五）行为方式产生的文化差异

【案例14】在中亚，小学女教师要穿裙子；其他教师穿西装，可以不打领带。在中国教师要求学生不穿无袖衣服、不穿拖鞋进教室、不穿短裙等等，而中国教师自己却违反这些规定，这让留学生心里很不服气。

【案例15】中国人不干净、不卫生，不礼貌。在公共场合，中国人擤鼻涕、吐痰，在中亚留学生的观念里，这是极不卫生、不礼貌的行为，这会引起细菌传播到空气中，会传染疾病。在餐厅，中国人吃饭的垃圾会放在桌子上，这很不卫生、不干净。而中亚一些国家是有专用垃圾盘子的。中国人用餐时，在咀嚼的过程中会发出声音，这在中亚人的观念中是不礼貌的行为。中国人在吃泡泡糖时，会吹泡泡，中亚人认为很不卫生。在中国一些餐厅，客人用餐时，有时服务员会扫地，这是很不卫生的行为。中国小孩子会穿开裆裤，这在中亚留学生眼中是很不礼貌的，同时，对小孩子来讲也是很不卫生、不干净的。中国人在买蔬菜、水果时要自己挑选，中亚国家的人会让卖家挑选，因为蔬菜、水果上的泥土会把手弄脏。

【案例16】初到吉尔吉斯斯坦是8月中下旬，天气很热，连续几日都在35℃以上，太阳很毒。出门前除涂抹防晒霜，我还特意拿了一把太阳伞，女同事看到后阻止了我。她说在吉尔吉斯斯坦没有人打伞，她有一次打伞，结果当地人很生气地戳戳她问："下雨了吗？"后来经我观察分发现在吉尔吉斯斯坦街头没有人打伞遮阳。

【案例17】我有一位乌兹别克斯坦学生，在中国留学时我在他的班里实习。这次我有机会来奥什，他便邀请我去他的家里做客。我欣然前往，看到他16岁的妻子怀着孕忙前忙后，感慨他才18岁就已经要做父亲了。他的家人都很热情，准备了很多茶点。毕竟一年多没见了，等晚饭的时间我们一直在聊天儿。这期间，他不停地给我倒茶，可是每次只倒小半杯，只喝两口就没了，接着他再倒小半杯。为了不让自己看起来像头水牛，我举杯的频率越来越低，感到渴了才喝一口。我以为当地人不喜欢浪费，所以每次少倒一些，我觉得很合理。但是我自己又不太愿意每次把茶杯喝个底朝天，总觉得不雅。

行为方式是指人们在日常行为中的表现形式。由于不同的文化背景，人们所呈现出来的行为方式也是不一样的。如案例17，当地主人给客人、女人给男人、晚辈给长辈斟茶时，都只倒半杯，甚至小半杯。为的是两点：一是客人喝得快，主人倒得勤，显示主人不辞辛苦，热情待客的诚意；二是茶倒出茶壶就容易放凉，主人希望客人时时能喝上热气腾腾的茶水。如果一次倒太多，则表示希望客人赶紧解渴离开，类似送客的意思。

（六）思维方式所产生的文化差异

【案例18】一次，班级进行奖学金评选活动，老师公布了获得奖学金的学生名单，其他未获得奖学金的学生就不乐意了，纷纷问老师，为什么他们不可以得到这个奖学金，在老师向他们解释了缘由之后，他们才明白了，也理解了。

【案例19】在学校组织的唱歌比赛中，一个女孩儿唱歌唱得很不错，但只得了第二名，老师害怕她伤心难过，就对她说："我觉得你唱得特别棒，特别好！"老师的初衷是希望鼓励她，可是她却很不开心，对老师说："老师，你不要拍我的马屁。"老师也很费解，她为什么会觉得我是拍她的马屁呢？可是另一个专业的音乐老师告诉这个女孩儿，今天她哪个地方没有唱好，哪个地方出了问题，她听到这些，反而特别开心。

思维是人脑反映外界事物的认知活动。一定的思维方式在一定的社会范围内具有稳定性、结构化、程式化的特点。因此，所谓思维方式就是人类在认知过程中形成的具有一定普遍性和稳定性的思维结构、思维程式，它是思维规律和思维方法的统一结合方式。思维方式的差异是造成文化差异的一个重要原因。[1]

案例18反映出留学生们的思维方式比较直接，自己的需要、

---

[1] 马丽《中西方思维方式的文化差异研究》，《社会心理科学》2010年第1期。

需求都勇敢地直接表达，所以和留学生沟通的最好方式就是有话直说，有什么说什么，越是拐着弯儿说，或者未说明理由让他们做什么事，他们就会很不明白。案例19则反映出留学生们不需要过多的鼓励，有时候直接正面地指出问题，要比一些鼓励有用得多。很多时候中国人太含蓄，不直接说出对方的问题和缺点，这对留学生却不适用。对留学生，可以适时适量地进行鼓励，但不要太多，留学生还是喜欢直接一点儿的沟通方式。

（七）语言所承载的文化差异

【案例20】有一次，我在给学生上课的过程中，提到了喜鹊，我讲得兴高采烈，不亦乐乎。而此时，部分学生的脸色和情绪却与之前有所不同，他们面露不悦，紧皱眉头。我非常不解与郁闷，不知道发生了什么事情，心想：难道是自己说错话了？但转念一想，又觉得不应该啊，实在不知自己说错了什么，不知到底是什么因素导致学生的脸色和情绪发生了改变。于是，我坚持把课上完了。课下找机会和两个同学聊天儿，才搞清楚原来在他们国家喜鹊代表着搬弄是非的人，他们并不喜欢。

【案例21】一次下课的时候，无意中看到一个学生很娴熟地在画画儿。于是，我便和他聊天儿，问他画的是什么，他说："我画龙，老师。"我有点儿吃惊，因为呈现在我面前的龙是长着一对翅膀、口里还喷火的蛇形怪物。但我并没有表现出吃惊的神情，我意识到这是文化差异造成的。于是，我先对他的画儿表示了肯定，又给他讲了中国的龙与他所画的龙的区别，并告诉他，龙在中国的象征意义。起初，这位男生不太理解，他的目光中带有很多疑惑，和周围的同学用母语交流着。但在我坚持用汉语和俄语的耐心解释下，他们慢慢地理解并接受了这种差异。

【案例22】我刚到吉尔吉斯斯坦做志愿者时，刚好是9月，碰上他们的教师节。学生们热情地准备了小型演出，表演了一些赞美老师的歌曲和诗歌。令我惊喜的是他们用汉语做成小卡片，写着"祝老师们节日快乐，身体健康！"，每人拿一个字，站成一排表达祝福。我也上台参与了两个互动小游戏，心情别提有多好了。演出结束时，学生把所有老师请上台去，为我们献花。当接到由3朵白色菊花组成的花束时，我心里一顿，先说了谢谢，然后和同事对视一眼，都笑了。那天系主任收到了3朵黄色的菊花，其他老师都是白色。老师们大都穿着套装，尤其我和Z（另一名志愿者）还是全黑西服套装配白衬衫，看起来非常诡异……我接到花的第一反应是心理上轻微的抗拒，但瞬间就理解这是文化差异，便欣然接受了。

同一事物在不同的文化背景下所承载的文化含义可能是截然不同的。如案例20中的喜鹊是自古以来深受人们喜爱的一种鸟，它所承载的意义是好运与福气，农村喜庆婚礼时最乐于用剪贴"喜鹊登枝头"来装饰新房。而在中亚语言里"喜鹊"所承载的意义却是指搬弄是非的人。案例22中的黄白菊花和单双数所赋予的意义也是不一样的。在中国，黄白菊花常常献给逝者，代表追思。而且"单数送死人，双数送活人"。而中亚本地人则喜欢送应季鲜花，比如五月送郁金香，六月、七月送玫瑰，九月送菊花。送花的数字也不一样，他们喜欢送单数，认为送双数是不吉利的。

三、结语

由于地理环境、生存方式、语言、教育、思维方式、价值观念等诸多方面的差异，每一地区、每一民族都会形成特有的文化，而这种文化具有历史性、稳固性、民族性、地域性。我们应如何对待文化差异？我们要对不同文化之间的差异坚持一种极大的宽容，抱持一种包容之心、学习之态，而不能以一种刻板印象来对待异文化。从本节对诸多案例的分析可知，我们只有了解了时间、隐私观念，行为方式、认知方式、思维方式产生的文化差异，才有助于我们在不同文化环境中有信心有能力跨越由此产生的障碍，进行有效交流与合作。

第四节　语言或非言语交际行为中的跨文化冲突成因及策略研究①

高等教育国际化战略是中国高等教育实现现代化的一个重要途径。在这个过程中，来自不同国家的教师和学生之间的交流不断增多，这种联系与交流不仅对中国的发展至关重要，而且对不同文化的融合影响深远。但是由于语言、文化和其他方面的差异，西方外源文化导向性特征与深厚的中国传统文化相遇，经常会产生相互冲突、碰撞。因此，对外汉语教学中的跨文化交际问题就成为十分重要的问题，在大学把"国际化"作为自身的定位的同时，对外汉语教师积极传播汉语及其所承载的中华优秀文化，使留学生认知、认可中华文明，培养对汉语及中华文化的认同感和亲切感，这正是所谓的汉语"走出去"，也是对高等教育国际化这一大环境所做出的一个主动、积极的反应，但在其推广的过程中正

---

① 本节选自曲凤荣《对外汉语教学视阈下的跨文化冲突与策略》，《黑龙江高教研究》2012年第8期。

本节主要参考文献有：胡文仲《文化与交际》，外语教学与研究出版社，1994年；毕继万、张德鑫《对外汉语教学中语言文化研究的问题》，《语言文字应用》1994年第2期；贾玉新《跨文化交际学》，上海外语教育出版社，1997年；钱冠连《汉语文化语用学》清华大学出版社，2002年；高立平《语言学研究对外汉语教学中的文化意识》，《南京社会科学》2002年第2期；刘珣《对外汉语教育学引论》，北京语言大学出版社，2007年。

面临师资、教材、运作机制等诸多方面的挑战，这就需要研究者要深入分析跨文化交际中的文化差异及其制约因素，并在师资、教材、教法等方面探索出行之有效的解决策略。

一、影响跨文化交际的制约因素

（一）角色关系及角色行为规范是影响跨文化交际的重要因素

"角色"这一概念是从戏剧术语中引进社会学领域中来的。社会角色是某一特定社会群体对某一特定社会身份的期望，人们在社会交往中，从方式到内容都取决于人们的角色关系。社会学家把形形色色的角色关系概括为具有普遍性的"权势"和"一致性"关系。"权势"型关系通常指的是上下尊卑的关系，是一种不平等的关系，可以根据年龄长幼、职业差别、受教育程度的高低等情况来确定；"一致性"通常指年龄、职业、种族、宗教、志趣等社会特征具有共同性，是一种平等的关系。不同文化背景的人在进行交际时，需要了解对方的角色，然后通过角色关系来预测对方的行为，角色的这种预测作用是社会期望对角色行为的规范作用所决定的，因为社会期望对角色制定了行为规范。

在跨文化交际中，角色关系、角色行为的规范差异产生冲突的现象极为常见。东方文化的人际关系偏向于"权势"型，而西方文化则偏向于"一致性"的人际关系。中国受差序格局的社会结构的影响，等级观念强，虽然不同历史阶段各有不同内容，但其结构方式不变。体现在日常交际中，在中国，如果对方是有身份、有地位的人，则常常冠以头衔或者官衔来称呼对方，下属对上级、孩子对长辈、学生对教师是不能直呼其名的，即使对方没有什么

第四节　语言或非言语交际行为中的跨文化冲突成因及策略研究

头衔，也要使用一些听起来可以抬高对方身份的称呼，如我们称护士和一般的医务人员为"大夫"，称呼一些非教师的专业技术人员为"老师"，对副职的称呼常常去掉"副"字以示尊重，这都是"权势"型人际关系的体现，是"尊重权威"的社会规范决定的。而在西方文化中，下属对上级、孩子对父母、学生对教师是直呼其名的，这种交际行为将本不平等的社会关系体现为一致性的平等关系。在对外汉语教学中，教师和学生的关系是一种典型的角色关系，中国的古训是"尊师重道"，教师要有"师道尊严"，在师生关系上，教师具有绝对的权威性；而西方国家在师生关系的处理中就比较随便，不拘泥于形式。

人们在处理角色关系时，实际角色行为和理想的角色行为之间总是存在差距的。对角色行为偏离的允许度也因文化而不同。一般来说，西方交往中的社会角色行为与理想角色行为之间允许有较大程度的偏离，而中国的社会角色行为与理想角色行为之间偏离的允许度较小。中国属于"强交际环境"，具有严格的结构范畴，因此，很难容忍角色行为的偏离，一旦偏离，就要受到谴责。在交往中人们的言语行为趋向高度程式化，可预测性也就大，这种角色关系及角色关系规范的差异在跨文化交际中常常引起文化冲突。

（二）民族性格与思维方式是文化差异的外化表现

民族性格是一种整体的价值取向，是一个民族在对人、对事的态度和行为方式上所表现出来的整体心理特点，是一个民族文化特质的外化表现，也是一种可感知的行为特征，对交际行为有直接的支配作用。中国的民族性格体现了以人为核心的人文特质，即注重人与自然的和谐、人与人之间的和谐。中庸恭俭，内敛含蓄，家庭至上，崇拜权威；而西方人对人生的探讨不像中国人那么感兴趣，追求个性自由、独立平等、自我奋斗、创新求异等，关注的是人怎样认识客观世界，而不是为人处世。

以语言交际为例，中国人不喜欢正面冲突，习惯以委婉、含蓄、谦虚的方式表示自己的意思，认为直截了当会伤害对方的面子和彼此的感情，在处理人际关系时需要技巧；而西方人恰恰把中国人这种特点理解成不可捉摸，他们尽管也重视人际关系，但是首要的是把事情办成，所以不能理解我们的"含蓄"。表面上看，这是两种表达方式的差异，实际上却是不同民族性格的冲突。

中西方这种民族性格的差异是由文化背景和社会环境差异造成的，但如果追根溯源，地理环境在很大程度上决定了人们的生存方式、生产方式，进而决定了人们的行为模式和社会规范。中国位于亚欧大陆，地理环境封闭，可以自给自足，人们生活稳定，农业生产促成了小农业经济模式，如国家家庭化、社会等级化、礼仪规范化，在此基础上形成了中华传统价值观。而欧洲一些国家，以古希腊为例，其地理环境特征是四周环海，资源匮乏，为了生存就必须要征服大海，拓展自己的生存空间，发现新的大陆是他们唯一的选择。在征服的过程中，老弱妇孺被迫留在故土，家庭模式被瓦解，而出海开拓者为了生存下来，必须寻求一种彼此制约的机制以便同舟共济，于是民主、平等的契约型的社会关系也就形成了，同时也形成了好动、善变、求异的海洋文化特点，与之相适应的价值观念和社会规范也由此产生。

（三）价值观念的差异是文化冲突的深层原因

价值观与交际是支配和反应的关系，有什么样的价值观就有什么样的交际方式。无论是语言交际、非语言交际或是社会交往，都受到价值观的支配。虽然留学生在学习汉语、中华习俗和社交规则等方面存在难度,但是如果足够努力,具备一定的条件,是可以做到的。而要真正了解另一种文化的价值观却并不容易,不是短时间内可以做到的,因为价值观处于文化的深层结构之中,一旦形成,便具有相对的稳定性,不会轻易地发生改变。

在高等教育中,相互往来的教师和学生群体,其价值观已经形成,并且相对稳定,跨文化交际时因价值观冲突引起交际障碍的现象最为常见。因此,对外汉语教师可将其作为切入点,对中外文化差异加以考察。中西方价值观念存在很大的差异,中国文化中重视集体的力量,崇尚群体取向,讲究互助和依靠,西方文化注重自立和独立。在中国,"在家靠父母,出门靠朋友",扶老携幼是社会上弘扬和宣传的美德,"啃老"是司空见惯的社会现象;而在西方国家,强调个人奋斗,尊敬依靠自己努力取得成就的人,依靠父母生活或炫耀的人是可耻的,即便是老弱病残者,只要自己能做到的事,不愿意依靠他人的帮助,无端受助往往被认为损害了其人格尊严。我们从小受到的教育是当个人的利益与集体的利益发生冲突时,个人利益要服从集体利益。讲究中庸,不喜欢出头,把谦虚当作美德,取得成绩时要先感谢"我的领导和同志们的帮助",受到赞美时要表现得谦虚和惶恐一些才符合常态,这与西方社会的观念完全不同。

中国人喜欢和谐的人际关系,亲情观念浓厚,这一点在语言交际与非语言交际中都有明显体现。如在称呼语的使用上,中国复杂的称谓系统一直是留学生感觉特别头痛的问题。中国人为了表示礼貌、友好和亲切,喜欢用亲属称谓来称呼毫无血缘关系的人,对陌生人也要以亲属称谓来称呼,如"大爷、大娘、大叔、大婶、大哥、大姐"等，即使在同事中也使用"姐、哥"等互相称呼。中国人隐私观念淡漠，把询问对方的年龄、收入、家庭等情况当作亲切、关心和团结的体现，在问候语中也常常使用一些涉及个人私事的寒暄（"你去哪儿？""单位待遇怎么样？"），而西方人则认为这是侵犯隐私。在非语言交际方面，中国人喜欢热闹，常聚在一起，与朋友越亲密越好，要面子，重人情往来，对于拥挤和碰撞并不反感。而西方国家朋友之间不喜欢太密切的关系，不喜欢承担过多的义务，不喜欢送贵重的礼物，也不过分讲究排场，邻里间保持客气友好的关系，不过分亲密。在对外汉语教学中，由于中西方价值观念的差异，师生之间、留学生之间以及中外学生之间常常会由于语言和文化的不同而产生一些误会、困惑，甚至会因此影响到彼此之间的信任。

二、跨文化交际障碍策略分析

（一）教师要具有多元文化观念

推动汉语国际推广工作可持续发展，使中华文化走出去，需要有一大批具有跨文化交际能力的师资。对外汉语教师的专业素质和水平的高低，直接影响着对外汉语教学的成败，也代表着中国教师的对外形象。

作为一名对外汉语教师，必须具备系统的汉语语言学知识和较强的母语交际能力：一方面，要有丰厚的文化底蕴和较为系统的中华文化知识，因为语言教学与文化教学密不可分，教师要在语言教学中渗透文化教学；另一方面，还应当具有广博的异域文化知识以及跨文化交际能力，积极引导学生，让学生更好地适应周围的环境和文化氛围，这样在跨文化交际过程才不会出现误会、疑惑甚至冲突等现象，这也是汉语国际推广的必然要求和实施文化教学的客观前提。

留学生在学习汉语的过程中，母语文化与目的语文化的冲突是不可避免的。教师要明确，进行跨文化交际的目的不是让他们在认知方式、行为模式、思维方式等方面与汉语文化群体保持一致，彻底改变对方，而是要在交际过程中进行相互调整，降低发生误解的可能性。对本民族文化绝对自负或自卑都是不恰当的，不会得到留学生的尊重和信任。在师生关系上，理想的跨文化交际方式应该是平等的对话，教师以自我为中心或者控制对方都会引起学生的反感，造成交际障碍。因此，我们在确立汉语文化自信的同时，如果更客观主动地认知、理解和欣赏其他民族的优秀文化，就更容易与学生沟通。此外，在留学生文化适应的过程中，对外汉语教师要尽可能帮助留学生减轻文化震荡，增强汉语学习的信心，对于两个民族间难以弥合的矛盾，只能相互尊重和理解，求同存异，妥善地处理教学过程中发生的文化冲突现象，从而取得最佳教学效果。

（二）加强汉语类教材中文化因素的渗透及文化类教材的建设

从对外汉语教学事业兴起至今，我国已出版了各类对外汉语教学教材，国家汉办把教材编写作为汉语教学一项重要工作来抓，确实解决了国内大学对外汉语教学中的教材问题，但是文化教材仍然缺乏，从文化传播的视角来看，现有教材中存在的问题主要有以下三个方面：

1. 语言类教材中的文化因素缺乏系统性和目的性，比较凌乱。当今，对外汉语教学界已确立了将文化因素贯穿于语言要素教学全过程之中的教学理念,在日常教学活动中,对外汉语教师能主动将文化知识的传授与理念的阐释渗透于语言要素的教学之中。但是,语言教材中文化因素系统性的缺乏,致使教师们对文化因素的导入仍然具有相当大的随意性,缺乏目的性和计划性。

2. 文化类教材在内容的选择上缺乏纲领性的指导。目前的对外汉语教学中文化教学大纲及文化测试标准仍待商榷,将什么样的中华文化推出去,这是我们必须思考的问题。在汉语国际推广过程中,应当以有利于人类社会的发展与进步为前提,以寻求理解为出发点,谨慎对待文化的精华、糟粕及中性文化因素的区分及处理,传递与推广的应当是我们民族文化的精华。在文化教材的编写中,首先,需要对中华文化进行认真的总结和梳理,选择中华文化中那些有价值的内容。不仅书法、剪纸、太极拳、京剧需要宣传,而且需要在更高的价值层面上宣扬和传播中华文化的内核部分,如仁者爱人、贵和尚中、刚健有为、厚德载物的人文精神,诚信、节俭、孝顺的美德,以及在此基础上提出的"和谐世界"理念。其次,在文化传播方面,当代文化和传统文化要有所侧重。中华文化要走向世界,并不意味着单纯地传播传统文化,而是既要注重弘扬优秀的传统文化,更要注重弘扬当代文化。现行汉语教材中文化教学的通病是,重古代文化内容,轻当代文化内容。笔者在海外汉语教学中遇到这样一件事,在课堂上提到了上海,笔者问学生:"你喜欢上海吗,觉得上海怎么样?"学生回答:"喜欢,在上海感觉不像在中国。"学生的回答令人深思,可见在海外学习的很多学生并不太了解中国的发展变化,他们对中国的认知还是停留在过去的一种刻板印象。通过对外汉语教学,让留学生了解当代中国的国情及经济发展变化,了解当代中国人的日常生活形态、礼仪规范、道德标准、价值观念等是十分重要而且必要的，教师的讲授、教材的编写，都要对当代文化予以更多的关注，这样才能增进学习者对当代中国的认知和认同，共同推进和谐世界的建设。对于海外汉语教材，可以与国外有汉语或其他语言教学经验的专家、学者进行合作，或者与国外有关出版社联合出版，在这一方面我们已经做过尝试，效果很好。

3. 加强和倡导对外汉语语用的研究和教学。历来的对外汉语教学，一般都很重视语音、词汇、语法、汉字的教学，这是语言内部要素的教学，却往往忽略语用知识的教学，对外汉语教师对留学生的语用失误也具有一定程度的宽容性。但是语言的学习，不仅仅是发音标准、词汇丰富和语法正确，更重要的是准确地理解和确切得体地表达，衡量一个学生的汉语水平，不仅看他掌握了多少汉语知识，还要看他是否能自如得体地运用汉语交际，是否具有较高的语用能力。对外汉语教学是以培养学生语用能力为最终目的的学科，因此，倡导并加强对外汉语语用研究十分必要。实际上，在跨文化交际中出现语用错误要比犯一般的语法错误更加难堪，因为语法错误属于语言缺陷，可以谅解；然而语用失误却常常被认为不礼貌或者怀有恶意，给双方造成交际障碍甚至不良后果很难消除。加强跨文化交际语用的教学与研究也是减少和避免跨文化交际障碍的行之有效的方法。例如，学生问老师问题，很尊敬地对老师说："老师，请过来。"老师解答完问题，以为学生还有别的问题要问，这时学生抬起头，很尊敬地对老师说："你可以走了。"令老师哭笑不得。因此，语言学习者不仅要说对，还要表述得体；不仅要准确地表达自己，同时也要准确地理解别人说话的意图，这样才能有效地避免跨文化交际中的误解和冲突。

第四章

跨文化交际语用规则研究

第一节　从跨文化语用学角度谈汉语作为第二语言教学[①]

随着中国经济的发展及国际地位的提高，前来中国学习汉语的留学生越来越多。但是我们常常看到，很多学生为学习汉语付出的时间很长，也掌握了大量的汉语词汇，但最终能够流畅自如、恰如其分、准确无误地运用汉语进行交际的人却不多。成功的交际要求语言运用得体，得体性是语言交流的最高原则。这种得体交际能力的培养，要求在对外汉语教学中既要注重语言知识的输入，更要重视语用能力的培养。语境是语用学中的重要概念之一，是语言交际所依赖的环境。语言意义的理解、表达以及语言功能的实现都需通过语境。本节拟讨论在对外汉语教学中如何利用语境培养学生的语用能力的问题。

---

① 本节选自王凤兰《语用能力、语境与对外汉语教学》，《西南民族大学学报》（人文社科版）2005年第6期。

一、语用能力

语用能力可以解释为运用语言进行得体交际的能力。它可以分为表达和理解两个方面。[①] 为使语言表达得体、合适,语言的使用者就必须学会针对特定语境,考虑到社会和文化因素,灵活、合理地使用语言;而为了增强对语言的理解力,语言的接受者就必须了解言语交际的一般模式和原则,以及话语意义的多层次性。Leech 提出区分语用语言学和社交语用学。[②] 语用能力也就相应地分为语用语言能力和社交语用能力。语用语言能力以语音、词汇、语法能力为基础,涉及语言知识的使用规则,不仅包括正确使用语法规则遣词造句的能力,而且还包括在一定的语境中正确使用语言形式以实现某一交际功能的能力。社会语用能力是指遵循语言使用的社会规则进行得体交际的能力,也就是如何说话、何时说话和为什么说这些话。学习一门语言就是培养这门语言的语用能力的过程。学语言必须懂得语用。语用学理论是用以指导语言实践的。学汉语如果只求增加词汇量,只求造出合乎语法的语句,是远远不够的。而语用能力不会随着语法知识的增多及词汇量的扩大而自动提升,语用能力需要培养,需要训练。

二、语境的含义

Leech(1983)[③] 认为语境就是说话人与听话人共同拥有的背

[①] 何自然《语用学概论》,湖南教育出版社,1988 年。
[②] 何兆熊《新编语用学概要》,上海外语教育出版社,2000 年。
[③] Leech (1983). *Principles of Pragmatics*. New York: Longman, Inc.

景知识。也有学者把语境理解为语言环境(即上下文)、发生言语行为时的实际情况以及文化、社会和政治。虽然语言学家们对语境的定义没有达成一致的意见,但从他们对语境的理解可以看出,语境的内容十分丰富。他们对语境的理解包括:

(一)语言语境。即文章或言谈中的话题的上下文或上下句。一般来说,对话语的理解依据是上下文,听话人对上文或上句做出推理,然后说话人进一步说明,这种说明又成为听话人理解说话人意图的依据。下文能够对上文起补充、明确、更正说明、转折、否定等作用。听话人在交际过程中不断进行判断、假设、否定、明确直至肯定,进而完成推理过程。

(二)情景语境。即发生言语行为的实际语境。英国语言学家莱昂斯(J. Lyons)把它解释为从实际情景中抽象出来的,对言语活动产生影响的一些因素,包括参与双方,场合(时间和地点),说话的正式程度,交际媒介,话题或语域。

(三)文化语境。谈话者生活于其中的社会文化,即某一言语社团特定文化的社会规范和习俗。同一文化背景的人在言语活动中更容易接近、理解,根本原因在于他们具有相同的认知环境,这从一个侧面反映了处于同一地域文化中的人的情感、心理相通的事实。较之于语言语境,文化语境对跨文化交际更具重要性。由于文化差异而造成交际困难的现象不胜枚举,文化差异可以影响和误导语言信息的获得,也可能造成交际障碍。事实上,不同文化背景的人都具有不同的行为方式、思维方式和语言表达方式。对语境中的文化因素的研究有利于跨文化语言交际的顺利进行。

三、语用能力的培养

（一）利用语境找出话语的真实含义

张志公先生指出："语言总是在一定的交际环境中使用的，因此，分析语言现象，必须把它和它所依赖的语境联系起来，离开一定的语境，把一个语言片段孤立起来分析，就难于确定这个语言片段的结构和意义。"① 同一个句子在不同的语境中可能有不同的含义，起不同的作用，以达到交际目的。例如："上哪儿去？"这句话在下面三种语境中就有三种完全不同的交际意图。

①老王和老李在住家附近相遇，老王对老李说："上哪儿去？"（交际意图是打招呼）

②晚上，母亲看到儿子打扮一新准备出门，问："上哪儿去？"（交际意图是询问）

③小偷儿偷一个人的钱包，被发现，小偷儿想跑，那个人一把抓住他，大声喝道："上哪儿去？"（交际意图是阻止）

当然，现实交际中说话人要表达的意义一般来说是确定的、唯一的。那么，听话人如何在交际中找出要找的意义呢？这就需要把语言置于实际使用环境之中，结合语境研究"活"的语言。因为许多错综复杂的话语语义，只有联系发话人和受话人双方的认知特征，联系语言本身的交际功能，才能得到正确的理解。例如："今天刮风，我不会骑车，我要走着去。""我不会骑车"一般常用的意义是"没有骑车的能力"。但是如果以这个语义进入到这个语段中，会让人觉得十分别扭。因此，我们在处理时，要把"今天刮风"和"我不会骑车"联系起来，这样就会让学生得出

---

① 转引自何兆熊《新编语用学概要》，上海外语教育出版社，2000年。

"我不会骑车"的语用含义是"我不想骑车"。再如:"这孩子不会说话,你千万别生气。""这孩子不会说话"一般常用的意义是这孩子有生理缺陷,是个语言障碍者。可是"这孩子"刚才明明说话了,可见,"这孩子不会说话"在这里是另外一个意思,即这孩子说话不知高低轻重,使人听了不舒服。

(二)培养学生的语用推理能力

在日常交际中,有时一句话的意义(即实际传达的信息)往往与句子本身的意义不完全相同,有时甚至完全不同。句子意义来自语言本身,它是句子中各个组成部分的词汇意义和语法意义的总和。话的意义则是语境作用于句子意义之后的产物,它所包含的内容往往比句子意义要丰富得多。因此,听者在交际中决不能只是消极地充当信息的接受者。他不仅要利用自己的语言知识去获得句子本身的意义,还必须利用语境所提供的线索对句子意义进行处理,此外还可以借助语用分析即会话含义理论。美国著名语言学家 Grice 的会话含义理论可以帮助理解话语的言外之意。[①] 在语言交际中,人们既会为了合作而严格遵守合作原则及其准则,但有时出于交际的某种需要,人们又会有意识地违反这些准则,运用语言的策略和技巧,产生非规约性的会话含义即言外之意。会话含义在言语交际中屡见不鲜。例如:

A:你的手机响了。
B:我在洗澡。

这是电话响时夫妻间的一段对话。从字面上看,话语不连贯,但从语用的角度去分析,可知道妻子是在告诉丈夫她在洗澡,无

---

① 何自然《语用学与英语学习》,上海外语教育出版社,1997年。

法接电话,请他代劳。丈夫明白了妻子的意图,应说:"我帮你接吧。"又如下面一段对话:

A:你看到我那盒巧克力了吗?
B:刚才孩子去你的房间了。

B的回答似乎与A的问话在逻辑上没有关联,但实际上存在某种关联。假定双方在合作的基础上谈话,我们就不难理解B的间接回答的会话含义是暗示孩子可能把巧克力吃了或他知道巧克力在哪儿。

在语言交际活动中,如果听话人有一定的会话含义方面的知识,可以推导出说话人通过其话语所表达的含义,这样双方就能顺利地进行交流。由此可见,语用知识对语言交际是非常重要的。这就要求教师在教学中结合课文向学生传授有关会话含义的语用知识,提高学生的语用推理能力。

(三)培养学生的语用得体能力

语境对语言是否得体有着很大的制约作用。众所周知,说话要看对象看场合,要尽量做到恰到好处。说话太随便,不讲方式,就会冒犯别人,使对方感到没有受到尊重,而过于礼貌则会让人感到虚伪或讽刺。譬如常会听到外国学生这样说:"老师,我想找您谈话,您有空吗?"学生懂得对老师应当尊敬而用"您",可是整个话语却违背了尊上的语用规约。因为"找人谈话",在汉语交际中是用于"上对下"的一种言语行为。外国学生的这种语用失误可以说是对"谈话"的语用规则——它所联结的人际关系不了解所致。交际对象千差万别,话题也因人而异。有时即使是同样的话题因语境不同,使用的语言也就不一样。如请人吃饭,对熟朋友,可以直截了当地通知他:"明天到我家来吃晚饭。"

对比较客气的朋友，口气就该委婉点儿了，一般用问句来表示对对方意志的尊重："您明天晚上能来我家吃个便饭吗？"如果打算邀请的是个贵宾，就会这样说："您哪天有时间，如果能赏光来我家吃餐便饭，那我们全家将会感到非常高兴。"另外，说话要看场合，在就职典礼、演说、新闻播音和课堂等正式场合，应使用规范标准的语言，语气也要庄重；若使用随便的语言，听众就会感到这样说话不得体、不庄重。如盛炎（1997）举的一个例子：有一个法国汉学家在招待会上见了他的中国老朋友，问候他说："老小子，你还没死呀！"弄得那位朋友哭笑不得。[①] 这句话若是在非正式场合，两个极熟的朋友之间使用，会显得很亲热，但是在招待会这样的正式场合，则显得非常不得体。除此之外，说话时还要注意自己及对方的性别、年龄等因素。如一个男同学去中国朋友的家里做客，朋友的母亲夸他说："你汉语真不错，跟中国人差不多了。"这位男同学说："瞧您说的，人家还差得远呢。"说话人这样讲的目的是表示谦虚，可是却让人觉得稍欠得体，"瞧您说的"虽然是表示不好意思，但较适用于女子在受到称赞时感到难为情的场合使用，"人家"更是典型的女性用语。在对外汉语教学，教师在讲授语言形式、语言功能的时候，也应向学生讲授语言的运用如何适合其特定的语境，做到表达得体。[②]

（四）加强文化语境教学，减少文化差异带来的交际障碍

对于母语不同的人们来说，交际的成败还取决于另一种语言外的知识——文化背景知识。不同民族之间存在着较大的文化差

---

① 周思源主编《对外汉语教学与文化》，北京语言文化大学出版社，1997年。
② 何自然《语用学与英语学习》，上海外语教育出版社，1997年。

异,这种文化差异自然也表现在语言上。

　　有些事物或行为是中国特有的。尽管学生可以通过对汉语本身的学习掌握有关的语音形式和意义,但是当实际信息与意义不等时,他们就可能因为不了解其中的含义而得不到信息。如"老油条""万金油""马后炮"等。有些事物或行为别的民族也有,学生的母语中也有相应的词语,但由于对意义的选择不同,这些意义在汉语中能传递的某些信息在学生的母语中却不能传递,学生自然不会理解。如有这样一句话:"中国市场是一块肥肉,谁都想吃。"学生如果不了解中国人传统的食性就很难推断这句话的真实信息。事实上,即使别人明白地告诉他这里的"肥肉"是指"令人垂涎的好东西",他也不一定能想通为什么是肥肉而不是瘦肉令人垂涎,因为在他们的文化里肥肉也许只是令人发腻的东西。

　　另外由于两个民族的心理因素、思想方法的不同,对客观世界的认识也不尽相同,有时对同一个事物会做出完全相反的推断。[1] 比如一个有意思的例子,一次运动会上,一个教师跑完100米,并取得了冠军。回来后,他的学生迎上去夸奖说:"老师,您跑得像狗一样快!"这显然是误用了本族语中的文化观念。

　　有些表达方式是中国人的生活经验总结。如"嘴上无毛,办事不牢"是说老年人经验丰富,考虑问题周到,而年轻人则显得不那么稳重。但在英美,老年人被视作衰弱无用的人,再加上由于饮食习惯上的差别,在英美"嘴上有毛"的年轻人也大有人在,

---

[1] 周思源主编《对外汉语教学与文化》,北京语言文化大学出版社,1997年。

因此他们自然无法理解这句话的真实含义。①

以汉语为母语的人们所掌握的文化背景知识是他们作为社会的一员在社会生活中自然习得的。外国人要掌握这些知识则非要经过专门学习不可。这就要求教师在教语言的同时，根据需要向学生提供有关的文化背景知识，减少文化差异带来的交际障碍。

四、结语

以上探讨了语境对汉语教学中语用能力培养的重要性。只有在具体的语境中进行语言形式的教学才有利于培养学生的语用能力，从而达到交际的目的。因此我们在教学中不仅要告诉学生语言形式，还要说明其语用功能，以培养和提高学生的汉语语用能力。

第二节 跨文化交际得体性研究 ②

自 20 世纪 70 年代，海姆斯（Hymes，1972）提出"交际能力（Communicative Competence）"的概念以来，二语教学中就一直在强调，语言教学不仅要注意培养学习者语言形式上的准确性，还要培养他们在表达上的得体性（Appropriateness）。在汉语作为第二语言教学的领域，也早在 20 世纪 80 年代就接受了这

---

① 盛炎《跨文化交际中的语体学问题》，《语言教学与研究》1994 年第 2 期。
② 本节选自徐晶凝《汉语作为二语教学中的得体性——语言学的语用能力视角》，《国际汉语教学》2016 年第 4 期。

一教学目标。但在汉语作为第二语言的教学实践中，得体性却一直没有得到足够的重视：在词汇、语法教学大纲中并没有与得体性相关的内容；在课堂教学中，得体性的教学实际上也一直是比较缺失的；① 甚至在教材中也存在大量不得体的现象。② 在外国学生的实际语言交际中，表达不得体的情况也的确时有发生，如：

①情境：熟悉的两个人在路上碰面
中国人甲：你工作忙吗？
韩国人乙：承蒙问候，我工作很好。③
②情境：学生希望学习一些词的用法，向老师提出愿望
学生：老师，你应该教我这些词的用法。④

例①中，两个原本很熟悉的人路上相遇，这个韩国人的回应话语过于正式，"承蒙问候"不仅带有很强的书面语的色彩，也拉远了两个人之间的距离。例②中，学生向老师提出自己的愿望，希望老师给以帮助，情态动词"应该"的使用过于强硬。这两例都属于"语法准确性高"但"得体性不足"的语言运用。

上述对外汉语教学大纲、教材在得体性方面的不足、教学实践与教学目标之间的不匹配状况，都与得体性研究的缺失不无关系。纵观已有研究文献，我们可以发现，汉语作为二语教学中的

---

① 施仁娟《对外汉语课堂语用教学探索》，《湖北民族学院学报》（哲学社会科学版）2013年第4期。

② 王晓娜《第二语言语体能力的培养与教材虚拟语境的设置》，《汉语学习》2003第1期；郝琳《对初级对外汉语教材文本真实性、典型性、得体性的若干考察》，《华文教学与研究》2013年第3期。

③ 转引自李大农《韩国留学生"文化词"学习特点探析——兼论对韩国留学生的汉语词汇教学》，《南京大学学报》（哲学·人文科学·社会科学版）2000年第5期。

④ 笔者学生例。

得体性的内涵以及与得体性有关的教学内容应该包含哪些方面这两个根本问题，学界一直没有进行过明确系统的论述。本研究将在已有研究的基础上，对这两个问题进行梳理，求教方家。

一、什么是二语教学中的得体性？

语言的得体性是一个复杂的问题，可以表现在语言交际的各个方面，而且在不同的层面上也可具有不同的内涵与要素。如：在正式、典雅的书面交际中，得体性与词汇、句式的语体风格是否得体密切相关。[①] 在口头交际中，得体性还与插话、开始或结束谈话、沉默时长等是否得体有关。赵金铭（1996）[②] 指出，高级阶段的语法教学应为语用功能语法教学，以求表达得体。但从所举例子来看，赵先生关注的主要是语篇中的衔接、连贯等层面上是否合乎语法的问题，这显然是在另外一个含义上使用得体性这一概念。不过，大多数学者都将得体性与"语用能力"（Pragmatic Competence）联系在一起，即学习者如果语用能力不够，就会在交际中出现不得体的问题，发生语用失误。

本研究主要从语用能力的角度来谈得体性的含义。

[①] 曾祥娟、柳晓《高年级英语写作教学中的语体观》，《山东外语教学》2000年第2期；王晓娜《第二语言语体能力的培养与教材虚拟语境的设置》，《汉语学习》2003年第1期；冯胜利《书面语语法及教学的相对独立性》，《语言教学与研究》2003年第2期。

[②] 赵金铭《对外汉语语法教学的三个阶段及其教学主旨》，《世界汉语教学》1996年第3期。

（一）社交语用能力与语言学语用能力

索振羽（1993）[①]认为，得体性指的是，"由特定人际关系的人，在特定的交际场合，为特定的交际意图，说出的话语交际效果最佳"。

也就是说，要做到语言交际上的得体，说话人首先必须考虑到交际情境的构成要素，包括交际双方的关系是否亲密、地位是否平等、权势是否相当、交际场合正式与否、交际内容给对方所带来的强迫程度等种种因素，[②]在此基础上，再决定选择什么样的语言手段，以达到最佳的交际效果。

对于二语学习者来说，对交际情境中这些要素的判断能力，是他们的元语用能力。来自不同的文化背景、具有不同的社会阅历的学习者，对交际情境中各要素的理解可能有所不同。如汪晓琪（2014）[③]研究发现，在请求和道歉两种言语行为（Speech Act）中，中国学生、外国学生和年长者对于社会地位、熟悉程度、冒犯的严重程度或请求的难易程度等变量存在着不同的理解。不过，总体而言，学习者都具备使用母语进行交际的经验，都具备一定的元语用能力，而且人类对交际情境的感知具有相当程度上的共通性。

但学习者具备元语用能力，不一定能做到在用二语交际时不

[①] 索振羽《"得体"的语用研究》，《语言文字应用》1993 年第 3 期。
[②] Brown, P., & Levinson, S. C. (1987). *Politeness: Some Universals in Language Usage.* Cambridge: Cambridge University Press.
[③] 汪晓琪《对不同年龄和国籍受试者元语用测试的比较》，广东外语外贸大学硕士学位论文，2014 年。

发生语用失误。根据 Thomas（1983）①、Leech（1983）②，跨文化的语用失误（Cross-cultural Pragmatic Failure）可以分为两类：一类是社交语用方面的失误（Sociopragmatic Failure），一类是语言学语用方面的失误（Pragmalinguistic Failure）。前者主要与社会文化策略有关，而后者则与语言选择策略有关。

因此，要做到交际中的得体，学习者除了具备元语用能力之外，还至少需要具备两方面的语用能力：在社交语用层面，学习者必须了解目的语交际语境中的相关文化、信仰、价值取向、行为方式等社会文化知识和交际原则。如：对于如何回应一个赞美，学习者在对赞美方与自己的地位、社会距离、亲密度等做出判断的前提下，还必须了解在目的语环境下，应该以哪种策略来回应，即谦虚回应还是接受赞美。假若学习者已经了解到在汉语语境中应以谦虚回应赞美，那么，他接下来要考虑的问题是，应当采取何种语言手段对某个赞美进行谦虚回应——这就是语言学的语用能力，即根据交际情境选用语言策略的能力。

本研究认为，语言学的语用能力是二语教学中的重要内容，汉语作为第二语言的得体性教学目标，主要指的就是语言学语用层面的得体性。

（二）语言学语用能力的两个不同方面

在语言学语用能力的层面，影响学习者语用能力发展的主要难点是：在实施某种言语行为时，如何根据对交际情境因素的判

---

① Thomas, J. (1983). Cross-cultural pragmatic failure. *Applied Linguistics*, 4(2): 91-112.

② Leech, G. N. (1983). *Principle of Pragmatics*. London/NewYork: Longman Group Ltd.

断选用恰当的语言表达手段。这又具体体现为两个方面：言语行为的架构能力和言语行为的内部调节能力。

1. 言语行为的架构能力。

根据 Wood 和 Kroger（1994）[①]，我们可以将言语行为看作一个序列，主要由三个部分组成：核心言语行为、辅助言语行为、修饰语。如，请求类言语行为，可以有如下的结构（表 1）：

表 1

修饰语	辅助言语行为	核心言语行为	辅助言语行为
小王，	我的汉语不好，	你帮我翻译一下这篇文章吧，	我改天请你看电影。

辅助言语行为的作用是增强或调节言语行为的语力（force），可以是说明原因、给予听话人恭维或称赞、给听话人做出补偿、尽量减少对听话人造成的不便、套近乎、预先求得承诺、消除听话人的不满、礼貌用语等，因此，Blum-Kulka 和 Olshtain（1984）[②] 又将之称为言语行为的外部调节手段（External Modification）。

施仁娟（2013）[③] 指出，在课堂教学中如果要进行道歉策略的教学，应向学生讲授道歉行为可以采用七大类策略，即直接道歉、承认错误、提出补偿、解释原因、保证克制、表示关心、拒绝道歉等。她所强调的是实际上是言语行为的外部调节手段。我

---

① Wood, L., & Kroger, R. (1994). The analysis of face work in discourse: Review and proposal. *Journal of Language and Social Phycology,* 13(3): 248-277.

② Shoshana Blum-Kulka, & Elite Olshtain (1984). Requests and apologies: A cross-cultural study of speech act realization patterns (CCSAPP). *Applied Linguistics*, 5(3):196-213.

③ 施仁娟《对外汉语课堂语用教学探索》，《湖北民族学院学报》（哲学社会科学版）2013 年第 4 期。

们认为这一教学思路并没有抓住问题的关键。实际上，在不同的语言中，人们所采用的辅助言语行为的类别大同小异。对于成年学习者而言，他们更需要学习的是，在汉语中，这些不同的道歉策略彼此之间的组合模式究竟是怎样的，即汉语中道歉言语行为的架构与他们的母语是否有差异。如果差异足以影响到表达的得体性并造成语用失误的话，他们就应当注意。比如，王菊梅（2008）[①]研究发现，韩国学生在用汉语进行道歉时，对称呼语（修饰语的一种）的使用不够。因此，在对韩国学生的教学中，我们需要特别强调的并不是道歉的七种策略，而是不同策略的组合，即道歉言语行为的结构框架，要提醒他们注意增加称呼语的运用。

2. 言语行为的内部调节能力。

在学习者掌握了言语行为框架后，他们还要掌握言语行为的内部调节手段（Internal Modification），才能做到得体地进行交际。所谓言语行为的内部调节，是指说话人在实施某一言语行为时，在遣词造句上所进行的语句内部的细微调整，即运用词汇、句法等手段进一步调整言语行为的语力。比如，Lee-Wong 和 Song Mei（2000）[②]发现，汉语请求类言语行为可以使用的内部调节手段中，语法调节手段包括使用条件句（如果能……的话，……）、动词重叠式、语气词、附加疑问句（好吗、可以吗、行吗）等；词汇调节手段包括使用插入语（您看/您说）、缓解套话（顺便……）、礼貌性词语（请、麻烦你）等。

[①] 王菊梅《韩国学生实施汉语道歉言语行为的调查研究》，天津师范大学硕士学位论文，2008年。

[②] Lee-Wong, & Song Mei (2000). Politeness and face in Chinese culture. In Hess-Lüttich, E. W. B., & Watts, R., *Crosscultural Communication.* New York: Peter Lang, pp.115-116.

也就是说，说话人应该根据自己与交际另一方关系的亲疏远近、平等与否，以及请求内容给对方带来的强迫程度等，利用内部调节手段，进行得体的请求表达。如：

③小王，我的汉语不好，你帮我翻译一下这篇小文章呗，我改天请你看电影，行不？

④王老师，我的汉语不好，您现在有时间吗？不知道能不能麻烦您帮我翻译一下这篇文章？我改天请您看电影，好不好？

⑤*小王，我没钱了，你借我100万呗，我改天请你看电影，行不？

例③适合于朋友同辈之间、说话双方彼此熟络的交际情境，说话人所采用的内部调节手段有语气词"呗"、附加疑问句；而例④适合的交际情境中说话双方的亲密度显然要低一些，地位也不甚对等，说话人所采用的内部调节手段就得更多一些，采用了模糊语"不知道"，以及用疑问句表达请求的间接言语行为；例⑤所请求的内容"100万"的强迫程度显然要远远高于"翻译一篇小文章"，所以，即便交际双方的关系与例③一样，说话人也不可采取同样的语言策略了。

言语行为内部的调节，是外国学生在用汉语进行得体交际时最主要的困难所在。比如韩国学生实施"请求"言语行为时最大的问题就是把"请求"变成"命令"，过多使用祈使句式；中国人最常用的探询型言语策略，韩国学生几乎不用。[①] 欧美学生在实施"建议"言语行为时，使用最多的是和缓建议句和直接建议句，而汉语母语者使用较多的是疑问建议句和祈使建议句；同时，欧美学生在运用起到和缓语气作用的词语（如情态助动词、

---

① 金贞林《韩国学生的汉语语用偏误分析及教学建议——以"请求""拒绝""道歉"为例》，山东师范大学硕士学位论文，2011年。

情态副词等）和施为动词的方面也与汉语母语者有差异（丁安琪，2001）。①

3. 小结。

在跨文化交际中，要做到语用得体，其实是一件非常复杂的事情，涉及很多因素，包括学习者的元语用能力、学习者对目的语社会文化与交际原则的理解、学习者对目的语言语行为框架以及言语行为的内部调节手段的把握等。

我们要强调的汉语作为二语教学中的得体性，主要是指与语言表达形式的选择密切相关的语用能力，即运用言语行为内部调节手段的能力。语言中有诸多的语言形式参与到得体性的表达，如句类、情态动词、情态副词等，它们各自形成一个可供选择的意义网络。学习者若能根据交际情境从中选择出最适当的形式，成功实现自己的交际意图，才能做到交际得体。这是语言教学中所谓得体性教学的核心目标。

二、参与得体性表达的语言手段

可以作为言语行为内部调节手段从而影响得体性表达的语言手段，涉及语言的多个层面：语音层面、词汇层面、句法层面、语篇层面等。

在口语交际中，表达时的重音、停顿、语调等如果运用不当，就会造成交际的不得体。在词汇层面，词语的选用不当，尤其是

---

① 丁安琪《欧美留学生实施"建议"言语行为模式分析》，《语言教学与研究》2001年第1期。

所谓文化词语（如社交称谓语、社交套语）的选用不当，就会造成不得体。① 隐讳语、模糊语、表示亲密关系的词汇等，都是得体性表达的重要词汇手段。另外，词汇的代用也是实现得体性的手段，如在英语中，批评他人时，可以用 we 或 one 来代替第二人称 you，以减缓面子威胁；② 在汉语中有时用"我们"来代替"我"也是出于得体性的考虑等。

本节要谈的主要是参与得体性表达的语法手段。先来看一组例子：

⑥ a. 我命令你把盐递给我。
　　b. 我觉得你应该把盐递给我。
　　c. 你必须把盐递给我。
　　d. 把盐递给我。
　　e. 把盐递给我啊。
　　f. 把盐递给我嘛。
　　g. 把盐递给我吧。
　　h. 请把盐递给我。
　　i. 你能把盐递给我吗？
　　j. 把盐递给我，好吗？
　　k. 劳您驾，把盐递给我，好吗？

这一组可供选择的表达请求的语句，构成一个意义网络，说话人需要根据自己对交际情境的判断，从中选择一个合适的语句进行得体表达。而这些语句主要在两个方面存在差异：一是说话人对命题的确信度不同，或确信或不太确信；二是说话人对听话人的态度不同，从例 a 到例 k，说话人对听话人的操控度是

---

① 李太志《得体性原则在商务英语书信写作中的应用》，《修辞学习》2004 年第 4 期。
② 陈融《英语的礼貌语言》，《现代外语》1989 年第 3 期。

逐渐减弱的，从命令到商量再到请求。而造成它们彼此之间差异的，则是它们各自选用了不同的词汇—语法手段：a—b 是陈述句，c—h 是祈使句，i—k 是疑问句；a、b 还采用了"命令""觉得"这样的施为动词（Performative Verb）或立场标记（Stance Marker）；c、i 分别采用了语气副词和情态动词；e—g 使用了不同的语气助词；k 还使用了套语"劳您驾"，等等。

这些不同的请求语句，采用了不同的表达手段及其组合，可以在不同的交际情境中分别实现得体请求。那么，在汉语中，主要有哪些语法手段参与得体性表达并需要我们在教学中加以强调呢？

（一）句类

句类，是句子的语气分类。通常指的是陈述句、疑问句、祈使句和感叹句。每个句类都有区别于其他句类的初始用途（Primary Illocution）：陈述句用于做断言，祈使句用于使听话人执行某行为，疑问句则用于询问。不过，当说话人因为某种原因不想直接表达某种施为行为（言语功能）时，他可以使用其他句类来间接实现自己的交际目的。

如："屋里真热。""屋里多热啊！""你不觉得热吗？"都可以像"你把窗户打开。"一样，实现为"使听话人执行开窗行为"的功能，而它们分别是陈述句、感叹句和疑问句。所以，在实际交际中，句类与其言语功能之间并不总是一一对应的。这种以一类施为行为来达到另一类施为行为所预期达到的目的，就叫作间接言语行为。人类所能实现的间接言语行为，并非无规律可循，如 Searle（1975）[①]、赵微（2005）[②] 等探讨过间接指令行为在英语和汉语中的语言表现形式。Thomas（1995）[③] 认为，说话人之所以采取间接言语行为，主要出于以下几个原因：让自己的话语有趣或无趣；增强自己话语的力度；达到交际目标；礼貌或面子考虑。

因此，句类是参与得体性表达的重要语法手段。作为二语学习者，他们需要了解的是汉语中在实施某种言语行为时，通常所采用的间接言语行为手段有哪些？与他们的母语是否有不一致之处？比如，在英语中使用否定疑问句来表达请求是常用的礼貌的请求方式，[④] 在日语中否定疑问句也具有表达劝诱和礼貌用法，而汉语的否定疑问句反而是有失礼貌的言语行为。[⑤]

（二）情态动词和语气副词

情态动词和语气副词都可以用来表达说话人对命题或听话人的态度，明确标记说话人在多大程度上承诺命题为真，或者在多大程度上强制某行为被听话人执行。[⑥] 如果对情态词语的使用不当，就会造成交际的不得体。如：

⑦

王老师您好！

[①] Searle, J. R. (1975). Indirect speech acts. In Cole, P., & Morgan, J. L., *Syntax and Semantics, vol. 3: Speech Acts*. New York: Academic Press, pp. 59-82.

[②] 赵微《指令行为与汉语祈使句研究》，复旦大学博士学位论文，2005 年。

[③] Thomas, J. (1995). Meaning in Interaction: An Introduction to Pragmatics. London: Longman Group Ltd.

[④] 陈融《英语的礼貌语言》，《现代外语》1989 年第 3 期。

[⑤] 杨凯荣《日语否定疑问句的功能及其在汉语中的对应表现》，载《语言研究集刊》第十一辑，上海辞书出版社，2013 年。

[⑥] 徐晶凝《现代汉语话语情态研究》，昆仑出版社，2008 年。

我是张××老师的学生,想请教您几个问题。关于汉语中"好""完"这些词的语法化程度……(略)。我想请您帮我找些相关的文献来理解这些问题。

张三

作为素未谋面而且请求帮助的一个言语行为,写信人的表达显然是不够得体的。之所以不得体,正是因为缺乏对情态词语的使用,从而显得过于唐突。如果增加必要的情态动词,并使用疑问句类,则会好得多。如:

⑧
王老师您好!
我是张××老师的学生,可以请教您几个问题吗?关于汉语中"好""完"这些词的语法化程度……(略)。您能帮我找些相关的文献来理解这些问题吗?

张三

"未免、不免、也"等语气副词,也主要用于从说话人的主观评判角度对命题做出陈述,或者使语气不那么肯定,或者加强说话人的"移情承诺"(Empathy Commitment)以减少交际双方间的心理对立,从而维护听话人的面子。如:

⑨大概咱们最好马上走。
⑩其实你也不必太难过,我此次前来,是想找你谈生意,不知你有无兴趣?
⑪幸好不必连累她。

在汉语作为第二语言的教学中,教师在进行情态动词和语气副词的教学时,有必要讲清楚它们在交际中所能实现的言语功能,而不能仅仅满足于词汇意义的理解。这样才能帮助外国学生恰当地运用它们进行得体交际。

（三）语气助词

语气助词是汉语、日语、韩国语等语言中比较独特的一个词类。在汉语中，它们的主要作用在于表达说话人的主观态度：一是对命题的确信度，二是对听话人是否做出回应的态度。不同的语气助词对交际情境，特别是听话人面子的敏感程度不同，它们形成一个封闭的意义网络，可供说话人根据交际情境进行选择。①

语气助词所传达出的意义相当微妙，外国学生往往体会不出，从而不能正确地使用它们，造成不得体。如：

⑫ *老师，你告诉我啊！（笔者学生例）

⑬ *这个事儿，大家都知道呗。我不多说。（笔者学生例）

根据徐晶凝（2008）[②]，语气助词"啊"的原型意义是"强传信式告知求应"，在例⑫中，"啊"传达出的态度是明确要求教师执行"告诉我"的行为，学生对老师发出这样的祈使显然是不得体的。"呗"的原型意义是"述唯弃责"，在例⑬的语境中，这个语气助词的使用没有足够的交际理据。

（四）施为动词或立场标记

先看一个例子：

⑭你以后少打电话给我们家楚峻。

⑮我警告你，你以后少打电话给我们家楚峻。

例⑭可以是一个警告，也可以是一个请求，也可以是一个威胁。而例⑮中，施为动词"警告"明确表明了说话人的态度。因为施为动词可以明确地表达说话人的主观态度，所以，这两个言语行为在礼貌等级上是有所不同的。因此，在交际中，什么情况

---

① 徐晶凝《现代汉语话语情态研究》，昆仑出版社，2008年。

② 同①。

下使用施为动词，什么情况下不使用施为动词，既关乎意义表达是否明确，也关乎表达是否得体。

另外，还有一些原本用于断言行为（Assertive）的施为动词，如"觉得、看、想"等，它们与第一人称的组合在意义上更为虚化，主要用于表达说话人的主观立场，在交际中起着很重要的参与得体性表达的作用。如徐晶凝（2012）①研究发现，76.6%的"我觉得"用于减缓面子威胁，构建交际语境。立场标记"我看、我觉得、我想、我认为"等的选用不当，也会造成交际的不得体。

（五）其他手段

除了以上几种各自构成一个封闭类的语法手段之外，语言中还有其他一些语法手段也参与得体性的表达。如在英语中，时、体、语态都是表达礼貌的重要手段，②而在汉语中，这些语法手段是否参与以及如何参与得体性的表达，还缺乏研究。

另外，在口语中还有诸多的口语格式，如"你呀、不是我说你、不怕你V、说句……的话、你还别说"等，都隐含着说话人对交际另一方的态度。这些口语格式的运用都有一定的交际情境上的限制条件，若是运用不当必然会造成不得体的语用失误。

（六）小结

说话人根据交际情境，选择合适的语言手段来对自己的言语行为进行内部调节，以求得最佳交际效果。而这种调节主要调节的是说话人对命题的确信度，以及对听话人是否做出回应的态度。总体而言，说话人在语句中所使用的调节手段越多，语句的礼貌

---

① 徐晶凝《认识立场标记"我觉得"初探》，《世界汉语教学》2012年第2期。
② 陈融《英语的礼貌语言》，《现代外语》1989年第3期。

等级越高。Givon（1990）[①]指出，在英语中，当和一个地位更高的人交谈时，人们倾向于降低自己的主观确定度，使用否定形式、非现实情态和不确定性表达。如：

⑯ a. Get up!（站起来！）
　　b. Get up, will you?（站起来，好吧？）
　　c. Would you please get up?（你能站起来吗？）
　　d. Would you mind getting up?（你介意站起来吗？）
　　e. Do you think you could get up?（你认为你能站起来吗？）
　　f. Would you mind if I asked you to get up?（你是否介意我叫你站起来呢？）
　　g. Wouldn't it be nice if you could perhaps get up?（如果你也许能站起来不是很好吗？）

这一组语句，说话人所使用的内部调节手段越来越多，确信度和对听话人的操控度则逐渐降低，语句的礼貌等级越来越高。当然，在真实交际中，说话人还必须根据自己与听话人之间的关系，以及言语行为对听话人的损益与否来决定最恰当的语言策略。在关系亲密的人之间，或者言语行为对听话人有益的情况下，礼貌等级低的语言形式反而是礼貌的、得体的。[②]

在汉语中，说话人如何综合运用各种语法手段调节言语行为的语力，是否与英语说话人所采取的策略一致，这是汉语作为第二语言教学中得体性研究的重要内容。

---

① Givon, T. (1990). *Syntax: A Functional Typological Introduction*. Amsterdam: John Benjamins.

② Leech, G. N. (1983). *Principle of Pragmatics*. London/NewYork: Longman Group Ltd.

三、总结

Kasper（2001）[1]指出，教师一定要让二语学习者参与到丰富的语用实践中，让这些实践成为他们的交际活动和文化储备的一部分，这样，他们的元语用意识才能促使他们发展第二语言的语用能力。而学习者是否具备二语的语用能力，是否具有得体表达的能力，还受制于学习者的语言水平。因此，如何让学习者参与到语用实践中，在教学的哪些环节让学习者了解目的语的社交文化与语言策略，这是二语教师需要认真思考的问题。

自20世纪90年代以来，学界对不同的言语行为进行过诸多研究，如问候、感谢、恭维、请求、拒绝、抱怨、道歉、建议等，且涉及不同国别和语言背景的学生在这些言语行为中的语言表现。但是，研究的重点多是言语行为策略（如直接道歉、承认错误等），而较少关注言语行为的语力调节结构，对言语行为内部调节手段的关注更是远远不够。本文强调，汉语作为第二语言的研究与教学应加强各种言语行为内部调节手段的研究，关注形式—功能—语境之间的结合关系，如此，才能为得体性教学目标的实现提供可参考的依据。

---

[1] Kasper, G. (2001). Four perspectives on L2 pragmatic development. *Applied Linguistics*, 22(4): 502-530.

第三节　跨文化交际适度性研究[①]

跨文化交际，一般指具有不同文化背景的人们所进行的交际行为。[②] 由于文化背景不同，在不了解彼此文化因素的情况下，在交际的过程中难免会产生误解，交际语言和行为也难以做到"得体"。因此，了解对方的文化规则是实现交际言行"得体性"的前提条件。"文化规则从总的方面来说，它保证话语的得体性，使话语与说话情景、说话的社会文化背景保持一种协调的适切状态"。[③] 然而，是否以对方文化规则指导自己的交际言行，就一定能保证跨文化交际的畅通和交际行为的得体性呢？是否使用越多，效果就越好呢？本节试图就跨文化交际中文化规则使用的"适度性"问题分析讨论。

一、文化规则使用"不适度"的两种情况

（一）在不必要的情况下使用而造成的"不适度"

在跨文化交际中是否一定要使用对方的文化规则，才能表示友好和尊重，达到良好的交际效果呢？请看笔者阅读过的一个真实案例：中国学生小蒙请来中国旅游的美国同学约翰到家中做客。小蒙事先特地嘱咐了父母注意一些细节，不要太过热情，不要问

[①] 本节选自桂靖《论跨文化交际文化规则使用的适度性问题》，《云南师范大学学报》（对外汉语教学与研究版）2012年第3期。
[②] 李晓琪主编《对外汉语文化教学研究》，商务印书馆，2006年，第40页。
[③] 同②，第143页。

东问西。第二天,约翰如约去了小蒙家,小蒙的父母简单招呼了一下之后便去厨房准备晚餐,没有再打扰约翰和小蒙聊天儿。约翰好奇他们为什么没有像他所听说的中国人那样热情好客,问东问西。晚饭时,约翰对小蒙父母的厨艺赞不绝口,小蒙父母刚想回答"哪里",但想到小蒙的嘱咐,改口回应:"Thank you."晚餐时,除了筷子,他们还为约翰准备了刀叉、调羹,并实行了分餐。席间,他们除了开场说了句:"Enjoy yourself."后再无他话。气氛显得有些尴尬冷清。事后,约翰不解,为什么这些和自己以往在电视剧中看到的中国人热闹好客,频频交流的场面一点儿也不一样呢?[①]

这显然并不是中国待客的典型场景,换言之,在这场交际中,中国的待客文化出现了"萎缩"甚至"变异"现象。这样的结果,既不是美国学生所期待的,也不符合那对中国父母的初衷,它并不是一次成功、顺畅的跨文化交际。

这说明,跨文化交际中,并非双方依照彼此的文化规则交际,效果就一定好。相反,如果事先小蒙没有嘱咐父母那些细节,由着他们按照中国习惯热情待客,效果反而真实自然。换句话说,这个过程中,小蒙父母如果放弃使用美国的社交规则,跨文化交际的过程会更加顺畅。因此这是一种在不必要的情况下使用了对方文化规则而造成的"不适度"。

(二)逾越规则使用尺度而造成的"不适度"

假设一个情景:中午时分,留学生在校园与老师相遇,我们来对比用下面哪一种打招呼更得体:

[①] 吴为善、严慧仙《跨文化交际概论》,商务印书馆,2009年,第67页。

老师好！吃饭了吗？

吃了吗？

我相信老师更愿意接受第一种方式，显得既亲切，又有礼貌。尽管第二种方式的招呼语看似更"地道"、更"典型"，但留学生使用的话，还是显得有些"唐突"或者"没大没小"。

此外，如果留学生按照中国称谓习惯，在路上称30多岁的女性为"大姐"，称50来岁的男性为"大爷"，听话人会觉得这是在"套近乎"；如果留学生为了加强语言的生动性，在短短一段话里频频加入歇后语，即使用得贴切，听话人也会感觉有些"油嘴滑舌"。

这些表达在遵循目的语文化规则和意义表达方面并没有差错，问题在于使用的"尺度"上有些过，显得不够适度，使听话人觉得别扭、不自然。

二、文化规则使用"不适度"的原因

交际文化规则使用容易发生"不适度"，我们从交际的双方——文化规则的使用者和接受者两方面来分析其原因。

（一）使用者

从交际文化规则的使用者角度来看，存在着主客观两方面原因。

1. 客观原因：文化规则使用场合混乱。

从外界客观因素来看，交际者在不必要的情况下使用对方的文化规则而造成"不适度"，这主要是由于文化规则使用场合的混乱导致的。"在正常交际中人们惯常的交际行为是无意识的，或意识性很弱；但在陌生的环境中，人们的交际行为有时会是有意识的，或自觉的。"① 实际上，前者的"无意识"是出于文化背景相同的成员在文化规则选择上的"默契"，他们的言行不约而同都遵循本民族的文化规则；而后者的"陌生环境"指的是跨文化交际环境，此时的"有意识"是出于交际者的文化选择矛盾，交际者的心理是："我应该按照自己的文化习惯还是顺应对方的文化习惯来交际呢？如果是按照对方的文化规则，我应该怎样说，怎样做，才不会引起误会呢？"

这种潜在心理实际上属于"文化依附矛盾"。文化依附矛盾本是一个对外汉语教学方面的概念，它是指"教师因教学对象为异文化群体成员而进行文化选择时和留学生因学习内容为汉语言文化而进行文化选择时所表现出来的矛盾"②。但实际上，这种文化依附矛盾不仅仅存在于"教"与"学"的过程中，同样存在于跨文化交际之中。

文化依附矛盾问题如果得不到及时解决，交际双方难以达成共识，就会使得交际双方的文化选择呈现一种不伦不类的混乱状态，最终导致两种可能的结果，如图1、图2所示：

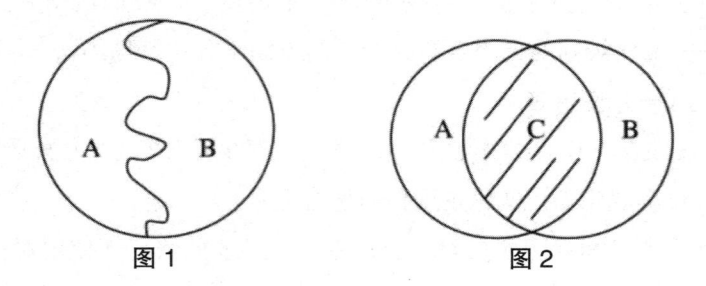

图1　　　　　　　　图2

---

① 吴为善、严慧仙《跨文化交际概论》，商务印书馆，2009年，第9页。
② 王建勤《跨文化研究的新维度——学习者的中介文化行为系统》，《世界汉语教学》1995年第3期。

第一种结果如图1所示,图中A、B分别代表两种目的语文化,交际双方不知所措,使双方的文化规则交替出现,形成"文化混合"现象,即交际过程中两种文化交替出现。第二种结果如图2所示,由于双方缺乏交流,都"自说自话"般地尽量遵循对方的文化规则交际,但当双方同时使用对方文化规则的时候,就会出现一个交汇地带C区,这是一个双方相互错过的"阴错阳差"区域,彼此文化规则使用越多,C区越大,误会越深。前文中美国留学生做客中国家庭的案例就属于这种情况。无论是哪一种情况,都存在文化规则的使用不适度的问题,就是说双方中有一方是在不必要的情况下使用了对方的文化规则,如果放弃使用,交际过程就会更加顺畅。

因此,由于没有达成共识而导致使用场合混乱,文化依附矛盾加强,这是引起文化规则使用不适度的客观原因。

2. 主观原因:使用者把握尺度困难造成"不适度"。

如果使用者把握不好文化规则的使用尺度,往往造成两种结果:一是索性采取回避态度,不予使用;二是尽管使用,但是"不适度",不得体。

孟子敏(1997)[①]提到"在招呼语和告别语的使用上,留学生最不习惯的就是'吃了吗''干什么去呀''你慢点儿走'等"。作者在文章中将其理解为留学生对汉语文化规则"依附母语文化做出的评价"的负面现象,就是说他们不情愿依附汉语文化。然而我这样认为:对这些表达作为招呼语、告别语的交际功能,留学生有必要理解,从而避免"认为对方在打探个人隐私"等文化

---

① 孟子敏《文化依附与对外汉语教学》,《语言教学与研究》1997年第2期。

误解。但至于学生不使用这些表达方式的现象,我们不能一概而论认为是"不愿意"或"不习惯"的问题,有可能是因为留学生对这种文化规则使用尺度把握不准,索性采取了一种回避态度。退一步说,如果留学生果真用"吃了吗""慢走"代替"老师好""再见",交际效果就一定好吗?我认为,这种过于亲近的表示,并不适用于师生关系,更不适用于国籍不同的师生关系,一旦使用反而"不适度"。文章还提到一种现象:"在北京语言文化大学这一外国人聚居区,'你好'这一在汉语文化中并不常用的招呼语已经流行。"作者认为这种"外语的汉语翻版"却成为最流行的招呼语的现象也是文化依附矛盾的体现之一。但我认为:在商场或酒店的顾客与服务人员之间,或者初次见面的两个中国人之间,当代并不排斥用"你好"打招呼,因此留学生之间选用这个招呼语并不能被确定为"文化依附矛盾"的表现,相反,这个招呼语用于关系并不太近的不同国籍的成员之间,还是比较适度,比较得体的。

所谓"厚积薄发",目的语交际文化规则作为知识,对留学生来说有必要掌握,而且学得越多,理解得越准确,就越能避免交际中的文化误解。然而,由于各种原因,并不是这些文化规则都适合留学生在与中国人的交际中使用,使用中很容易显得不适度,影响交际言行的得体性。那么,究竟是什么原因使得这种使用显得"不适度"呢?

首先,教学中关于交际文化规则"使用条件"的解释不够。

"交际规则"(Communicative Rule)指的是后天习得的行为方式,也称为组织人们之间相互交往的规则,人们认为应以这些规则指导人际交往。[①] 可见，交际规则的获得方式不是先天的，而是后天的。目的语的交际规则，学习者是在目的语的学习过程中以及在目的语的交际环境中逐步习得的，其中通过语言教学中的文化教学来学习这些规则是习得的主要途径之一。

关于对外汉语文化教学法的研究，近年来最有代表性的理论包括"文化导入说""文化揭示说""文化融合说"和"文化语言有机化合说"。但无论是"导入"还是"揭示"，都是在语言课堂上有目的地进行的，都离不开语言课"精讲多练"的教学原则。教学模式通常是教师把文化规则向学生做简单的讲解之后，设计语境，组织学生会话操练。值得注意的是，操练情景设计的前提条件是"什么时候可以这样说"，而对于"什么时候不适合这样说"的解释，即对于使用限制条件的解释往往是欠缺的。

例如，对于"慢走"这一表达，最常见的解释是：这是一个类似于"再见"的告别语，其中含有对离别者的关心，在客人离开的时候，主人可以这样说。但实际上，"慢走"这一表达方式在语境和交际双方的关系上都有限制。首先看语境限制：这个表达存在字面义，它本身有"小心脚下""路上注意安全"等意思。基于这个本义，它在语境上的要求是需要告别者具备"潜在风险性"。具体说来，主观风险包括客人可能是年长者或有其他不便因素者；客观风险包括所要走的路程有相当的距离，其间存有安全隐患等。因此，如果仅仅是住对门的两个年轻人之间告别是不能这样说的。再看它对交际双方的关系的限制：这句告别语包含着朋友、亲人般的关心和牵挂，因此，双方关系如果较疏远或者交际

[①] 毕继万《跨文化交际研究与第二语言教学》，《语言教学与研究》1998年第1期。

场合较正式,都不适合使用这种表达。如果教学中对这些限制条件不解释清楚,学生在使用中就会直接用它替代"再见",让听话人觉得"太近乎",不够得体。

因此,语言教学中教师对于文化规则使用的限制条件解释不足,是造成文化规则使用"不适度"的原因之一。

其次,交际者身份的特殊性,交际双方关系的特殊性。

跨文化交际中,双方的关系是具有特殊性的,而这种特殊性却容易在教学中被忽略。

关于交际双方的身份和彼此之间的关系,人们关注的焦点往往是"上下"关系或是"平等"关系,并以此为基础决定使用的文化规则和语体。"社会语言学家把形形色色的关系概括为普遍存在的'权势'和'一致性'关系。"通常较正式的语体标志着交际双方社会地位不平等,而比较随便的语体则标志着双方可能比较亲密或者志趣相投。[①] 值得注意的是,人们往往忽略了跨文化交际双方本身自带的一种关系:由于国籍不同、文化背景不同,交际者之间本来就存有心理上的距离感——除特殊情况外,很少存有亲密、随意的关系。跨文化交际双方之间比同民族成员之间的关系疏远,交际也更正式,因此异族成员之间在使用较随便的语体和文化规则的时候需要特别慎重,非常容易在使用中"不适度"。

教学课堂上设计会话情景时,往往通过同民族成员之间各种关系来帮助学生分辨使用的语体和文化规则,而"跨文化交际"情景却容易被忽略。但这恰恰是一个值得注意的、不容更改的客观现实。教师固然希望学生尽可能地接受并融入目的语国家的文

---

① 吴为善、严慧仙《跨文化交际概论》,商务印书馆,2009年,第68页。

化,像对母语文化规则一样运用自如,这也是对外汉语教学的最高境界。但实际上,由于身份的特殊性,这一点很难实现。孟子敏(1997)[①]在分析外国学生"文化依附"时,认为他们最好的文化依附是"完全摆脱自身母语文化的束缚,而去接受汉语文化。这是把汉语作为外语学习时所达到的最高境界,但在目前的现实中还极罕见",因此作者"只能认为这是一种理论上的存在"。这是从主观因素方面做出的分析,实际上从客观因素——他们的身份来讲,达到像本族语者一样与汉语成员进行跨文化交际,这也只能是"一种理论存在"。

总之,跨文化交际者的异国身份和交际双方的特殊关系,使得一部分在本族成员间适合使用的交际文化规则一旦在跨文化交际中被使用,就显得"不适度"。

再次,交际者自身心理因素。

通常来讲,汉语学习者的学习动机可以分为两类:一是对汉语文化持"结合性动机",二是持"工具性动机"。学习的动机不同,学习者在学习过程中体现出来的文化依附矛盾的程度也不同。持工具性动机的学习者(例如为了日后从事与汉语有关的工作而学习汉语的学生),往往心理上的文化转换机制并没有完全建立,有的学生对汉语文化持抵制态度,完全不接受汉语文化;有的虽不抵制,但有时也会"基于母语文化对汉语文化做出评价"[②]。在文化依附上呈现摇摆不定的状态,因此与汉语文化的结合也并不完全。这种情况下,学生有时会为了少出现错误而尽量避免使

[①] 孟子敏《文化依附与对外汉语教学》,《语言教学与研究》1997年第2期。
[②] 同①。

用已知的汉语文化规则，采取一种逃避态度，具体表现为交际中语言的"单一性"表达。相比之下，对汉语持结合性动机的学生，由于怀有对汉语和汉语文化的热爱，心理上已建立起了文化转换机制，与汉语文化群体接触时完全接受汉语文化，这一部分学生对汉语文化规则有很强的敏感性和学习主动性，愿意把自己在课堂内外学习到的汉语文化规则实践于交际过程中。因此，这种心理驱使他们倾向于尽量多地使用汉语文化规则，以便加深与汉语文化的结合程度。例如，他们喜欢在谈话中大量插入俗语、歇后语以增强语言的表现力；在受到称赞时以中国传统的谦虚态度回应对方；会话中尽量使用"地道"的口语，等等。需要指出的是，学生的这种动机难能可贵，但是这些文化因素在使用中需要控制比例，如果太过频繁，就会显得不够"适度"，过犹不及。

（二）接受者角度

跨文化交际中言行是否得体，汉语文化规则的使用是否"适度"，实际上评判标准来自本族语者，即接受者一方。因此，这个标准并不是绝对客观的，而是有一定的主观色彩的，得出的判断也必然与接受者的心理有关。下面来分析一下接受者的心理状态。

在跨文化交际中，存在着一个交际双方对彼此言语和行为的"预测"的过程。"因为交际是在一定的文化背景和交际情景中进行的，而且交际行为有其固有的语言规则以及语用规则，因此人们的交际过程是一个交际双方对彼此的交际行为的结果进行预测的过程。"[①] 跨文化交际本身构成一个大的交际情景，这个语境下，本族语者对目的语者的预测有什么特点呢？最重要的一点

---

① 吴为善、严慧仙《跨文化交际概论》，商务印书馆，2009年，第67页。

是，出于一种"定型"心理，本族语者认为目的语者的语言水平和文化规则的操纵能力不具备和本族人相同的高度。

这里的"定型"是指人们对另一群体成员所持有的简单化看法。这个概念可以用来指对某一文化背景成员的认知，比如说对一个民族的整体印象；同时也可以用于对某一个具有相同特征的群体的认知，比如说本族语者对目的语者的印象。"定型"的影响有双面性，积极的一面在于它"是人类在应付复杂的外部世界时普遍使用的一种基本认知策略"[①]。从这一点来说，它有助于了解对方的总体特点。但同时，它也有消极的一面："定型的弊端之一是夸大群体差异，忽略个体差异。"[②] 因此，当我们知道对方是外国人时，往往就会想当然地认为对方不可能像使用母语一样地使用汉语，也不可能像自己人一样了解和使用汉语文化规则。这种定型心理，必定使得我们在对目的语者交际能力的"预测"中降低标准，这时如果外国人一旦展示相当高的汉语水平或使用"过于地道"的文化规则进行交际，就会形成与接受者"预测"之间的落差，有时甚至引起接受者微妙的心理变化。

从本族语者的角度来说，通常存在着一种心理因素："在交际中，本族语者对第二语言使用者的语言水平不高有一种心理预期，即使对方出现语用失误，违反了合作原则或礼貌原则，他通常也能够宽容或迁就。Albrechtcen、Henriksen 和 Faerch（1980）等的研究表明，本族语者对外国人过分地道的第二语言倒会表示反感。束定芳等（1996）认为，这也许是深层的社会心理因素在

---

① 高一虹《"文化定型"与"跨文化交际悖论"》，《外语教学与研究》1995 年第 2 期。

② 同①。

起作用，本族语人可能感到身份（Identity）受到威胁。"① 这就是说，本族语者实际上对于外国人过于流利地使用本族语，过于"地道"地使用本族的文化规则，在潜意识里是抵触的，有时甚至会觉得对方有"卖弄"之嫌。

这种本族语者相对低的心理预期以及对于外国人过分地道的会话能力和文化规则使用能力的"反感"心理，也是使得跨文化交际中接受者容易认为外国人在使用汉语文化规则时"不适度"，有"卖弄"之嫌。

三、如何增强文化规则使用的适度性

（一）对文化规则的使用场合达成共识

为避免文化规则使用场合混乱的情况和由此产生的文化混合现象，首先应该在交际双方之间形成一种默契，确定交际中究竟使用哪一方的文化规则。那么究竟应该如何确定呢？我认为可以参照两个原则。

一是"尊重目的语文化"的原则。无论哪个国家的交际文化规则，只有与本国语言协调一致，才能够充分发挥它的作用，释放独特的魅力。否则，就会出现一边鞠躬一边用汉语说"请多多关照"的文化依附矛盾言行。要想让学生明确这一点，对外汉语教师首先要解决自身的文化依附矛盾问题，在进行对外汉语教学时，不要为迁就学生而依附某种外国文化，而是应该大方地遵守

---

① 周健《试论文化混融语境中的交际与汉语教学》，《汉语学习》2000年第4期。

汉语文化规则，以便促成健康的文化依附。在这样的前提下，教师才能指导学生在说汉语时尊重汉语文化，遵守汉语文化规则。

二是"入乡随俗"的原则。有些交际不是完全依靠语言完成的，而是含有大量的非语言因素。那么，交际行为的双方就应该与所处的大文化背景协调一致，即交际行为发生在哪个国家，就应该遵守哪个国家的交际文化规则。举例来说，前面介绍的留学生做客中国家庭的案例，尽管交际过程中混合使用了汉语和英语，但是待客这一交际行为既然发生在中国，双方就应该依照中国传统的待客方式交际。

（二）提高文化教学的精准度

留学生对于汉语语言文化规则的习得途径，主要以系统的课堂学习为主。尽管对外汉语教学以"精讲多练"为原则，但"精讲"不等于"少讲"，教师的讲解需要"精而准"。至于具体做法，不妨从使用的"范围"和"时间性"两个角度加以限定。

1. 文化规则"使用"的范围小于"理解"的范围。

对外汉语教学中，要求学生对知识的"掌握"通常包括两个含义：一是能理解，二是会使用。但实际上"理解"和"使用"是两个完全不同的过程。"理解"是一个认知过程，是一个输入的过程。"语言系统中凝聚着所有的文化成果，保存着一切文化的信息，这就是我们有可能通过语言了解、分析、认识各种文化现象，包括已经消失了的文化现象。"[1] 通过语言，学生对文化的认知，涵盖了社会的方方面面，除了大纲规定的内容以外，对文化因素的"理解"实际上多多益善。"使用"则是把所学知识

---

[1] 杜道明《汉语作为第二语言教学文化概说》，北京大学出版社，2008年。

作为一种工具，进行表达的过程，是一个输出的过程。同"理解"的过程相比，"使用"这一输出过程会受到各种主客观因素的限制，包括交际的场合、时间、交际情景，以及交际者的身份、关系、心理因素等。只有顾及这些因素，交际规则的使用才能适度、得体。因此，尽管学生"理解"的目的语文化规则多多益善，但是由于各种条件的限制，并不是所有的交际规则都可以付诸"使用"。对文化规则"使用"的范围远远小于"理解"的范围。

关于文化教学大纲的制定，吕必松（1992）[1]认为"应该以文化为纲，即以隐含在语言内部的'一个民族的心理状态、价值观念、生活方式、是非标准、思维方式、道德标准、风俗习惯、审美情趣，等等'"。这是关于文化因素教学"教什么"做出的范围界定，这个范围比较大，实际上是"理解"的范围。其中，适合留学生"使用"的范围只占其中的一部分，具体是哪些文化规则，什么情况下用，还需要在具体教学中加以指导，才能保证使用的适度性。"跨文化交际能力是语言能力、非语言能力、跨文化理解能力和跨文化交际适应能力等方面所构成的综合能力。"[2]可见跨文化交际能力是多方面的，既包含"跨文化理解能力"，也包含"交际适应能力"，但二者并不完全等同，也不能用相同的标准做统一的要求。

毕继万（1998）[3]指出："对初级水平或零起点的留学生，应着重进行交际文化教学，如社会上打招呼的方式，进行各种日

---

[1] 吕必松《对外汉语教学的理论问题》，《语言文字应用》1992年第1期。
[2] 毕继万《跨文化交际研究与第二语言教学》，《语言教学与研究》1998年第1期。
[3] 同[2]。

常交际的习俗等。"可见，招呼语、问候语、告别语、道谢、答谢等文化内容在日常生活中最基本，最常见，使用最频繁。生活中最基本，最常见，使用最频繁。在教学中，教师一定要设法让学生意识到这些内容的使用场合、双方关系和交际背景等限制因素，尤其要把留学生的身份以及跨文化交际双方的距离感等因素考虑进去，引导学生在交际中注意留有余地、尽量做到适度地使用、得体地交际。

2. 时间性：引导学生使用共时文化规则。

文化规则的使用在"时间性"方面同样需要限定。传统的文化规则固然应该理解，但如果使用的话，则需要摒弃过时的内容，以保证交际的得体性。就是说，教师应该引导学生使用共时的，有时代感的文化规则。

鲁健骥（1990）[1]指出"有些文化现象是有时间性的，因此对文化的介绍也应随着时间的推移做相应的调整"。交际文化规则是有时间性的，教师不能抱着"一成不变"的观念，引导学生使用所谓"经典"的交际规则。最典型的一个例子，以前温饱成问题，老百姓见了面问候"吃了吗？"，现在衣食无忧，这样说的人很少了，如果还在教学中把它当作"经典问候语"指导学生使用，就显然不合时宜了。

文化因素的研究和教学"重点应在现代'共时'文化上"，在于"当代活生生的文化现象"[2]，随着时代的发展，国家之间的经济、文化往来，中国人的观念和习惯也随之发生着变化。以

---

[1] 鲁健骥《对外汉语教学基础阶段处理文化因素的原则和做法》，《语言教学与研究》1990年第2期。

[2] 张占一《试议知识文化与交际文化》，《语言教学与研究》1990年第3期。

前中国人较少用"你好"作为招呼语,现在却普遍使用;以前中国人在受到称赞时为表示谦逊,常回答:"哪里,哪里,过奖了!"现在却有相当数量的人会大大方方地回应一句:"谢谢!"中国传统习惯通过"聊家常"拉近彼此距离,而当代中国人的隐私观念正在逐步形成。这当然不排除西方文化对中国传统文化的影响,但是我们不能把它看作一种文化混合后的"变异"现象,不能认为"它们不能代表汉语文化",实际上它们已经成为现实存在,并在当代中国交际文化规则中充当起了重要角色。因此,我们必须要接受这个现实,也有必要在文化教学内容中把这些新的文化因素纳入进来。

也许有人认为,留学生如果使用当代的交际文化规则,就会显得不够"传统""地道"。但我认为,正如前文提到的,作为目的语者,他们不需要彰显自己的"过于地道",这少许的"不够"恰好形成了文化规则使用中的"余地",使得他们的言行一方面具有时代感,另一方面在本族语者看来更显适度、得体。

基于上述要求,对外汉语教师必须善于观察,保持对当代文化的敏感性,才能够对教学内容不断调整和更新,将当代活生生的文化现象和实用的交际文化规则介绍给学生。

四、结论

综上所述,在跨文化交际中,交际者为表示对对方文化的尊重和对目的语文化的高度依附,有时在文化规则的使用上存在缺乏"适度性"的问题;此外,当目的语者的语言水平和文化规则使用超过本族语者的预期时,后者也容易感到不够"适度"——

换句话说，一些文化规则，本族语者使用被认为是"适度"的，而目的语者使用则被认为有"过度"之嫌。

该问题的解决需要双方的努力：一方面在对外汉语教学中教师需要将跨文化交际的特殊性考虑进去，对文化规则的使用做出更明确的限定和说明，引导学生使用符合身份和跨文化交际场合，具有时代特色的交际文化规则；另一方面，学生也需要在课外交际实践中提高对文化规则的敏感性，不断调整言行方式，以实现规则使用的适度性和交际的得体性。

第四节 跨文化语境下的汉语作为第二语言教学语用失误研究[①]

随着全球化进程的逐步深入，世界各国的经济贸易和文化交流愈加频繁，人们在日常工作和生活中无不贯穿着跨文化的交际活动。同时互联网也已经接入家家户户，即使人们足不出户也能进行跨文化的交流。由于中西方文化存在诸多差异，来华留学生在跨文化交流中往往因为双方的沟通方式、文化背景等差异导致

---

① 本节选自刘慎军《跨文化交际语境下的对外汉语语用失误研究》，《语文建设》2013年第12期。

本节参考文献：方洁《跨文化交际中语用失误及交际策略研究》，《美中外语》2009年第11期；梁洁、黎珍、钟地红《浅析跨文化交际语境中的言语交际语用失误》，《黑龙江科技信息》2011年第8期；严菊环《跨文化非言语交际中的语用失误探析》，《湖北广播电视大学学报》2012年第11期；张希永、李惠《跨文化交际语境中的语用失误与文化差异研究》，《语文学刊》2010年第14期。

语言理解的错误，这就是常说的语用失误。语言是实现跨文化交流的基础，语言能力并不等同于交际能力，因此，在对外汉语教学中，教师应有意识地培养来华留学生的语用能力，逐步引导留学生对中国文化的认识和吸收，尽可能地减少语用失误的发生，这不仅是语言学习的根本目的，也是时代发展的必然要求。

一、跨文化交际中语用失误的原因

（一）价值观念的差异

在中国人的价值观中，人们往往青睐团体的合作，注重集体荣誉，所以当个人利益和集体利益产生失衡时，人们首先会考虑到大局。在评判个人行为的对错时，人们通常是以社会道德作为行为准则，并竭力地维护集体荣誉。但在西方人的价值观中，他们维护个人的价值，重视个人能力的展现，正因为中西方两种截然相反的价值观，在跨文化的交际过程中很容易产生语用失误。例如在跨文化交际语境下，中国人在接受他人的帮助时往往要先表现出自己的礼貌，与对方说些"麻烦了"等惯用语，而且需要对方多次请求的情况下才能接受，而这种交际行为在西方人眼中很容易误认为是虚伪。

（二）思维模式的差异

不同个体之间的思维模式各不相同，它与文化背景息息相关。人们长期在特定的文化背景中生活，自然而然就会形成特定的文化特性，且他们在无形之中会生成相对应的思维模式。留学生在交际中突显出思维模式的差异性，受到西方传统文化的熏陶，他们具有很强的理性思维和逻辑性，而在东方文化的感染下，人们则倾向于个体直觉的感知，思维判断大部分来源于个体的经验累积。这两种不同的思维模式在文化语境中形成了固定的模式，所以西方人较为注重科学技术、逻辑、竞争；而东方人则重视道德伦理、直觉以及和谐。

（三）文化背景的差异

中国是一个注重仁义道德的国家，几千年的封建思想禁锢了人们的行为，人们在日常生活中把集体利益放在首位，以道德作为基本的守则；西方文化重视个性化，追求自由平等，西方人在这种文化氛围下逐渐形成了独立自主的性格特征，他们力求在集体中得到凸显，并充分地展现出独特的自我。在中国的传统文化中，人们具有深厚的等级观念，晚辈要主动向长辈问好；而在西方文化中并没有鲜明的阶级观，家庭成员以及师生之间可以直接用名字作为称呼，这种情况在留学生的日常交际中时常出现错误。

二、跨国文化语境下的对外汉语语用失误的表现

（一）语用原则选择的失误

在跨文化交际语境中，人们应遵循基本的语用原则，即合作原则和礼貌原则。生活在不同文化背景下的人在应对各种交际场合的时候，对语用原则的应用也不尽相同，这是直接造成语用失误的主要根源。由于文化背景的不同，外国留学生对礼貌原则的顺应程度各不相同，因此，在跨文化交际中英美国家倾向于得体原则，地中海文化重视在人际交往中表现出慷慨原则，而中日文化在交际中遵守谦虚原则，外国留学生在我国的文化语境中进行交际活动，很容易与交际中的一致语用原则产生冲突，例如对他

人给予的赞赏，中国人通常用"不""哪里"等来表达谦虚的意思，而西方人则直接用"谢谢"来感谢他人对自己的赞赏之意，在这种情形中，西方人的回答就与谦虚原则相悖。

事实上，在跨文化交际语境中，无论说话者倾向合作原则还是礼貌原则，都难以做到真诚而又得体的语用效果，因此当各种语用原则发生冲突的时候，说话者就要在第一时间做到取舍。关于语用原则的取舍，西方人在日常交际中往往青睐合作原则；相反，中国人则首先会选用礼貌原则，并力求表现出自己得体的一面。

（二）实施言语行为的合适性条件的失误

语用学理论中强调要真正发挥言语行为的作用，就要满足一定的合适性条件，这些条件主要指在很大程度上作用于人们言行的因素，包括要求、权力、权利等。详细地说，"要求"是指说话者与对方提出的要求大小，提出的要求越高，说话者选择的说话方式则较为直接；如同社会距离相近的两个人在对话，彼此之间越熟悉，采用的也是直接的说话方式；但在权力关系的限制下，对话双方的权力差距较大，那么对话方式也就委婉许多。在跨文化交际过程中，很多留学生会因为没有充分关照对话双方之间的社会距离等合适性条件，很容易导致语用的失误。

（三）言语行为实施方式的失误

深受不同文化背景影响的留学生在跨文化交际中运用言语行为时会产生差异化，一般来说，导致外国留学生实施言语行为失误的原因可以概括为以下几个方面：实施言语行为的方式、范围、程度不同。由于外国留学生不了解中国的语言文化，所以在交际中难以表现出得体的言语行为。

外国留学生在实施言语行为的过程中，也会因为中国文化与他们的母语文化在实施规则方面的不同而导致语用失误。在中国文化中，当人们向对方提出邀约有两种情况：一种是出自真诚的邀请，可以通过说话者具体说明的地点、时间，甚至与对方进行沟通商量，从中就可以辨认出对方是真心的；另一种则是为了维持表面上的客气而说的客套话，缺失以上因素。在很多情况下，外国留学生会因为不明白对方的语用规则而分不清对方是真心还是假意。

三、跨文化交际语境下对外汉语语用失误的防范策略

（一）增强留学生对中国文化的敏感性和文化意识

外国留学生因长期受到母语文化的熏陶，当他们进入全新且陌生的文化语境中，很容易在交际中发生冲突，尤其是语用失误等情况时常出现。在对外汉语教学中，教师应该有意识地培养学生对外来文化的适应能力，提升外国留学生对中国文化的认知，促使他们在思想意识上消除对外来文化的偏见，增强留学生对中国文化的包容性。与此同时，教师在对外汉语教学中应逐步引导留学生在跨文化交际中培养文化意识，使其尽可能不受母语文化的影响，做到语用移植，巧妙地应对不同的文化语境。

（二）引导留学生克服文化迁移对跨文化交际产生的负面影响

在跨文化交际中，教师引导不当很容易产生文化迁移的负面作用，文化迁移主要是在日常的汉语学习中表现出来的，由于文化差异而造成交际干扰，甚至会造成交际中断或双方的仇视。因此，在对外汉语课堂教学中，教师在加强对留学生听说读写能力

训练的同时，可以借助多种教学手段或模拟场景来引导学生对不同文化进行对比，通过阅读课文让留学生熟悉中国的传统习俗和文化观念，让他们深入熟知汉语言。

（三）对外汉语教材的编写和语言测试方式应更加科学合理

教材是对外汉语教学的主要依据，现有对外汉语教材很少提到语用问题，很少考虑留学生在使用语言过程中会面临的问题。只有在教材中考虑到语用问题，设计相关的内容，才有可能帮助留学生提高语用能力。在对外汉语教学中，语言测试起一定的导向作用，语言测试的目的应从单纯的语言能力测试向语用能力测试过渡，适当增加语用能力测试的内容。

四、总结

综上所述，随着中西方文化交流的日益深入，在不同文化的影响下，人们在跨文化交际中会发生文化的误解和冲突，语用失误现象时常发生，在一定程度上阻碍了人们的交流。来华留学生在跨文化交际中发生语用失误现象可以归纳为价值观念、思维模式以及文化背景等方面的差异，因此，在对外汉语教学中，教师应该有意识地督促留学生分析和改正语用失误，引导他们深入了解中国文化，增强不同语言文化之间的认识，提升他们对不同文化的包容度，使汉语在世界文化的激流勇进中散发出和谐的魅力。

第五节　跨文化交际语用失误原因及对策[①]

在普通国际交往和学习汉语的过程中，我们发现以英语为母语的人，尤其是高年级的留学生，他们语言表达很流利，但说的话有时却让正在听的中国人感到不舒服。例如笔者同事亲历的真实故事：老师问学生毕业以后想做什么工作，其中一位学生说想当老师，而另外一位美国学生却说不想当老师，并说当老师没有钱、压力大、社会地位低等，丝毫没有注意到一旁的老师的表情……掌握一种语言的目标之一就是具备交际能力，其中语用能力是交际能力的重要组成部分。可我们以往只重视词汇、语法等语言知识的习得，"却几乎不关注学习者如何才能运用这些外语知识在具体交际环境中恰当地以言行事"[②]。这种跨语言和跨文化的语用学研究，称中介语语用学（Interlanguage Pragmatics），或第二语言语用习得研究。汉语作为第二语言的语用习得研究则称作汉语第二语言语用习得研究。

以往关于语用失误的研究很多，但绝大多数都集中在英语外语教学领域，对产生失误的原因多限于二者语用规则的表层对比，未曾系统地从跨文化角度对中英两种语言的语用规则进行有目的的选择、重组，也未曾对中英两种语言的语用规则进行重要性或主次排序，没有对语用规则与不同言语行为之间的匹配关系进行

[①] 本节选自黄晓琴《语用规则与跨文化语用失误——汉语第二语言言语行为语用失误原因及对策》，《北京师范大学学报》（社会科学版）2013年第2期。

[②] 陈新仁《〈语言教学中的语用学〉导读》，载 Kenneth R. Rose & Gabriele Kasper 编《语言教学中的语用学》，世界图书出版公司，2006年。

总结，而语用规则的排列错位恰恰是造成跨文化语用失误的内在原因。汉语第二语言语用失误研究刚刚起步，且多集中在语言语用失误方面和失误分类方面，[①] 对语用失误产生的原因仅限于外部原因的分析，[②] 没有对语用失误产生的内在原因进行剖析，正如施家炜（2006）[③] 所说"……我们对这个领域的研究还处于幼稚阶段"。有鉴于此，本节主要选择英语母语者使用汉语时出现的跨文化语用失误为例，[④] 列举恭维与赞美、问候与寒暄、请求与建议、致谢与致歉、邀请与拒绝等常见言语行为方面出现的语用失误，指出语用规则内容、主次排序及其动态变化的不同如何导致跨文化语用失误，以及隐藏在规则背后的深层文化原因，进而提出避免语用失误的对策，尝试从跨文化交际角度重组汉语和英语的语用规则，以期对普通中英国际交往以及汉语第二语言语用教学与习得研究有所裨益。

一、英语母语者汉语言语行为语用失误举隅

Jenny Thomas（1983）[⑤] 将语用失误分为语言语用失误和社交语用失误，而且认为语言语用失误根本上是个语言问题，因此社交语用失误应该是跨文化语用失误中的主要类型。社交语用失误指交际中因不了解或忽视谈话双方的社会、文化背景差异而出

---

① 孙德华《留学生汉语语用失误的归类分析》，《现代语文》2006年第3期。
② 李炜《留学生汉语语用失误的客观成因探析》，《现代语文》2009年第3期。
③ 施家炜《国内汉语第二语言习得研究二十年》，《语言教学与研究》2006年第1期。
④ 文中举例除进行标注的以外，均源于黄晓琴、伏学凤、尚平等的亲身经历。
⑤ Jenny Thomas (1983). Cross-cultural Pragmatic Failure, *Applied Linguistics*, 2.

现的语言表达失误。[①] 根据社交语用失误涉及的内容和产生原因，社交语用失误又可以分为因忽略微观背景因素、忽略宏观背景因素而造成的语用失误和言语行为语用失误等三种情况。本节所论述的言语行为语用失误，是第三种情况，属于社交语用失误的一种。

（一）赞美与恭维言语行为语用失误

这类语用失误主要发生在对他人赞美与恭维的应答方式上。中国人一般倾向于自谦"哪里，哪里"，表面上看是一种否定，实际上是表达一种担当不起这种赞美的意思，只是为了表示谦虚或者客气。而英语母语者说"谢谢"，是对赞美表示认同，同时也是对赞美或者对方的好意表示感谢。随着国际交流日益频繁，只要有汉语基础的人都会在听到中国人赞美时说"哪里哪里，还差得远呢！"，用"尽量贬低自己"的方法来表示谦虚和礼貌，遵循谦虚准则。有时即使忘了汉语的表达方法，直接套用英语的表达方式说"谢谢"，也无关大碍。因为许多中国人也理解并接受了英语的应答方法。[②] 因此表面看来，在应答赞美时发生的语用失误比较少。但是如果外国人并未真正了解汉语语用规则中"谦虚准则"的意义，常常会感到不快和尴尬。

例如[③]Jane和一位语文老师的对话："你的毛衣真漂亮"，而语文老师却说："哦，哪里，穿了很多年了，是旧的。""真的很漂亮，我很喜欢。""哪里，这真的是件普通的毛衣。"这

[①] 何自然《什么是语际语用学》，《国外语言学》1996年第1期。

[②] 但这仍不足以改变国人重谦虚的文化本质。据毕继万先生的语料统计，认为"谢谢"不是汉语称赞语的应答方式（毕继万《跨文化交际与第二语言教学》，北京语言大学出版社，2009年）。

[③] 转译自吴锋针《中西习俗文化"冲突"——跨文化交际实例分析》，《绥化师专学报》2003年第1期。

种否定别人的应答方式，让Jane觉得自己的好意赞美没有得到感谢，而且显得自己的欣赏水平很低，因此认为中国人的谦虚显得不客观、不诚实和虚伪，威胁到了自己的积极面子。在这种情况下，美国人会用"谢谢"来表示认同赞美者的说法，遵守"一致准则"维护说话者的积极面子。如果这种赞美是客观事实的话，也同时遵守了"质、量准则"。同样，不了解英语语用规则的中国人，如果听到对方说"谢谢"，也会有"此人不谦虚、骄傲自大、没礼貌的"感觉。为什么交际双方会产生这样的误解和不快呢？表面上看，双方都使用了自己的语用规则，如果深究其内在原因，与语用规则在不同语言中的重要性（主次）排序以及语用规则与言语行为之间的匹配有直接的关系。

另外，英语母语者有时对事物的赞美是以"我"（主观）为出发点进行表述的，例如前例中的"我很喜欢"。而中国则是从客观角度出发的，这种不同常常会引发语用失误。例如，笔者刚刚开始教书时有一次走进教室，一位美国学生说："老师，我太喜欢你的围巾了！"我的第一反应是："那我送给你吧！"产生这种失误的原因之一是学生套用了英语表示赞美的表达方式，原因之二是教师错误地把这种恭维言语行为理解为一种表示请求的间接言语行为。

（二）问候与寒暄言语行为语用失误

中国人互相问候和寒暄的时候，总是具体而微地涉及生活的各个方面以表示关心，而且问题越具体表示关心程度越高，关系越亲近。如"去哪儿？""吃（饭）了吗？""找到女/男朋友了吗？""你换新发型了！""瘦了啊！""最近忙什么呢？在哪儿发财呢？""工作辛苦吗，挣钱多吗？"具体而微，无所不包，以致很多英语为母语的人都认为这些干涉个人隐私而感到不快，误解和语用失误由此产生。同样情况下，中国人却认为"你好""早上好""下午好""晚上好""嗨"这样的问候更像例行公事，显示不出对对方的真正关心。在这种情况下，英语的问候更注重得体性，尊重对方的私人空间，很注意不涉及别人的隐私。

中国人寒暄的时候更喜欢嘘寒问暖（这可从"寒暄"这两个字本身就可以看出来），嘱咐别人多穿件衣服，大热天中午别出去等，都是表示关心和问候。但是这时可能会引起他们的反感，认为"我不是小孩子，我知道怎样照顾自己"[①]。还有人会把这样的关心看成是对自己能力的怀疑，伤害了自尊心，甚至耿耿于怀。

为什么会这样呢？因为在汉语语用规则中，除了谦虚之外，对他人的关心与尊重也是一条非常重要的语用规则。这种关心和尊重体现在交际的各个层面，比如问候、送别、建议和劝告等言语行为，而这一规则在英语的语用规则中并无体现，因而对这一条原则掌握不好也是造成留学生出现语用误解的原因。因此对汉语语用规则从跨文化交际角度出发进行重建是非常有必要的。

（三）请求与建议言语行为语用失误

一般来说英语母语者在对中国人进行请求与建议言语行为时，遵循面子准则，很少发生语用失误，但是在理解、接受中国人的请求言语行为方面显得比较困难，不太适应，有时甚至感到不快。例如常常有美国学生向笔者抱怨，为什么中国人请求他们帮助的时候那么直接和理直气壮。实际上，英语的"请求"言语

---

① 毕继万《跨文化交际与第二语言教学》，北京语言大学出版社，2009年。

行为要遵守严格的面子准则，尤其注重表达的间接性，[①] 而中国人则更倾向于使用直接的请求方式，这让美国人有些难以接受，有时甚至感到被冒犯。

Brown 和 Levinson 在"面子保全理论"(Face-saving Theory) 中把面子分为消极面子（Negative Face）和积极面子（Positive Face）两类。消极面子是指不希望别人强加于自己，自己的行为不受别人的干涉、阻碍。积极面子则是指希望得到别人的赞同，喜爱。[②] 以英语为母语的人认为提议、邀请等言语行为可能伤害他人的消极面子，因此，一旦这类言行遭到谢绝，发话人就不再坚持下去，以确保对对方的礼貌。而中国人在说话人谢绝提议、邀请等言语行为后通常不会立即罢休，而要千方百计地让对方接受自己的言行……这种言语行为有明显的"强迫"性质，造成了一种不给人留余地的感觉，而以英语为母语的人恰恰最重视的就是自由，有更多的选择余地，[③] 要求不伤害自己的消极面子。

相同的情况在建议言语行为当中也有所体现。中国人过分的热情和具体而微的关心以及出于良好愿望的苦口婆心，同样让英语为母语的人难以消受，这种情况在餐桌上的"劝酒""劝菜"甚至"夹菜"中表现得淋漓尽致。因为在英语中即便是向别人提供善意的帮助和建议，也要征求别人的同意（May/Can I help you? 我可以／能帮助你吗？），让对方不会感到有"强迫"的感

---

① 李军《汉语使役言语行为的语用分析》，广东外语外贸大学博士学位论文，1998 年。

② 廉洁《从西方人的"消极面子"看中西文化及其礼貌言语差异》，《宁波大学学报》（人文版）1996 年第 1 期。

③ 同②。

觉，维护对方的消极面子。但作为外国学生，要努力适应中国人的习惯，要理解中国人这么做不是强迫他们，不是不给他们留下选择的余地，而是表达一种良好的愿望和关心。

（四）致谢与道歉言语行为语用失误

英语母语者的致谢和道歉言语行为很少发生严重的语用失误，但是也有一些不太符合汉语表达的习惯。比如说，为了感谢别人借给他笔或者书用，他们常说"谢谢你的笔""谢谢你的书"，这会让中国人感到很奇怪，感觉是："难道你不感谢我吗？"。这时候，用汉语只要说"谢谢你"就可以了。因为中国人觉得重要的是感谢人，或感谢整个事件——"谢谢你借给我书"，而不是没有生命的物体本身。可以说"英语文化感谢重事物，汉语感谢重人情"。[①]

在道歉之后，中国人的一些应答也让外国学生感到迷惑。例如，一位美国学生告诉老师他的亲身经历：他旷课了，下课以后告诉老师原因，老师微笑着说"没关系"，然后在考勤本上记录下来。学生恍然大悟："老师，这是'有关系'啊，不是'没关系'啊！"从而认为老师说假话，没有遵循"质、量准则"。而老师则是为了在交谈中避免直接的冲突，维持了和谐的人际关系，遵循了"一致准则"。对中国人来说，维持和谐的话语交谈气氛与坚持原则并不矛盾，按照规定进行记录，与老师所说的"没关系"没直接关系。

（五）邀请与拒绝言语行为语用失误

在教学过程中，常有学生向老师抱怨，中国人的邀请总是不

---

① 毕继万《跨文化交际与第二语言教学》，北京语言大学出版社，2009年。

兑现，并向老师询问如何知道他们是不是真的邀请，认为中国人总是违反"质、量准则"。比如中国人总是会客气地说"有空儿/时间来家里玩儿吧！"或者"有时间我们去吃饭吧！"，这样的邀请只是礼貌性地表达对客人的欢迎和喜欢，但是如果没有具体说明时间地点人数等细节问题，就只是客套话，不必当真。客套寒暄等礼貌手段的识别也是语用知识的一个重要方面，也需要训练和学习。

中国人表达拒绝时常用委婉语，而这种语用策略经常令英语为母语的人困惑不解。例如受到邀请时，中国人常说"我尽量吧！""我努力来！"，使对方无法确定你是接受还是拒绝。事实上这近乎一种拒绝，因为中国人不习惯面对面直接拒绝别人，不想伤害对方的消极（负面）面子，尽量遵循"一致准则"，而英语中这时候更希望得到真实确定的答案，更希望对方遵循"质、量的准则"。

二、语用规则——语用失误原因分析

产生以上这些方面语用失误的原因，大部分研究者都注意到是交际双方都按照自己的习惯或者语用规则来进行交际，或者说把自己英语中的语用习惯和规则迁移到其目的语汉语中了。这些都是正确的，但是如果深究其内在原因，这与英汉两种语言中语用规则的不同、相同语用规则的重要性（主次）排序以及不同言语行为与语用规则之间的匹配错位有关，还有其深层次的文化精神原因。

（一）英语语用规则及其在言语行为中的体现

格莱斯认为人们在谈话中遵循的合作原则中包含四个范畴，每个范畴又各包括一条准则：第一，量的准则——话语应该满足交际所需的信息量；所说的话不应超出交际所需的信息量。第二，质的准则——不要说自知是虚假的话；不要说缺乏足够证据的话。第三，关系准则——说话要有关联。第四，方式准则——说话要清楚、明了。①

20世纪80年代，英国语言学家Leech从修辞学、语体学的角度出发，提出了六条礼貌准则：其一，得体准则——尽量减少表达有损于他人的观点。其二，慷慨准则——尽量少使自己得益；尽量多让自己吃亏。其三，赞誉准则——尽量少贬低别人；尽量多赞誉别人。其四，谦虚准则——尽量少赞誉自己；尽量多贬低自己。其五，一致准则——尽量减少双方的分歧；尽量增加双方一致。其六，同情准则——尽量减少双方的反感；尽量增加双方的同情。②

Brown 和 Levinson 区分了正面（积极）面子和负面（消极）面子。负面（消极）面子是指社会成员希望其行为不被人干涉，即具有行动的自由和自主决定的自由。以下行为是威胁负面（消极）面子的行为：让听话人做某事或不做某事的行为，如命令、请求、建议、威胁、警告、激将等行为；让听话人接受或者拒绝的行为，如提供（说话人为受话人提供，可能使受话人产生心理负担）、许诺。正面（积极）面子是指每个社会成员希望他的愿

---

① 何自然、陈新仁《当代语用学》，外语教学与研究出版社，2004年。
② 同①。

望受人顺应、他的自我形象被人欣赏和赞许。以下行为是威胁听话人的正面（积极）面子：做负面评价的话语行为，包括指责、批评、轻视、讥笑、侮辱和不满等；体现不关心或者漠视受话人正面（积极）面子的话语行为，如表达强烈、失控的情绪（让听话人窘迫或者恐惧），不尊敬、提及禁忌话题及在语境中不适宜的东西，带来有关受话人的坏消息或者关于说话人的好消息，提起带有危险情绪或者有分歧的话题（政治、宗教、种族），行为上明显的不合作（如打断谈话、做无关的评述或者该注意的不注意），初次相遇时使用了不合适的称呼或标志身份的东西。[①]

根据 Grice 提出的四条合作准则、Leech 提出的六条礼貌准则、Brown 和 Levinson 提出的面子策略，结合上文讨论的言语行为语用偏误和跨文化交际中容易发生冲突的语用原则及其各个准则的重要性，本节将涉及跨文化交际的英语语用规则进行重新总结排序为：

第一，质、量准则：尊重客观事实，不说虚假和过分夸大的话，简言之"求真"。

第二，一致准则：尽量减少双方的分歧，尽量增加双方一致，简言之"求和"。

第三，面子准则：尽量保持听话人的积极面子，顺应他的愿望，欣赏和赞许他的自我形象。尽量保持听话人的消极面子，不干涉别人行动的自由和自主决定的自由，不做负面评价。

第四，得体准则：不涉及别人隐私，保持个人空间。

第五，谦虚准则：尽量少赞誉自己，尽量多贬低自己。

---

① 何自然、陈新仁《当代语用学》，外语教学与研究出版社，2004年。

这些语用规则在跨文化交际的许多言语行为中都有所体现。如英语母语者在实施回应赞美与恭维的言语行为时，使用一致准则，维护积极面子。在问候寒暄时，遵循得体原则，不涉及个人隐私。在实施请求与建议言语行为时，遵循面子原则，反对强迫，主张选择自由，维护听话人的消极面子。在拒绝言语行为时，运用质、量准则，希望得到对方确定的回答。

正如前文所述，英语的语用规则有很多，本节从跨文化交际角度出发，着重考虑二者的文化差异，对其进行了重新组合和排序，得出如上结论。这五个语用规则，位置越靠前，其重要程度越高。几个语用规则之间也不是平等的关系，在具体的交际环境下，其主次会根据不同的言语行为发生动态变化，其中一个规则会起主导作用，其他几个规则就不起作用或退居其次。几个规则之间也可以同时起作用，如在回应赞美与恭维的言语行为中，遵循一致准则，同时维护了听话者的积极面子，也遵循了面子准则，如果这种赞美符合客观事实的话，还遵循了质、量准则。

（二）汉语语用规则及其在言语行为中的体现

汉语的语用规则是与古老的中国文化一脉相承的。语言是文化的载体之一，因此，中国的文化观念在汉语的语用中表现得最为突出。本节除了根据 Grice 提出的四条合作准则、Leech 提出的六条礼貌准则、Brown 和 Levinson 的面子策略以外，还参考顾曰国（1992）[①] 提出的中国文化的五条准则，同时结合前文所讨论的语用偏误和跨文化交际中容易发生冲突的语用原则，以及这些交际原则在汉语文化中的重要程度，从跨文化交际角度最终确

[①] 顾曰国《礼貌、语用与文化》，《外语教学与研究》1992 年第 4 期。

定汉语交际的五个语用规则并对其进行了排序。

顾曰国根据汉语言文化的有关礼貌的渊源提出了汉语言文化的四个方面的礼貌特征：尊重、谦逊、态度热情、文雅，同时还总结出了汉语言文化的五条准则：（1）贬己尊人准则——谈及自己或与自己相关的事物时要贬要谦；谈及听者或与听者有关联的事物要抬要尊。（2）称呼准则——汉语中的亲属称谓有泛化使用的倾向，常用于非亲属之间，拟亲属称谓是中国人独特而常用的社交称呼，讲究上下有义、贵贱有分、长幼有序等。（3）文雅准则——出言高雅，文质彬彬，运用雅言，用温和、委婉的语言表达，避免直接提及使人不愉快或难堪的事。（4）求同准则——尽量减少与对方观点、情感上的不一致。"恭敬不如从命"，以取得和谐一致的效果。（5）德行准则——多为别人着想。在行为上减少别人的代价，增大对别人的益处，而在言语上尽量夸大别人给自己的好处，缩小自己付出的代价。

在以上的这些语用规则中，英语母语者最容易产生失误的地方是其放在首位的质、量准则与中国人放在首位的谦虚准则发生矛盾，据此我们首先选择"质、量准则"和"谦虚准则"。然后选择"一致准则"，因为 Leech 的"一致准则"与顾曰国的"求同准则"实际内容一样，可以合并成为一个准则"一致／求同准则"。此外，根据中国人在人际交往中处处"要面子"和体现对别人的关心和尊重这一特点，增加了汉语交际的"面子准则"和"关心与尊重准则"，最后按照这五个准则在汉语交际中的重要程度，排列如下：谦虚准则，面子准则，关心与尊重准则，一致准则，质、量准则。

同样，这五个语用规则位置越靠前，其重要程度越高。几个语用规则之间也不是平等关系,其主次结构会因为具体的交际环境和不同的言语行为而发生动态变化,其中的某个规则会起主导作用。其具体内容与表现如下:

第一,谦虚准则。尽量少赞誉自己,尽量多贬低自己。在汉语中,"谦虚""礼貌"这两个词经常会放在一起,因为中国人认为谦虚就是礼貌,就是美德。所以这条准则可以说是中国人语用规则中最重要的准则。许多言语行为,比如不惜违反客观事实地贬低自己、抬高别人,而违反质、量准则,都是中国人为了表达谦虚所致。而在英语中这会被认为过分的谦虚是虚伪无礼的表现。这一准则反映在汉语称呼(谦称:鄙人、在下)、询问(贵姓?)、回应恭维等诸多言语行为中。因此,一定要让留学生把握好汉语中的谦虚准则,理解中国人的谦虚。Leech曾指出汉语文化偏向于谦虚准则,而英语文化则首先考虑一致准则。这可以看出谦虚准则在汉语语用规则中的首要地位。

第二,面子准则。要维护说话人的面子,不要伤害对方的面子。中国人好面子,因此在交际场合中顾及保全对方的面子也是非常重要的一条准则。这具体表现在以下几个方面:在表达个人意见时,不要当面表示不同意见;有些事明明不对,可因碍于脸面,不要公开制止和挑明,否则会威胁到对方的面子;不要要求犯错误的人认错,因为认错也是伤害面子的行为;不要当面说别人的缺点,不要当面直接拒绝别人,等等,这些都会伤害或威胁到对方的面子。如本节开头的例子,那位学生就是间接伤害了老师的积极面子。

第三,关心与尊重准则。要具体而微、真诚地关心与尊重别人。这一准则体现在中国人的"问候与寒暄、建议与劝告"等言语行为中。问候具体而微表示中国人对别人真诚的关心和尊重，而非敷衍了事、例行公事，不要误解为干涉和刺探别人的隐私。天冷时嘱咐你多穿件衣服也不是对你判断力和生活能力的怀疑，而是为了显示对你真正的关心。中国人招待客人的时候，热情过度，劝酒夹菜，完全不考虑客人的真实感受，这些都是他们热情和关心的体现。这时候要外国学生把握一条"客随主便""入乡随俗"的原则，要理解中国人这样做的原因和好意。但也不可一贯"随俗"，遵循一致原则，要有一定的限度，如果对某种食物（酒精、花生、虾、鸡蛋、小麦等）过敏，一定要事先说明。

　　第四，一致准则。尽量减少双方的分歧，尽量增加双方一致。这一准则主要体现在中国人回应邀请拒绝、表达不同意见等言语行为中。中国人注重人际关系的和谐，回避冲突与对抗，事事都求一团和气。因此中国人常常会用"太极拳"的方法"避其锋芒、藏而不露"来避免直接对抗，不直接表达自己的想法，求同存异。所以有时候难免会"口是心非、模棱两可、难以捉摸"。原因是中国人不习惯直接表达个人的意见，避免对抗与冲突，要顾及整个群体的合作与一致，维持和谐的人际关系。但这并不意味着中国人不坚持自己的原则和立场，二者并不矛盾。

　　第五，质、量准则。尊重客观事实，不说虚假和过分夸大、夸张的话。中国人会因顾及前面四个准则，而忽略这一准则，有时是为了表示谦虚（遵循谦虚准则），有时为了避免冲突（遵守一致准则），有时是为了顾及他人的心理感受，保持和谐的人际关系（遵循面子准则）。所以，这个准则在汉语的语用规则中是最容易被忽略和最不具有重要性的。而这个准则却是英语中最重要的准则。中国人在请求与帮助言语行为中，为了让对方了解帮助的确切内容，也会使用质、量准则进行直截了当的表达，但在相同情况下，英语则要遵循面子准则。

（三）语用规则内容、语用规则主次排序及匹配关系与跨文化语用失误

通过上文对言语行为语用失误原因的分析以及从跨文化交际角度对汉语和英语语用规则的重建，我们发现言语行为语用失误与语用规则之间的密切关系是探求言语行为语用失误发生原因的内在途径：

1. 不同语言之间的语用规则不同，语用规则的具体内容也不尽相同。

如前文列举出汉语与英语的语用规则中，汉语的关心与尊重准则在英语的主要言语行为语用规则中没有体现，英语不涉及别人隐私的得体准则在汉语中也没有体现。同样，在建议言语行为中，英语就包括不干涉别人行动的自由和自主决定的自由，遵循面子准则，避免伤害对方的消极面子；而汉语的面子准则中却没有不干涉别人行动的自由和自主决定的内容。这些差异是造成语用失误的原因之一。

2. 相同语言语用规则的主次（重要性）排序不同，主次排序会根据不同的言语行为发生动态变化，这种结构上的差异也会导致语用失误的发生。

汉语与英语的几个语用规则，都是位置越靠前，其重要程度越高。例如英语更倾向于最先使用质、量准则，更注重"求真"；而在汉语中，更倾向于首先遵守谦虚准则。这在英语和汉语回应恭维和赞美时表现得非常突出。因此美国人常常觉得中国人谦虚过度，不按照客观事实说话；而中国人觉得美国人不谦虚，比较傲慢。几个语用规则之间也不是平等的关系,其主次会发生动态的变化。在具体的交际环境和不同的言语行为中,某个规则会起主导作用,其他规则的作用就会不重要了。例如,在汉语拒绝言语行为中,一致准则(求和)就超过谦虚准则起主导作用。当然几个规则也可以同时起作用,以一个为主,其他几个为辅。如英语回应赞美与恭维的言语行为中,主要遵循一致准则,同时也维护了听话者的积极面子,也遵循了面子准则。不了解语用规则主次排序及其主次动态变化的不同也会导致语用失误。

3. 不同言语行为所采用的语用规则错误或者匹配错位而造成语用失误。

对同样的言语行为,中国人采用汉语的语用规则,而以英语为母语的人则采用英语的语用规则,这种语用规则的匹配错位是造成语用失误的主要原因之一。如中国人在拒绝别人邀请时,为了维护对方的消极面子而遵守一致准则,美国人为了获得真实确切的信息而更倾向于遵循质、量准则。在请求别人帮助的言语行为中,中国人为了能表达需要获得什么样的帮助而遵循质、量准则来直接表示时,英语则要遵循面子准则而采取更加委婉和间接的请求方式。在实施建议言语行为时,中国人遵循质、量准则热情建议,而美国人更希望自由选择、反对强迫,遵循面子准则,维护自己的消极面子。而在寒暄问候言语行为中,中国人遵循关心与尊重原则,美国人则遵循得体原则,要求保护自己的个人隐私。对对方来说,这是语用规则的错位匹配或使用,必然会造成误解和不快,出现失误在所难免。

(四)中英文化的深层精神及其在语用规则中的体现

如果说上述只是总结出了造成语用失误原因的内在要素,那么为什么会出现这些语用规则的不同？语言是文化的表现形式，语用规则的不同源于中英两种文化深层精神的不同。

第一，二者的思维方式不同。Robert B. Kaplan（2001）[①]曾经说英语母语者是一种直线思维方式，而汉语母语者则是由外向内的、迂回旋转的螺旋形思维方式。在言语交际中，具体表现在英语重要性排第一位的质量准则，即"求真"，说真话。例如在拒绝言语行为时，他们往往直截了当。赞美和恭维也常常是真实的。所以我们在和英语母语者交际时，会发现他们很"较真儿、当真"，或者比较"真实"。而汉语思维方式具体表现在拒绝言语行为时的委婉和转弯抹角，在表达个人见解时喜欢兜圈子、最后切入正题。了解了思维方式的差异，中国人的这些言语行为就不难理解了。第二，文化价值取向不同，是历史取向还是未来取向不同。中国是以历史取向为主的，在礼貌原则上表现为"尊老"，重经验、年龄。因而需要更加尊重照顾老人，以"老"相称表示的是尊敬。英美则重未来，因而不喜欢别人说他们老，"老"是过时和不中用的代名词。第三，是和谐统一的传统伦理观念与个性自由的个体主义的不同。中国人要求个体融入群体当中，个人是群体的一部分，要"克己待人、克己奉公"，互相协调。在言语交际中，则表现为许多不确定性，例如做决定时的模棱两可，"随便"，都是要和群体保持一致的表现。英美则崇尚个体主义，一个人就是一个世界，因此要尊重每个人的个人意志，在言语行为中表现为对个人隐私、个人喜好尊重的得体原则和面子原则。

---

① Robert B. Kaplan (2001). Cultural thought patterns in inter-cultural education. In Silva, T., & Matsuda, P. K.(Eds.). *Landmark Essays on ESL Writing*. Mahwah, NJ, Lawrence Erlbaum Associates, p.21.

第四，长幼有序的垂直社会关系与人人平等的平行社会关系的不同。[①] 这种社会关系的不同在称呼中表现突出，汉语倾向于称呼职称、官衔，显示出一种社会秩序。一般来说英语则更愿意直呼其名，人人平等。因为他们认为使用表示身份的称呼有碍于人人平等，会威胁听话人的积极面子。

这些文化差异所导致的语用失误常常会干扰跨文化交际的顺利进行，因此对思维方式进行调节和对目的语文化深层理解是必不可少的。

汉语和英语的语用规则很多要素都是相同的，但其主次排序和重要性是不同的，而且这种主次排序会根据不同的言语行为发生动态变化，再加上不同言语行为所匹配的语用规则也不相同，这些规则和它们结构上的差异会影响到跨文化交际的效果。因此在跨文化交际中需要交际双方对彼此的语用规则结构（主次排序及其动态变化）进行调适，英语母语者要了解中国人的思维方式并进行理解和接受，做到"知其然，并能知其所以然"，才能避免语用失误。

三、语用失误应对策略

针对前文所述的语用失误出现的内在原因及其深层文化原因，在实际的言语交际过程中，怎样做才能使交际顺利进行，避免语用失误呢？下面从几个方面为汉语第二语言语用教学与学习设计一些策略，以期有助于避免出现言语行为语用失误，实现成

[①] 陈欣《传统礼仪与中英文化差异》，《江西社会科学》2005 年第 12 期。

功交际。

（一）理解中英语用规则的差异

需要了解汉语与英语语用规则的具体内容以及二者的差异。作为交际的双方，来自英美国家的人和中国人都未必了解自己母语和目的语的语用规则，有时即使学会了使用具体的语言形式，也未必理解语用规则的实质。因此，真正了解两种语言的语用规则和二者之间的差别（不仅是语言表达形式上的不同），是避免语用失误的第一步。

（二）正确选择不同言语行为所匹配的语用规则

在了解了两种语言的语用规则之后，还要进一步了解汉语语用规则与不同言语行为之间的匹配关系，例如在赞美与恭维言语行为当中汉语要使用谦虚准则，在拒绝言语行为当中汉语要遵循一致准则等，让汉语第二语言学习者学会在实际的言语行为中运用目的语的语用规则，而非母语中的语用规则。

在课堂教学的条件下，汉语教师也同样需要了解英语的语用规则，或学生母语的语用规则，这样才能理解出现失误的原因，防止学生出现语用失误。由于国内面向汉语第二语言教学的汉语语用规则总结还未起步，从跨文化交际角度对汉语和英语语用规则的对比总结也较欠缺。本节从跨文化交际角度对中英语用规则的总结与重建，以及言语行为与语用规则之间的匹配关系，可权且尝试作为语用教学的内容教授给学生。

（三）调适两种语言语用规则的主次排序及其动态变化

在理解中英语用规则与匹配关系之后，还要让汉语第二语言学习者调适语用规则的主次排序（结构）及其动态变化，学习汉语语用规则主次排序以及根据不同言语行为所发生的动态变化，正确选择一个或几个语用规则,成功交际,避免语用失误的产生。只有在相互理解的基础上,调整语用规则主次排序及其动态变化,才能在具体的言语行为中真正做到"入乡随俗"。

(四)调节思维方式,深入了解中英文化差异

要让汉语第二语言学习者知道为什么中国人在具体的言语行为中如此表现,了解中国人的思维方式和文化也是必要的。美国著名人类学家 Hall 说:"体验其他群体的生活方式,在于了解和接受他们的心理活动方式。这并非易事,事实上极为困难。"[①] 这也是为什么我们说学会了一种语言形式仅仅是"皮毛"的原因。要让汉语二语学习者了解中国人迂回的思维方式、崇尚和谐一致的传统以及中国社会垂直纵向的社会关系,都会对其汉语学习有所帮助。

从上面的对策中我们不难发现,在防止汉语第二语言言语行为语用失误过程中,汉语教师起着至关重要的作用。首先教师要有语用教学意识和相关语用知识,然后才能启发学生教会学生。其次汉语教师还应在帮助外国学生调适两种语言的语用规则系统过程中扮演积极的角色,在学生发生语用失误的时候,不失时机地教给学生汉语和英语两种不同的语用规则(因为即便是母语,学生也未必全都了解其语用规则),使其掌握语用规则的具体内容、语用规则的主次结构(重要性排序)及其动态变化,帮助学生调整语用规则系统和思维方式并能尽快适应和正确使用汉语的语用规则,使跨文化交际正确且得体,达到完美的交际效果。

---

① 转引自毕继万《跨文化交际与第二语言教学》,北京语言大学出版社,2009 年。

四、结语

　　国内汉语第二语言言语行为语用失误研究比较欠缺的一个重要原因是从跨文化交际角度对中英语用规则的选择、对其主次结构及其动态变化的研究较为缺乏，因此本节欲在此方面做初步尝试，为中英跨文化交际及汉语语用教学提供具体的、可拿来即用的汉语语用规则、语用规则的主次排序及其动态变化、语用规则与言语行为的匹配关系等内容，并指出这些内容与跨文化言语行为语用失误之间的因果关系，以期对中英跨文化交际、汉语第二语言语用教学与习得研究有所帮助。语用规则与语用失误的因果关系也可对汉语与其他语言跨文化交际中的语用失误给予一定程度上的解释，同时对国内英语外语教学、一般中西跨文化交往中出现的语用失误研究也有一定的参考意义。

第五章

跨文化适应性及心理因素研究

第一节 汉语教师海外工作跨文化适应性研究[①]

跨文化适应是指来自不同文化背景的社会成员在进入陌生的文化环境之后对新文化的适应。美国人类学家 Redfield、Linton 和 Herskovits 1936 年在《文化适应研究备忘录》[②] 中首次系统地提出了跨文化适应的定义、研究课题以及研究方法,之后的几十年,西方学者在此领域的研究取得了丰硕的成果。

Lysgaard（1955）[③] 提出了"U 型曲线假说",他认为文化适应是一种动态的过程,大致经历三个阶段,最初调整阶段、危机阶段和再度调整阶段,文化适应过程根据适应者满意程度的变化呈现为一个 U 型曲线。Oberg（1960）[④] 提出了"文化冲击"这一

[①] 本节选自吕俞辉、汝淑媛《对外汉语教师海外工作跨文化适应研究》,《云南师范大学学报》（对外汉语教学与研究版）2012 年第 1 期。

[②] Redfield, R., Linton, R., & Herskovits, M. J. (1936). Memorandum for the study of acculturation. *American Anthropologist*, 38.

[③] Lysgaard, S. (1955). Adjustment in a foreign society: Norwegian Fulbright grantees visiting the United States. *International Social Science Bulletin*, 7.

[④] Oberg, K.(1960). Cultural shock: Adjustment to new culture environments. *Practical Anthropology*, 7.

概念，指出一个人初次进入异文化时在生理和心理上产生的不适。他把文化冲击描述为一个过程，包括以下四个阶段：蜜月期，这一时期人们初入异文化，会对新文化产生兴奋感、好奇感，对新生活充满了热情；危机期，这一时期人们因不适应新文化而产生焦虑感、孤独感、挫败感和无助感，甚至会产生精神抑郁；恢复期，这一时期人们对新文化已有了一些了解，初步适应了新生活；适应期，这一时期人们已能适应并接纳了新生活。

关于跨文化适应的态度，早期的文化适应研究理论认为文化适应是单维度的，适应者到了一个新文化中，他们的文化适应必定是被主流文化同化的。Berry（1980，1990）[1]提出双维度的跨文化适应模式。他指出经历文化冲突后，适应者一般会形成四种文化适应态度：融合、分离、同化和边缘化。他关注两个关键问题的回答：（1）文化适应者是否希望保持其母文化中的文化身份和文化特征？（2）文化适应者是否希望和客居国成员建立和保持良好的关系？

关于文化适应的途径，刘俊振（2008）[2]根据 Mendenhal 和 Oddou 提出的三维文化适应途径指出：自我导向是指在异文化中自我保护、自我享受以及心理健康的程度。自我导向强的个体能够在异文化中顺利找到原先在主文化中带给自己快乐的活动或替

---

[1] Berry, J. W. (1980). Acculturation as varieties of adaptation. In Padilla, A.(Ed.). Acculturation: Theory, Models, and some New Findings. Boulder: Westview Press; Berry, J. W. (1990). Psychology of Acculturation: Understanding individuals moving between cultures. In Brislin, R. W. (Ed.). Applied Cross-cultural Psychology. Newbury Park: Sage.

[2] 刘俊振《论外派人员跨文化适应的内在系统构成与机制》，《广西民族大学学报》（哲学社会科学版）2008 年 S1 期。

代活动，也能够相当自信地运用多种压力处理方式来应对在异文化中可能遭遇到的各种冲突与紧张。他人导向是指个体所具有的关心东道国同事以及愿意花时间和他们在一起的程度和水平。良好适应的个体，有着很强烈的愿望去当地同事及伙伴那里学习，并愿意帮助他们。知觉导向是指外派人员所拥有的知识与技能程度，这些知识与技能能够帮助个体理解为什么当地人的行为与自己不同，甚至有时举止异常。良好适应的个体具有开放的心胸，并且对事情持非批判的态度。

随着中国综合国力的增强和汉语热的升温，现在中国每年有大批的对外汉语教师被派到海外从事汉语教学工作，他们在国外的跨文化适应状况如何？他们在国外工作遇到了什么跨文化交际的问题？为全面了解这些情况，受国家汉办委托，北京师范大学汉语国际推广新师资培养基地对对外汉语教师海外工作跨文化适应问题进行了调查，此调查是"汉语教师教育机构与汉语师资现状调研"的一部分。填写此部分的对外汉语专职教师有2233位，其中845位教师有海外教学的经验，约占参加调查的对外汉语专职教师的37.8%。

关于跨文化适应的内容，各家说法不一。有学者认为跨文化适应包括情感、行为和认知三个方面；也有学者认为包括社会文化适应和心理适应；也有学者认为跨文化适应分为三个层面：工作适应、一般适应和交流互动适应。根据对外汉语教师海外工作的实际情况，我们把他们的跨文化适应分为工作适应、生活适应及交流适应三个层面，并对此进行了调查。从这些调查问卷中我们可以看出对外汉语教师海外工作跨文化适应的一些基本状况。

一、对外汉语教师海外工作基本状况

对外汉语教师所赴任的国家可以说遍布世界各地，我们将他们任教的国家分为10个区域，即日本、韩国、东南亚、亚洲其他国家和地区、欧洲、美国、加拿大、中南美洲、大洋洲、非洲。从教师任教人数比例来看，对外汉语教师前往任教的区域排在前5位的分别为韩国、东南亚国家、欧洲国家、美国和日本（见图1）。

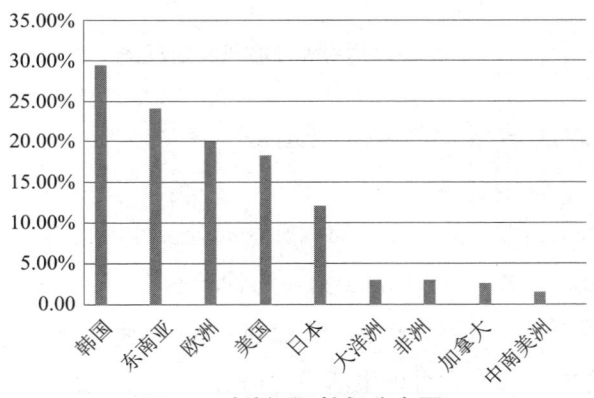

图1 对外汉语教师分布图

从教师海外工作的国家数目情况来看，此次调查数据显示，81.5%的教师去过1个国家或地区工作，去过2—3个国家或地区工作的教师占17.4%，去过4—6个国家或地区的教师占1.0%，去过7个以上国家或地区的教师只占0.1%。对外汉语教师在国外任教的学校包括了各种类型的教育机构，此次调查数据显示，在大学任教的人数最多，占55%，在孔子学院或孔子课堂任教的占13%，在中学任教的占13%，在其他机构任教的占12%，在幼儿园和小学任教的比较少（见图2）。

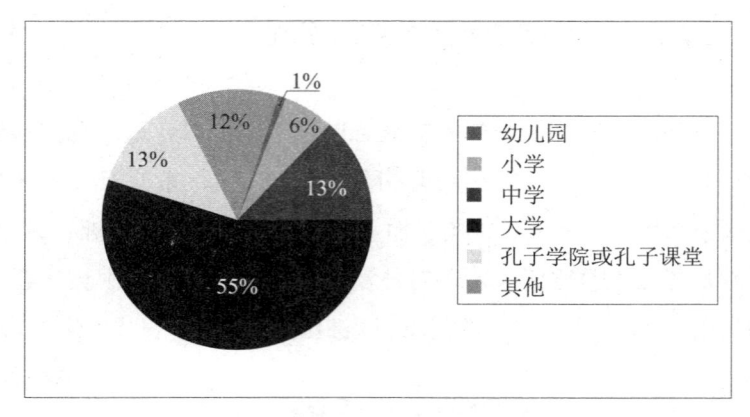

图 2　教师海外任教机构情况图

二、对外汉语教师海外生活适应

此次调查显示，48.2% 的教师在海外工作时没有遇到生活方面的困难，51.8% 的教师遇到过各方面的困难。

在海外的生活适应中，语言的适应障碍排在第一位，有 21.1% 的老师认为在海外生活中，语言的不适、交际的不通是他们生活中的障碍，这是他们在国外难以适应的。语言适应最差的地区是韩国，有 31.5% 的汉语教师，也就是说，近 1/3 的教师觉得在生活中最大的障碍来自语言。在欧洲和美国，教师感到语言障碍相对较小。

11.6% 的教师认为赴任国的饮食让他们难以适应，但是教师对不同国家和地区饮食的适应也是不同的。他们认为在饮食方面最容易适应的国家是日本，在日本任教的只 4.0% 的教师选择饮食有障碍，这个比例是最低的。美国（8.8%）、韩国（10%）、欧洲（10.8%）、加拿大（11.8%）、东南亚（15.4%）、中南美洲（18.2%）、亚洲其他国家和地区（19.8%），教师对这些国家和地区饮食的适应难度逐渐加大。让教师感到饮食最难以适应的地区是非洲，有 34.8% 的教师认为非洲的饮食很难让他们适应。很有意思的是，除在日本和韩国外，教师们认为在亚洲其他国家和地区在饮食方面遇到的障碍多于在欧洲和美国。

11.4% 的教师认为经济问题给他们带来了很大的压力。就教师在经济方面遇到的困难来看，我们选择教师海外任教国家中在比例和绝对人数排在前 5 位的韩国、东南亚、欧洲、美国、日本。从这 5 个区域的情况来看，经济问题引起生活困难排在第一位的是欧洲，为 19.6%；第二位是美国，为 14.9%；第三位是日本，为 10.0%；第四位是韩国，为 9.1%；第五位是东南亚，为 6.0%。这个情况与教师任教国的经济发达程度有着密切的关系，经济越发达的国家，教师感到的经济压力越大。此外，教师在经济方面的困难还与任教机构的情况有比较密切的关系。调查数据显示，在孔子学院或孔子课堂执教的教师感到经济困难的比例高于在其他机构任教的教师，为 18.2%（平均值为 11.4%）。调查数据也显示，在幼儿园、中小学任教的教师在任教国感到的经济压力小于在大学任教的教师。

10.8% 的教师认为在任教国的生活琐事让他们难以适应，其中在非洲任教的教师对这一点反应最为强烈。在非洲任教的教师中有 17.4% 的人认为他们在处理生活琐事上有障碍，而在加拿大，只有 5.9% 的教师持相同看法。非常有意思的是，在一般人看来，美国和加拿大情形差不多，但是在加拿大任教的教师觉得生活琐事让他们难以适应的比例最低，为 5.9%，而它的近邻美国却让 14.2% 的教师觉得生活琐事难以应付。

10.7%的教师认为住房问题是他们在海外难以适应的。其中在中南美洲任教的教师认为住房问题最大,27.3%。在此地区工作的教师都认为住房问题是他们生活中的障碍。在韩国任教的教师存在住房问题的人最少,只有5.4%的人认为住房问题是他们生活中的障碍。就连以空间狭小著名的日本,住房也不是教师们的主要生活障碍,只有8%的人存在此问题。我们相信,这一情况跟教师任教国对教师这一职业的尊敬程度有关。

另外,还有约7%的人遇到了以上所列情况之外的生活困难。①

此次调查数据也显示,教师海外生活困难与有无海外学习经历有一定关系。有海外学习经历的人在海外教学过程中无生活困难的比例明显高于没有海外生活经历的。有53%的有海外学习经历的教师在海外教学中无生活困难。而在无海外学习经验的教师中,这一比例只有43.5%。在海外遇到的各项生活困难中,他们的主要区别表现在语言障碍和交友上。

海外生活适应和性别也有一定的关系,此次调查数据显示,男教师感觉无生活困难的比女教师要多。有54.3%的男教师认为在海外无生活困难,而女教师中只有46.3%的人持相同观点。在海外遇到的各项生活困难中,他们的主要区别表现在住房和生活琐事上,这两项女教师感觉更难以适应。

教师在海外遇到生活困难的情况与任教时间也有一定关系,任期不足6个月和2年以上的教师,选择在生活方面无困难的比例高于任期6个月到1年、任期1年以上2年以内的教师(见图3)。

---

① 刘俊振《论外派人员跨文化适应的内在系统构成与机制》,《广西民族大学学报》(哲学社会科学版)2008年S1期。

这很符合 Lysgaard 提出的"U 型曲线假说"。教师们的跨文化适应也经历了四个阶段：蜜月期、危机期、恢复期、适应期。

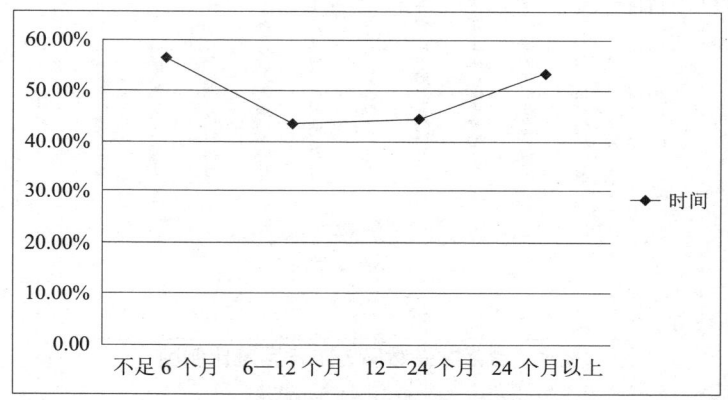

图 3　教师生活适应的过程图

三、对外汉语教师海外工作适应

此次调查数据显示，有 48.7% 的教师在海外教学时无工作方面的困难，51.3% 的教师在工作中存在各种各样的困难。

教师在韩国和日本感到无工作困难的人数比例最高，分别为 56.1% 和 56.0%，其次分别是大洋洲（54.5%）、美国（49.7%）、欧洲（47.1%）、亚洲其他国家和地区（44.2%）、东南亚（38.4%）、加拿大（27.8%）、中南美洲（27.3%）、非洲（26.1%）（见图 4）。

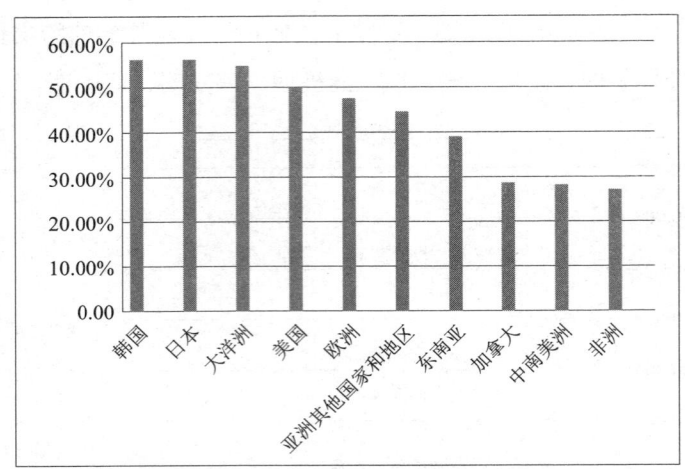

图 4　教师在任教国无工作困难比例图

我们将教师在工作方面遇到的困难分为"不适应当地教育文化""公关、管理能力不足""教学任务繁重""对教学对象缺乏了解""知识储备不足""语言障碍"等方面。教师认为在海外工作最难以适应的是"教学任务繁重",有 19.4% 的教师认为教学任务繁重是他们工作中最大的困难;"语言障碍"排在第二位(14.6%);其他困难依次是"对教学对象缺乏了解"(10.7%)、"不适应当地教育文化"(6.5%)、"公关、管理能力不足"(6.0%);"知识储备不足"所占比例最低,仅为 4.6%。对外汉语教师在工作中也遇到一些其他方面的困难,但比列相对较低。

在不同国家,教师在工作方面遇到的困难各有不同。在东南亚、韩国和日本,"语言障碍"最为明显;"教学任务繁重"以东南亚和亚洲其他国家和地区最为显著;"对教学对象缺乏了解"以非洲最为突出。但从 5 个主要国家和地区的情况来看,教师在工作中的跨文化适应困难主要表现为"语言障碍""教学任务繁重""对教学对象缺乏了解"这三个方面（见图5）。

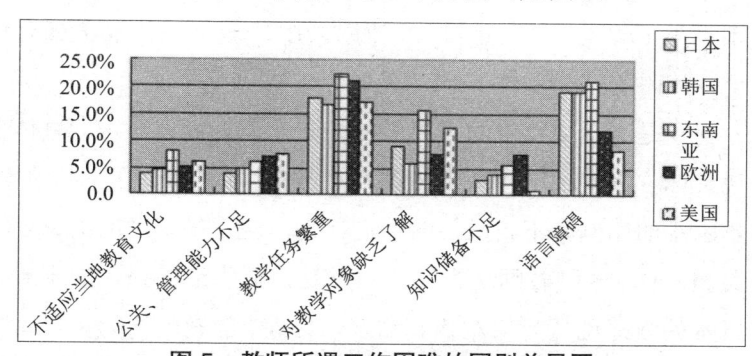

图5　教师所遇工作困难的国别差异图

四、沟通交往适应

沟通交往有赖于语言，语言障碍必然会引起沟通交往的不适应。在海外的生活适应中，语言的适应障碍排在第一位，有21.1%的老师认为在海外生活中，语言的不适、交际的不通是他们生活中的障碍；在工作适应中，语言障碍排在第二位，14.6%的教师认为语言障碍使得他们在海外的教学工作难以适应。几乎可以说语言的障碍是教师们面临的最大的问题，它势必会引起沟通交往的不适应。非常有意思的是不管是生活适应还是工作适应，语言障碍最大的地区都是韩国、日本和东南亚。

在海外生活适应中，在韩国从事汉语教学的教师中有31.5%的人认为在生活中最大的障碍来自语言。其次是东南亚国家，有27.9%在此地任教的教师觉得难以适应当地的语言。排在第三位的是日本（24.0%）。居于第四位和第五位的欧洲和美国，教师感到语言障碍相对较小，欧洲为19.6%，美国为11.5%。

在海外工作适应中，语言障碍最为严重的地区是东南亚，

21.2%的教师认为语言交流的困难影响到了他们的工作。其次是韩国，为19.2%，再次是日本，为19.0%。教师认为在美国有语言交际障碍的只有8.3%，比例最低。

交友是沟通交往中的重要内容，此次调查数据显示，总体上来说5.5%的教师认为交友困难是海外生活中的障碍。在不同国家，交友困难的比例并不相同，教师们认为，交友最困难的国家是中南美洲，18.2%的教师认为没有朋友是他们生活中很大的困难。在日本的教师也认为很难找到朋友，12.0%的教师认为在日本交友困难。最容易找到朋友的国家是美国，只有3.4%教师认为在美国难以找到朋友，比例最低。

五、对外汉语教师海外工作跨文化适应策略

应该说，对外汉语教师的跨文化适应能力还是较强的，此次调查数据显示，有近一半的教师在海外从事教学活动时没有遇到困难，他们成功地完成了跨文化适应。但是不可回避的是还有超过50%的教师在跨文化适应过程中遇到了这样或那样的问题。为了成功地完成跨文化适应，汉语教师应该怎么做呢？

首先，汉语教师应该采用双维度的模式，以文化融合的态度来完成跨文化适应。汉语教师在国外只是短期从事汉语教学工作，此次调查数据显示，在国外工作的时间即使在可累计的情形下，也有67.5%的教师在海外只工作两年以内，其中一年以下的占到55.9%。教师们不是定居于国外，而且他们的工作性质是教汉语和传播中国文化，所以，教师的跨文化适应该是双维度的，既要保持中国文化传统，又能够和主流社会成员建立并保持良好的关

系，进而和所在国的人们产生互动性影响，这就是一种文化融合的态度。如果教师采取文化分离的态度，只想保持中国的文化身份和文化特征，他们很难融于赴任国的生活和工作。如果教师采取文化同化的态度，丢弃了中国的文化身份，只想和赴任国主流社会成员建立良好的关系，那样是不可能教好汉语并传播中国文化的。如果教师采取边缘化的文化态度，就会既丢弃了中国文化又不能和主流社会成员建立良好的关系，那样中外双方都不会接纳他们。这三种跨文化适应的态度是我们要努力避免的。

关于教师跨文化适应的途径，我们可以遵循 Mendenhal 和 Oddou 提出的三维途径：自我导向、他人导向以及知觉导向。我们要在赴任国的文化中保护自己，享受在国外的生活，而不是把国外的工作和生活看成是"炼狱""洋插队"，我们要在赴任国文化中找到以前在中国时让自己心情愉悦的活动，比如找中国人聊天儿，参加乒乓球俱乐部，听听京剧等。如果在赴任国不可能实现这些活动，我们也应该在赴任国文化中找到这些可以给你带来快乐的活动的替代活动，比如看看电影、享受当地的美食、享受异国风情等。教师们应当能够运用各种方法来处理在赴任国文化中可能遭遇到的各种冲突与紧张。教师们也应该愿意和赴任国的朋友、同事加强交流，提高跨文化交际的敏感度，观察本地人的交流，关注自己的言行在异文化成员中的反映，愿意从当地朋友、同事那里那学习，积累、总结经验，调整自己的行为，以减少跨文化交际的失误。教师们也应该加强赴任前的培训与赴任后的自我学习，了解赴任国的文化，适当学习赴任国语言，这样才使自己的预期与现实相符，减少由此带来的适应困难。美国和我们的文化距离很远，但教师的跨文化适应却较好，之所以有这样的结果，了解是起了很大作用的；韩国虽是我们的近邻，文化距离也不远，但因语言不通的问题（此次调查数据显示，90.9%的教师第一外语是英语，而只有0.8%的教师第一外语是韩语），也让很多教师感到难以适应。了解也能帮助教师们理解为什么自己与当地人的行为不同，为什么当地人用异样的眼光看自己。这一点可以从我们调查中得到的有海外学习经历的教师感到有工作困难的比例低，即海外学习经历有助于教师更好地适应海外教学工作这一点来得到印证。

总之，对外汉语教师一定要有跨文化的视野，要有一个开放的心胸来接纳异文化的不同，对异文化持包容态度，这样才能避免跨文化交际冲突，做到了解、理解、尊重、欣赏、学习所在国的文化，也只有这样，才能成功地完成跨文化适应，出色地完成汉语教学任务。

第二节　短期汉语学习者跨文化适应性研究[①]

随着中国教育的国际化水平不断提高，来自各国的留学生人数日益增多。据教育部最新统计，2009年度来华留学生人数突破了23万人。[②] 在来华留学生中，泰国学生占较高的比例。近年来，

[①] 本节选自 Supapit Khamtab（泰国）、安然《短期留学教育的跨文化适应实证研究》，《云南师范大学学报》（对外汉语教学与研究版）2011年第4期。

[②] 中国新闻网（教育部），2009年来华留学生突破23万创四项新高，http://www.chinanews.com.cn/edu/edu-zcdt/news/2010/03-22/2183667.shtml，2010-03-22。

派遣学生来华短期留学的泰国学校也日益增多，其中就包括宋卡王子大学。以2002年派遣59名学生来华短期留学为开端，宋卡王子大学已经连续9年向中国派遣留学生，而2011年一年就派遣了436名学生。如今，宋卡王子大学已经成为泰国派遣学生来华短期留学最多的学校。①

留学生从自己熟悉的文化来到自己不熟悉的文化环境，无疑会出现跨文化适应问题。跨文化适应的好坏与跨文化沟通的焦虑程度和跨文化沟通的态度十分相关。这些因素都属于跨文化沟通能力研究范畴。Gudykunst（1984）②指出，跨文化沟通能力包括认知能力、情感能力和行为能力。另外，还包括语用能力等。Mendenhall 和 Oddou（1985）③认为跨文化适应有情感、行为和认知三个成分，情感成分是旅居者的心理幸福感，行为成分是旅居者与当地文化相互作用的情况，认知成分是旅居者对当地文化的态度以及对当地价值观的接受程度。Kim（1991）④认为，为了能够学习和适应新文化，跨文化沟通能力可以理解为暂停或修改一些旧文化方式的能力。Williams（2002）⑤也认为，适应能

---

① Bankok business news (website). Phuket PSU. Bankokbiznews , 2010-03-26.

② Gudykunst, W. (1984). *Intercultural Communication Theory*. Beverly Hills, California: Sange, pp.106-108.

③ Mendehall, M., & Oddou, G. (1985). The Dimension of Expatriate Acculturation: A Review. *Academy of Management Review*, 10.

④ Kim, Y. Y. (1991). Intercultural communication competence: A systems-theoretic view. In Thing-Toomey, S., & Korzenny, F. (Eds.). *Cross-cultural Interpersonal Communication*. Newbury Park: Sage Publication.

⑤ Williams, T. (2002). Impact of study abroad on student's intercultural communication skills: Adaptability and sensitivity. http://www.aaplac.org/library/Williams Tracy03.pdf, 2002, (2009/03/20).

力和敏感性是跨文化沟通能力的一个组成成分。Brein 和 David（1971）[①]认为，当跨文化适应达到某种程度时，社会互动以及背景因素会更大地促进或阻障跨文化沟通。本研究将以认知和情感角度为切入点，调查泰国短期留学生的跨文化沟通态度及跨文化沟通焦虑程度的变化。在此基础上进行深度访谈，分析影响学生这种变化的因素。

McCulloch（2002）[②]指出，跨文化沟通态度是指多样性态度和民族中心主义（Ethnocentrism）影响参与跨文化沟通情境的意愿。Kobayashi（2010）[③]认为，日本学生在海外留学时经常跟亚洲学生在一起，特别是韩国学生，因为他们来自亚洲的学生有一个团结的意识。但是回国之后，他们却盼望跟西方人交流，忽略亚洲人。Chen（1993）[④]对41名学生进行调查，研究他们跨文化沟通的态度。结果表明，通过15周的跨文化沟通培训，学生跨文化沟通态度很显著地往正面发展。而且，已经有过出国经验的学生，他们的分值比那些没有出国经验的学生还要高。

沟通焦虑是指与他人沟通时所表现出的焦虑程度。Neuliep

[①] Brein, M., & David, K. H. (1971). Intercultural communication and the adjustment of the sojourner. *Psychological Bulletin*, 3.

[②] McCulloch, K. M. (2002). *Family communication influences on high school students' attitudes toward Intercultural communication: Directions for education and research*. Unpublished Master Dissertation, Texas Tech University, 2002.

[③] Kobayahi, Y. (2010). Discriminatory attitude toward intercultural communication in domestic and overseas contexts. *Higher Education, Springer Neterlands*, 59.

[④] Chen, G. M. (1993). Intercultural communication education: A classroom case. *Speech Communication Annual*, 7.

和 McCroskey（1997）[①]指出，跨文化沟通含有不确定性。当个人遇到文化差异时，他们都会感到焦虑和不确定性。一般研究者认为在跨文化沟通过程中，焦虑会导致负面影响。[②] 具有沟通焦虑的人将尽力避免沟通场景，因为沟通使他们感到害羞、尴尬和紧张。有时，当一些人发现自己周围是来自不同文化背景的人就会感到紧张害怕。这种情绪，不仅影响到面对面沟通时的情绪与行为，还会影响我们是否愿意与别人沟通的心情。[③] 这种焦虑的感觉可以称为"跨文化沟通焦虑"或"害怕与来自不同群体，尤其是不同文化或种族群体的人进行实际或意想交流"[④]。Allen（2003）[⑤]通过调查 25 名暑假出国留学学生的语言和情感的变化，发现经历过短期留学之后，学生的外语能力提高了。另外，课堂和非课堂的沟通焦虑也显著地减少了。

根据上述文献综述，本研究提出了三个研究假设：

（1）泰国留学生经历过短期留学之后，跨文化沟通的态度

[①] Neuliep, J. W., & McCroskey, J. C. (1997). The development of intercultural and interethnic communication apprehension scales. *Communication Research Reports*, 2.

[②] Gudykunst, B., & Kim, Y. Y. (1997). *Communicating With Strangers: An Approach to Intercultural Communication (3rd Ed.)*. Mcgraw-Hill, New York.

[③] McCroskey, J. C., & Richmond, V. P. (1995). *Communication: Apprehension, Avoidance, and Effectiveness (4th Ed.)*. Scottsdale, AZ: Gorsuch Scarisbrick, pp. 37–47.

[④] Wrench, J. S., Corrigan, M. W., McCroskey, J. C., & Punyanunt-Cater, N. M. (2006). Religious Fundamentalism and intercultural communication: The relationships among ethnocentrism, intercultural communication apprehension, religious fundamentalism, homonegativity, and tolerance for religious disagreements. *Journal of Intercultural Communication Research*, 35.

[⑤] Allen, H. W., & Herron, C. (2003). A mixed-methodology investigation of the linguistic and affective outcomes of summer study abroad. *Foreign Language Annals*, 3.

应该变得更好。

（2）泰国留学生经历过短期留学之后，跨文化沟通的焦虑程度应该降低。

（3）跨文化沟通态度与跨文化沟通焦虑之间具有相关性。

一、研究方法

本研究以在广州某大学进行短期留学的 86 名泰国某大学的留学生为研究对象。其中男生 14 名，占 16%，女生 72 名，占 84%；平均年龄 20 岁，已学过 5 门汉语课。他们中的大部分已经有了一次到广西南宁留学的经验，但是没有跨文化培训的经验。

定量研究方法：问卷调查法。

发放两次调查问卷：第一次在研究对象刚到中国的时候进行，第二次在研究对象归国前使用同样的问卷进行，其目的是考察泰国学生跨文化沟通态度与跨文化沟通焦虑的变化。问卷已通过 spss11.5 进行 Alpha 检验和 KMO 检验。两种检验的均值都大于 0.6，说明所使用的问卷具有较高的信度和效度。问卷内容包括两个部分：第一部分是借用 Chen（1993）[1] 使用的跨文化沟通态度量表，里面共有 22 项问题；第二部分是 Neuliep 和 McCroskey（1997）[2] 使用的跨文化沟通焦虑程度量表，里面共有 14 项问题。

---

[1] Chen, G. M. (1993). Intercultural communication education: A classroom case. *Speech Communication Annual*, 7.

[2] Bond, H. M. (1986). *The Psychology of the Chinese People*. Hong Kong: Oxford University Press, pp.45–60; Bond, H.M. (1991). *Beyond the Chinese Face, Insights from Psychology*. Hong Kong: Oxford University Press, pp.62–70.

研究者发放问卷后限时填写，每项问题要求每位研究对象进行自评，并填写影响度。影响度共有 1 到 5，即：1 表示"非常不同意"，2 表示"不同意"，3 表示"不确定"，4 表示"同意"，5 表示"非常同意"。共发放问卷 86 份，回收 86 份，回收率为 100%。

定性研究方法：深度访谈法。

研究者抽取了 6 名学生进行深度访谈，按性别百分比进行抽取，即男生 16%，1 人，女生 84%，5 人。每次将进行半开放性的个人访谈，访谈时间为 30 分钟，访谈语言为泰语，以便访谈对象自如、准确地回答问题。为了确保定性研究方法的效度和信度，研究者采取了三角研究法，同时访谈了 3 位中国老师——2 位是给泰国学生上课的老师，1 位是留学生办公室的老师——从不同角度来发现问题。访谈内容使用录音笔录音。访谈转写并翻译成中文共 12,690 字（见表 1）。

表 1　被访谈者的代码和代码解释

种类	区分	顺序	代码	代码解释
研究对象	男生	1	M1	男生 1
	女生	1	F1	女生 1
		2	F2	女生 2
		3	F3	女生 3
		4	F4	女生 4
		5	F5	女生 5
其他人	教学方面	1	T1	老师 1（教师）
		2	T2	老师 2（教师）
	生活方面	1	T3	老师 3（留学生办公室）

主要访谈问题共有四个：

（1）从问卷结果发现你们的跨文化沟通态度朝负面发展，

你觉得在生活环境方面为什么能够导致这种结果?

（2）从问卷结果发现你们的跨文化沟通态度朝负面发展，你觉得在社会文化方面（比如当地人或其他国家的人）为什么导致这种结果?

（3）在这次留学期间你的沟通情况如何？（跟哪个国家的人沟通最多或最少？）

（4）从问卷结果发现你们的跨文化沟通焦虑程度有所减少，你觉得导致这种结果的原因是什么?

二、研究结果与分析

（一）问卷调查结果

1. 跨文化沟通态度。

表 2 学生跨文化沟通的态度

跨文化沟通态度的均值	学习年数	样本数	均值	标准差
	第一次调查	86	3.4810	0.37854
	第二次调查	86	3.4170	0.41197

从均值来看，学生参加此次短期留学之前，他们跨文化沟通态度的均值在 3.4810。可是经历过此次短期留学之后，学生跨文化沟通态度的均值却降低到 3.4170，表现出学生经历过此次短期留学之后，他们的跨文化沟通态度有所下降。但通过等方差检验，发现跨文化沟通态度的第二次调查分数与第一次调查相比，下降也不明显（见表 3）。通过等方差 Levene 检验，$Sig.$ 为 0.291，大于 0.05，表明两者均值差异不显著。我们认为这是一种消极对待跨文化沟通的态度。

表3　学生跨文化沟通态度的独立样本 t 检验
（Independent Samples Test）

跨文化沟通态度的均值		Levene's Test for Equality of Variances		t-test for Equality of Means					95% Confidence Interval of the Difference	
		F	Sig.	t	df	Sig. (2-tailed)	Mean Difference	Std. Error Difference	Lower	Upper
	Equal variances assumed	0.113	0.737	1.060	170	0.291	0.0640	0.06033	−0.05514	0.18305
	Equal variances not assumed			1.060	168.796	0.291	0.0640	0.06033	−0.05514	0.18305

Chen（1993）[①]对41名学生进行跨文化沟通态度的调查，结果表明经过15周跨文化沟通培训之后，有过出国经验学生的调查分数显著高于没有出国经验的学生。这一点表明，出过国的学生具有跨文化沟通态度往正面发展的潜力。但是，本研究结果显示，学生虽然有了一次来华经历，但是他们的跨文化沟通态度却往负面发展。所以，第一假设的验证不成立。

2．跨文化沟通焦虑。

表4　学生的跨文化沟通焦虑

跨文化沟通焦虑的均值	调查	样本数	均值	标准差
	第一次调查	86	2.8796	0.48000
	第二次调查	86	2.6154	0.46033

---

① Chen, G. M. (1993). Intercultural communication education: A classroom case. *Speech Communication Annual*, 7.

从均值来看,学生参加这次短期留学之前,跨文化沟通焦虑的程度在 2.8796。可是在经历过此次短期留学之后,他们的跨文化沟通焦虑的程度则降低到 2.6154,表示经历过这次短期留学之后,学生的跨文化沟通焦虑的程度变得越来越低。

通过等方差 Levene 检验,*Sig.* 为 0,小于 0.05,表明两者均值差异非常显著。数据表明,经历过这次留学之后,他们跨文化沟通的焦虑程度显著地减少(见表5)。Allen 和 Herron(2003)[①] 的研究结果发现,经历过短期留学之后,课堂和非课堂的沟通焦虑也显著地减少。从本研究结果看,学生经历过短期留学之后,他们跨文化沟通焦虑程度有所降低。所以,研究的第二假设成立。

表5 跨文化沟通焦虑的独立样本 *t* 检验(Independent Samples Test)

跨文化沟通焦虑的均值		Levene's Test for Equality of Variances		t-test for Equality of Means						
		F	Sig.	t	df	Sig. (2-tailed)	Mean Difference	Std. Error Difference	95% Confidence Interval of the Difference	
									Lower	Upper
	Equal variances assumed	0.031	0.861	3.683	170	0.000	0.2641	0.07172	−0.12255	0.40569
	Equal variances not assumed			3.683	169.703	0.000	0.2641	0.07172	−0.12255	0.40569

[①] Allen, H. W., & Herron, C. (2003). A mixed-methodology investigation of the linguistic and affective outcomes of summer study abroad. *Foreign Language Annals*, 3.

3. 跨文化沟通态度与焦虑的相关性。

表 6　跨文化沟通态度与跨文化沟通焦虑的相关分析结果

态度与焦虑的相关分析		态度	焦虑
跨文化沟通态度	Pearson 相关系数	1	−0.136
	Sig. (2-tailed)	.	0.075
跨文化沟通焦虑	Pearson 相关系数	0.136	1
	Sig. (2-tailed)	0.075	.

通过相关分析检验跨文化沟通态度与跨文化沟通焦虑之间的关系，相关分析结果如表6。据表可知，*Sig.* 值为 0.075，大于 0.05，双尾检验不显著，即跨文化沟通态度与跨文化沟通焦虑之间的相关关系不显著，表示两者没有相关性。本研究结果发现跨文化沟通态度和跨文化沟通焦虑之间没有相关性。因此，本研究第三个假设的验证不成立。

（二）访谈结果

通过访谈，发现三种影响学生跨文化沟通态度和三种影响到学生跨文化沟通焦虑的适应影响因素。

1. 影响跨文化沟通态度的因素。

（1）主流文化社会支持的缺乏。

从访谈结果看，学生们觉得在这次留学期间，缺少中国朋友。

F3：我对广州人的态度也比对南宁人的态度更往负面发展了。就是，第一天有一些中国人来帮我们搬行李。但是当他们与我沟通得不太明白，他们就走到与他们沟通得比较顺利的人去聊，就不在乎我了。后来我们联系就断掉。

T2：我也经常问他们有没有跟中国学生一起，比如说交流啊、有没有中国朋友啊，好像这个方面他们比较缺乏。

Cobb（1976）[①]把社会支持定义为，一种让人相信自己被关心和喜爱、觉得自己有价值及受尊敬、感觉自己属于一个沟通网络和相互有义务的网络（社会人际网络的归属感）。当地人是旅居者最重要的社会支持之一。受到当地人的社会支持就像感受到主人的热烈欢迎，而且当地人还能够提供一些信息或知识，有利于旅居者在异国的适应。陈向明（1998）[②]的研究成果说明社会文化支持的重要性。她发现，中国学生在海外，由于不能跟当地人进行良好的交往，产生了很多负面情绪。另外，通过当地人与他们之间的反复交流沟通，也能够促进当地人与留学生的互相了解，使学生们的跨文化沟通态度越来越往正面发展。可是从访谈结果来看，在这次短期留学期间，学生明显地感受到主流文化社会支持的缺乏。这导致学生消极对待跨文化沟通的现象的出现。

（2）生活变化。

从访谈结果来看，学生们觉得如果跟泰国或者南宁（第一次来华经历）相比的话，广州的生活节奏比较快，竞争很激烈，让他们感到很累，也觉得当地人不好沟通。

F3：广州的快速生活节奏也会导致负面的态度，因为看起来觉得很累，做什么事情也要竞争，要抢。

T3：因为我觉得中泰文化也是差不多的，只是泰国人做事比较慢。如果在中国的一些小城市也有可能生活节奏很慢，人们显得比较悠闲，但如果你在大城市，你会看到人们比较守时。

生活变化是影响旅居者适应的最重要因素之一。在跨文化接

[①] Cobb, S. (1976). Social support as moderator of life stress. *Psychosomatic Medicine*, 38.

[②] 陈向明《旅居者和外国人——留美中国学生跨文化人际交往研究》，湖南教育出版社，1998年。

触中存在着一系列生活变化的情况,如饮食习惯、生活节奏、气候等,这些变化会给人带来压力。Furnham 和 Bochner(1986)[①]提到生活变化与身体、心智健康存在着一定的关系,也就是说,生活变化会影响人的心理适应。Ward(1993)[②]发现,在跨文化适应的最初阶段,生活变化的程度最大,适应资源最少,这个时候的适应水平最差。

陈颖和石飘芳(2007)[③]认为,"泰国是以'慢'出名的,泰国人很悠闲。泰国人常说的一句话叫'窄烟烟',也就是'慢慢来'的意思"。由于泰国学生来自生活节奏比较慢的文化氛围,所以会喜欢中国生活节奏较慢的城市,比如南宁而非广州。这导致泰国短期留学生在这次留学期间的跨文化沟通态度往负面发展。

(3)缺乏对多元文化共存的了解。

从访谈结果来看,这次留学期间学生必须要在留学生宿舍居住,可是他们没有在多元文化环境居住过,而且没有跨文化培训经验,所以就有来不及调整的感觉。

F5:跨文化沟通的态度不太好,有可能是因为第一次来华经验我所见到的人都是中国人(朋友)。但是这一次我们在国际留学生宿舍住。大部分当然不是中国人啦。所以就有一点儿来不及调整的感觉。另外,因为不是在中国人宿舍住,所以跟中国人联系、交朋友就有困难。本来我想,如果这样的话,就跟着自己朋友(泰国人)罢了。因为,心里没有跟国际留学生交流做好准备。

---

① Furnham, A., & Bochner, S. (1986). Culture Shock: Psychological Relations to Unfamiliar Environments. Methuen, London, pp.109-112.

② Ward, C., & Kennedy, A. (1993). Acculturation and cross-cultural adaptation of British students residents in Hong Kong. *Journal of Social Psychology*, 133.

③ 陈颖、石飘芳《感受泰国人的"慢"》,《杉乡文学》2007年第20期。

据李丹洁（2007）①的研究发现，有知识与技能的留学生，在以后的跨文化生活中适应得比较好。广州是国际大都市，是多元文化社会。因此，来华留学，掌握一定的跨文化沟通及多元文化的知识与技能就不可或缺。来华前的跨文化培训能够帮助留学生适应主流文化。②

由于学生没有跨文化培训的经验，也没有上过跨文化沟通的相关课程，学生对跨文化沟通及多元文化共存不大了解，缺乏有效的认知方式，这影响到学生跨文化沟通态度，甚至导致消极对待跨文化沟通现象的出现。

2. 影响到跨文化沟通焦虑的因素。

（1）留学经验。

这些泰国留学生曾有过短期来华留学的经验，所以，他们的这种留学经验也会有利于跟中国人交谈。

F3：因为我们有过了来华的一次经验，所以就了解中国的一定程度，知道了基本上应该怎么说。

在某种程度上而言，知识和技能依赖于以前的经验。很多研究发现，以前有国外生活经验的留学生在以后的跨文化生活中适应得比较好。③Alred等（2002）④认为，当适应经验作为出国的前提，会帮助留学生提高第二次留学的适应能力。根据该理论，泰国留

---

① 李丹洁《来华留学生跨文化社会心理适应问题研究与对策》，《云南师范大学学报》（对外语教学与研究版）2007年第5期。

② Black, J. S., & Mendenhall, M. (1990). Cross-cultural training effectiveness: A review and a theory framework for future research. *Academy of Management Review*, 1.

③ 陈慧、车宏生、朱敏《跨文化适应影响因素研究述评》，《心理科学进展》2003年第6期。

④ Alred, G., Byram, M., & Fleming, M. (2002). *Intercultural Experience and Education*. Multilingual Matters Ltd., UK, pp.104-105.

学生因为有了一次短期来华留学经验，对跟中国人交流沟通有了一定程度的了解和认知，从而使他们在同中国人交往时更自信，跨文化沟通引起的焦虑情绪有所减少。

（2）外语能力。

泰国学生觉得自己的汉语水平提高了，所以这次短期留学期间跨文化沟通焦虑的程度降低了。

F1：汉语能力已提高也是一个让我们谈话时焦虑有所减少的原因。

外语能力是帮助旅居者适应主流文化的重要因素之一。Selmer（2006）[①] 对派到中国商务领域的西方旅居者进行了研究，调查结果表明，语言能力与社会文化适应有正面的相关性。这种正面的相关性最明显的体现是交际上的适应。可见，因为学生感觉自己的汉语水平已经提高，从而使得自己更有信心与中国人交流或者使用汉语作为跨文化沟通的工具，有利于减少跨文化沟通焦虑。

（3）成就动机。

成就动机也是他们觉得必须要消除跨文化沟通引起的焦虑情绪。就是，来中国了，不应该害怕，必须要多练汉语。

M1：不断地想知道更多生词的动机。因为，我觉得，有一些老师教过的词，我拿来用的时候，中国朋友或者外国朋友就用别的词了。有的就是以前才经常用的。另外，我们也想多练汉语，如果害怕的话，来中国就没用了。

---

① Selmer, J. (2006). Language ability and adjustment: Western expatriates in China. *Thunderbird International Business Review*, 3.

An（2008）①认为，华裔留学生适应过程的理想状态是：他们中国人的身份认同和有中国朋友。从分析结果发现，想跟中国人交朋友的两种动机：一是想提高汉语水平，二是想了解中国文化。

在此，支持跨文化适应的动机就是"想提高语言能力"。这种动机使他们在跟中国人交流或者使用汉语沟通的时候愿意去说，敢说出来，从而降低了跨文化沟通焦虑程度。

三、结论

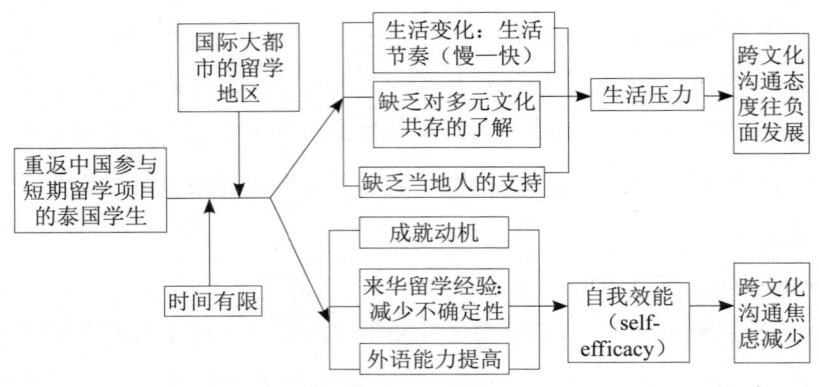

图1　本研究的结论图线

从上图可见，重返中国参与短期留学项目的泰国学生，由于短期留学项目时间有限，学生们虽然已经有了一次来华经验，但是第一次留学所在地没有这次留学所在地区那么浓厚的大都市气息，使得学生对中国产生的认知与第一次经验有差距。大城市生

---

① An, R. (2008). *The relationship among Chinese identity, friendship and language skills*. Paper presented at Annual Conference for 2008 International Association of Inter cultural Communication Studies: Ethnic Identity, Hybridity and Intercultural Communication. Louisville, Kentucky, USA.

活节奏过快，学生从生活节奏比较慢过渡到生活节奏比较快的地区要花不少时间去慢慢体验才能适应。另外，这次留学地区不只是具有比较浓的大城市风格，还是国际性的，在校园里这种多元文化环境也是随处可见。学生居住在留学生宿舍，但是他们没有受过跨文化培训，无法从有效的、广阔的跨文化视角去了解自己所见到的多元文化现象，缺乏多元文化共存的认知。同时，大部分中国人比较认同具有西方人长相的外国人，忽略具有亚洲长相的外国人。因此，这次留学期间学生觉得中国人不太想跟他们交流，感到当地社会支持的缺乏。上述的适应影响因素（生活变化、跨文化知识和社会支持的缺乏）导致学生的生活压力，甚至影响到泰国学生跨文化沟通的态度，使得他们跨文化沟通态度往负面发展，出现消极对待跨文化沟通的现象。

另外，学生有成就动机。他们不断地想提高汉语水平，包括他们以前有过来华留学经验，使他们学到了一些跟中国人沟通的技能。而且，他们也感觉到自己的汉语水平有所提高。上述的适应影响因素（成就动机、留学经验和外语能力提高）有利于提高泰国学生"自我效能（Self-efficacy）"的感知，使得他们跨文化沟通焦虑程度有所降低。

四、启示

（一）对跨文化适应和跨文化沟通研究的启示

在跨文化沟通态度方面，本研究结果与问卷来源的研究结果相反。Chen（1993）[①]研究发现，经过跨文化沟通培训之后有过出国留学经历的学生的调查分数高于没有出国经历的学生。这点意味着已有出国经验学生的跨文化沟通态度有往正面发展的潜力。但是本研究所得出的结果是，学生虽然有了一次出国经验，但跨文化沟通态度不一定只能往正面发展。在跨文化沟通焦虑方面，本研究支持了Allen和Herron（2003）[②]的调查结果。也就是说，经历过短期留学之后，沟通焦虑会显著减少。在跨文化沟通态度与跨文化沟通焦虑的相关性方面，本研究提出了跨文化沟通态度和跨文化沟通焦虑之间有时也会出现无相关性的现象。

本研究通过访谈发现了来华泰国留学生短期留学过程的跨文化适应影响因素，拓展了泰国短期留学生在来华跨文化适应研究的领域。

（二）对参与校派短期留学学生的启示

参与校派短期留学学生必须要有清晰的留学目标，培养自己的成就动机，以自己最大的努力，利用比较短的时间培养自己的跨文化沟通能力和跨文化敏感，要有好奇心和灵活性，并提高自己对跨文化沟通的勇气，减少跨文化沟通的焦虑，吸收异文化的知识和跨文化沟通的技能，以应付跨文化适应的问题。

（三）对派遣学生出国进行短期留学学校的启示

派学生出国进行短期留学的学校需要提供留学目的地的信息，最重要的就是需要意识到跨文化知识对出国留学的重要性，

[①] Chen, G. M. (1993). Intercultural communication education: A classroom case. *Speech Communication Annual*, 7.

[②] Allen, H. W., & Herron, C. (2003). A mixed-methodology investigation of the linguistic and affective outcomes of summer study abroad. *Foreign Language Annals*, 3.

举办有效的跨文化传播和外语培训或者安排相关课程。而且,需要帮助学生明确留学的目标和动机。

(四)对接收校派短期留学项目学生的中国学校的启示

接收校派短期留学项目学生的中国学校应该经常给他们提供跟主流文化人群交流的机会,创造健康有效的社会支持网络。另外,也需要考虑到培养教师、留学生办公室老师和本校中国学生的跨文化意识和跨文化沟通能力,培养中国学生与外国留学生交流的动机,有利于为留学生创造健康的社会支持网络,并为中国学生提供可实践的多元文化环境。

第三节　中高级汉语学习者跨文化适应性研究[①]

跨文化适应是旅居者对异文化环境不断适应的过程。[②] 随着跨文化交流的日益频繁,关于跨文化适应的相关研究也受到了心理学、语言学、社会学等学科的重视。Oberg(1960)[③] 就提出了"文化冲击"模型,并将文化适应过程分为蜜月期、危机期、恢

[①] 本节选自刘荣、杨恬、胡晓《中高级汉语学习者的文化适应性实证研究》,《西南交通大学学报》(社会科学版)2013年第4期。

[②] 任裕海《论跨文化适应的可能性及其内在机制》,《安徽大学学报》(哲学社会科学版)2003年第1期。

[③] Oberg, K. (1960). Cultural Shock: Adjustment to new cultural environments. *Practical Anthropology*, 7:177–182.

复期和适应期四个阶段；Berry（1980）[①]建立了跨文化适应模型，按照适应者的态度将文化适应分为了融入、分离、同化和边缘化四种类型；Ward 和 Kennedy（1992）[②]将文化适应分为心理适应和社会文化适应来进行研究。在二语习得领域，Schumann（1976）[③]则提出了"文化适应模式"，指出二语习得者与目的语群体的社会、心理距离是决定文化适应的要素，文化适应性对学习者的二语习得水平产生重要影响。

在国内对外汉语教学界，有关留学生文化适应性的实证研究较少，[④]这些研究主要考察在华留学生（或来华外教）的整体适应状况和影响因素，而较少关注文化群体[⑤]、汉语水平与留学生文化适应性之间的具体关系。这就引发了笔者的思考：伴随汉语水平的提高，来自不同文化群体的留学生对汉文化的认可度是否会增高？他们的汉文化适应性会发生什么变化？而这些问题在学界还没有专门的讨论。鉴于此，本节将以中高级汉语学习者为研

[①] Berry, J. W. (1980). Acculturation as Varieties of Adaptation In Padilla, A.(Ed.). *Acculturation: Theory, Models, and Some New Findings*. Boulder: Westview Press, pp.9-25.

[②] Ward C, Kennedy A. (1992). Locus of control mood disturbance and social difficulty during cross-cultural transitions. *International Journal of Intercultural Relations*, 16(3):128-139.

[③] Schumann, John H. (1976). Social distance as a factor in second language acquisition. *Language Learning*, 26:135-143.

[④] 狄斯马《外国留学生在中国的适应性》，南京师范大学硕士学位论文，2004年；孙乐芩、冯江平、林莉等《在华外国留学生的文化适应现状调查及建议》，《语言教学与研究》2009年第1期；王电建《影响来华外教社会文化适应性的相关因素研究》，《云南师范大学学报》（对外汉语教学与研究版）2010年第2期。

[⑤] 为研究需要，本节将"文化群体"分为"欧美""日韩""亚洲其他国家"三个国别群体。

究对象，采用定量与定性相结合的方法，针对留学生的文化适应性（包括社会文化适应和心理适应）进行调研，以总结中高级在华留学生的文化适应特点和发展规律，由此对汉语教学提出相关建议，以尽可能降低学生对汉文化的不适应程度，提高学生的跨文化交际水平。

一、研究设计

（一）研究对象

笔者共发出问卷 120 份，收回 108 份，最终有效问卷共 105 份，有效回收率 87.5%。[1] 其中，89 名中高级汉语学习者是本节研究对象。需要说明的是，为了突出中高级学生的阶段性适应特点，本节将在部分图表中加入参与调查的 16 名初级学生的结果，以与中高级学生比较，作为研究分析的参考。

由于实行匿名调查，笔者暂无法获得被试的性别、年龄、专业等信息。表 1 是笔者按照汉语水平、文化距离[2] 两项指标整理而成的文化群体分布的基本信息。

---

[1] 荷兰跨文化理论研究大师 Hofstede 认为：一般的社会科学研究，在信度方面，最低的问卷回收率应为 25%。

[2] "文化距离"由 Babiker，Cox 和 Miller 提出，指由于地理空间的遥远，文化共同点较少所产生的距离感和陌生感。该概念是旅居者体验到的压力与适应问题的调节变量。

表 1 中高级汉语学习者文化群体的分布（人次）

汉语水平	国籍			总计
	欧美	日韩	亚洲其他国家	
中级	2	5	17	24
高级	20	32	13	65
总计	22	37	30	89

（二）实验材料与方法

本研究问卷由"在华适应整体状况""对主流汉文化观念的适应"两个分量表组成。"在华适应整体状况"（13题）的设计主要借鉴了 Furham 和 Bocher（1982）[①] 的社会文化适应量表及美国心理学会的移民适应量表（EAI）。不过本节对题目进行了适当修订，量表着重评价中高级学生与中国人的总体交往情况（5题）及其对在华生活的感受（8题）。"对主流汉文化观念的适应"（10题）的设计参考了 Michael Bond 等（1986，1991）[②] 调研制作的"中国人价值观调查表"和王峰（2009）[③] 关于对外汉语教学中文化观念内容的研究。问卷着重调查中高级学生对主流汉文化的心理适应状况。问卷用中英文书写，采用五级李克特评价项目（Likert Scale）进行。本研究运用 Stata 进行描述性统计分析，并使用独立样本 t 检验方法考察中高级学生在文化适应上是否存在统计意

[①] Furham, A., & Bocher, S. (1982). Social Difficulty in a Foreign Culture: An Empirical Analysis of Culture Shock. In Bochner, S. (Ed.). *Cultures in Contact Studies in Cross-Cultural Interactions*. Oxford Pergamon, pp.102-124.

[②] Bond, H. M. (1986). *The Psychology of the Chinese People*. Hong Kong: Oxford University Press, pp.45-60; Bond, H. M. (1991). *Beyond the Chinese Face, Insights from Psychology*. Hong Kong: Oxford University Press, pp.62-70.

[③] 王峰《对外汉语教学中的文化观念内容研究》，北京语言大学硕士学位论文，2009年。

义上的显著差异。笔者又从 89 名中高级被试中选择 20 位来自不同文化群体的受访者,对他们就"汉文化适应"主题进行采访,访谈结论置于问卷分析后,以为问卷调查的数据提供必要的文字说明。

二、实验结果及分析

(一)问卷调查分析

1. 在华适应整体状况。

本量表包括"与中国人交往"及"在华生活感受"两部分。"交往"的选项从"适应起来没有任何困难"到"很困难",共 5 项,依次对应 1 到 5 分,调查结果如图 1[①] 所示。

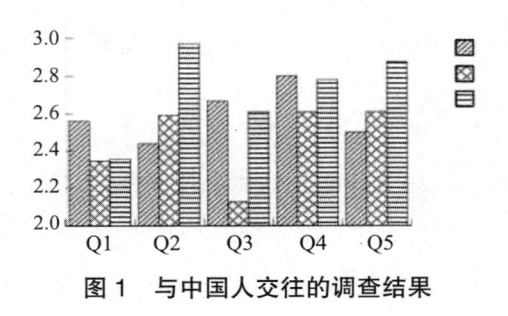

图 1 与中国人交往的调查结果

从图 1 可见,中高级学生在"和中国人打交道""接受中国人生活习惯""接受中国人的社交风格"上的适应度均高于初级学生,说明中高级学生在留学日常生活中遇到的交际障碍逐渐减少;而中高级学生之间,中级学生与中国人相处比高级学生与中

---

① 图 1、图 2、图 3 中的横轴代表"问题",纵轴上的数据代表"中高级学生得分的平均值"。

国人相处得更好；高级学生对"和中国异性交往"（$M = 2.969$）、"接受中国人的价值观"（$M = 2.875$）的适应度较低，这说明深层次文化差异催生的理解障碍有增加趋势，并为高级学生与中国人的交际带来一定阻力。

"感受"分为"消极"和"积极"两方面，选项从"完全同意"到"完全不同意"，依次对应 1 到 5 分，

调查结果如图 2 所示：

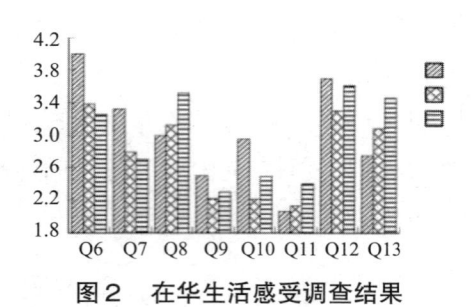

图 2 在华生活感受调查结果

从图 2 可知，在"消极"方面（Q6、Q7、Q8、Q12、Q13），与初级学生相比，中高级学生对"心烦意乱""有时困惑"的认可度更高，这说明部分中高级学生在情绪上波动明显，在理解事物时有阻力。这一定程度上反映出这些中高级学生尚处于 Oberg（1960）[①]提出的"危机期"，汉语习得中的文化差异带来较强冲击，使他们较难有效调整身心状态以做适应。不过，他们对"需很长时间适应"的认同度较低，表明他们对适应中国仍有信心。在"积极"方面（Q9—Q11），中高级学生对中国的总体认可度较高。

---

① Oberg, K. (1960). Cultural Shock: Adjustment to New Cultural Environments. *Practical Anthropology*, 7: 177-182.

笔者对来自不同文化群体的中高级学生的答题情况进行了独立样本的 t 测试，调查结果如表 2 所示。从表 2 的结果可以看出，三个文化群体学生在积极感受上的均值较接近，他们对中国的整体印象较好。在消极感受上，欧美（$t = 2.076$, $p = 0.043$）与日韩、欧美与亚洲其他国家（$t = -2.532$, $p = 0.015$）的评价存在显著性差异，欧美学生的消极感受弱于亚洲学生。

表 2　不同文化群体在华生活感受差异的 t 检验

问题维度	留学生所在国组别	均值	均值差	t 值	p 值（双侧检验）
积极感受 （Q9—Q11）	欧美	2.254	−0.079	−0.432	0.667
	日韩	2.333	−0.011	−0.071	0.943
	亚洲其他国家	2.344	0.09	0.584	0.562
消极感受 （Q6—Q8，Q12，Q13）	欧美	3.571	0.333	2.076	0.043
	日韩	3.238	0.171	1.055	0.295
	亚洲其他国家	3.067	−0.504	−2.532	0.015

注：表中均值差、t 值、p 值是欧美与日韩、日韩与亚洲其他国家、亚洲其他国家与欧美两两比较的检验结果。

以上调查表明：中高级学生在日常交际上遇到的障碍逐渐减少，但文化价值观念差异带来的文化冲突仍导致部分高级学生的适应状况差于中级学生；中高级学生对在华生活仍有一些明显的消极感受，说明部分中高级学生的文化适应状况并不太理想；此外，欧美中高级学生的整体适应性普遍好于亚洲学生，后者的文化适应压力偏大。[①]

---

① Berry, J. W. (1990). Psychology of acculturation: Understanding individuals moving between cultures. In Brislin, R. W.(Ed.). *Applied Cross-cultural Psychology*. Newbury Park: Sage, pp.232−253.

2. 对主流汉文化观念的适应。

这部分进一步分析中高级留学生对中国主流文化观的适应程度，调查问卷在这个维度上共设计了10个问题，每个问题的选项从"适应起来没有任何困难"到"很困难"，依次对应1到5分。调查结果如表3所示。

表3　中高级留学生对中国主流文化观的适应程度

维度	变量	平均值	
		中级	高级
人际观	Q14 说话委婉	2.542	2.844
	Q15 讲关系	2.667	3.063
	Q16 爱面子	2.667	2.892
道德观	Q17 重视情理和道德	2.792	3.369
家庭观	Q18 重视家庭、赡养父母	1.875	2.2
婚恋观	Q19 爱情观实际、重视婚姻	2.292	2.813
宗教观	Q20 没有统一的宗教信仰	2.783	2.609
族群观	Q21 崇尚集体主义	2.957	3.281
社会观	Q22 社会等级严密	2.783	3.431
	Q23 重视权力	2.792	2.954
	人数	24	65

表3的统计结果显示，在人际观上，中高级学生对"讲关系""爱面子"的适应度低于对"说话委婉"的适应度；高级学生对中国人以儒家为正统的传统道德观的适应程度最低，大多数人表示适应起来较困难；高级学生对中国的"集体主义"适应起来较难；在中国人的社会观上，部分中高级学生对"社会等级划分严密"适应起来较难，高年级学生的适应度依然最低。高年级学生在9个题目中的平均分最高，表明他们对这些文化观的心理适应程度最低。这一定程度上说明：与中级学生相比，高年级学生的汉语水平较高，但在对文化观的理解、适应中却遇到更多认

同阻碍,从而一定程度上影响了他们更高层次的跨文化交际。笔者按文化群体调查了中高级学生对 Q14—Q23 的回答情况(结果见图3)。

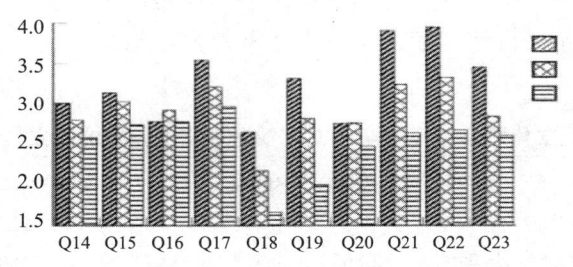

图3 不同文化群体的中高级学生对汉文化观的适应度

从图3可知,除"面子"(Q16)、"宗教"(Q20)外,相比亚洲学生,欧美学生在其他题目上的得分最高,表明他们对相应文化观的适应程度最低,这与东西方文化的显著差异有关。日韩学生的得分全部高于亚洲其他国家学生,即他们对中国特色文化观的适应程度普遍低于亚洲其他国家学生。这个现象值得注意。中日韩三国同处"汉字文化圈",同居东亚,因此三国在语言文化等方面存在天然的关联性,但统计结果表明文化的相关性并未让日韩学生成为对汉文化适应程度最高的文化群体,这一定程度上说明文化距离愈近并不代表文化适应度愈高;相反为保护本国文化的独特性,或因同属一个地缘体系,政治经济存在更为激烈的利益竞争,越邻近的国家存在的政治文化经济冲突就越激烈,对彼此的认同度也会受到更多不稳定因素的消极影响。[①] 相

---

① 闻亭《不同文化距离下的态度与习得水平调查研究》,《语言教学与研究》2009年第3期。

比之下，非汉字文化圈的亚洲国家学生对汉文化观念的适应程度最高。表 4 对不同文化群体中高级学生在"文化观"适应程度上的差异进行了独立样本 t 检验，调查结果发现三个群体对汉文化观念的适应程度存在显著差异，按照由低到高的适应程度，依次是欧美学生、日韩学生、亚洲其他国家学生。

表 4　不同文化群体中高级学生文化观适应程度差异的独立样本 t 检验

选项	留学生母国组别	均值	均值差	t 值	p 值（双侧检验）
Q14—Q23	欧美	3.207	0.345	1.842	0.071
	日韩	2.862	0.364	3.021	0.004
	亚洲其他国家	2.498	-0.709	-3.442	0.001

按照汉语水平，笔者对留学生群体做了更细致的划分。为了从整体上反映不同汉语水平、不同文化群体留学生的文化适应状况，笔者加入了初级学生的调查数据，调查结果见表 5。

表 5　不同文化群体留学生对文化观的评价

题项	平均值								
	欧美			日韩			亚洲其他国家		
	初级	中级	高级	初级	中级	高级	初级	中级	高级
14	2.571	2.5	3.053	3.4	2.8	2.781	2.667	2.471	2.692
15	1.75	2.5	3.211	2.8	3.2	3	2	2.529	3
16	2.125	3	2.75	2.6	3.2	2.875	2	2.471	3.154
17	2.714	1.5	3.75	3	3.4	3.188	2.667	2.765	3.231
18	2	1	2.8	2	2.6	2.094	2	1.765	1.538
19	2.143	4	3.25	1.8	3.2	2.75	2.333	1.824	2.25
20	2.375	1	2.842	3	3	2.719	1.667	2.824	2
21	3.286	4	4	3.4	4.2	3.097	1.667	2.647	2.615
22	3.375	3	4.05	3.2	3.75	3.281	1.667	2.529	2.846
23	2.75	3	3.5	2.8	3.2	2.781	2.667	2.647	2.538
人数	8	2	20	5	5	32	3	17	13

从表 5 的统计结果可以看出，欧美学生中，按照对文化观的适应程度由低到高排序，依次是高级、初级、中级水平学生。高年级学生在 8 个题目上的得分最高，他们在接受这些文化观时遇到的困难最多；初级学生在 6 个题目上的得分高于中级学生，说明他们对这些文化观念的适应度低于中级学生；除"面子""爱情"外，中级学生得分偏低，相比之下，他们对汉文化的适应度最高。调查显示，较低的语言水平使初级欧美学生对汉文化观念的适应度偏低；欧美学生的文化适应度在中级阶段得以显著提高；进入更高层次学习后，由于愈加了解汉文化，自身母语文化与汉文化之间的冲突会因部分欧美学生强烈的母语文化认同和对汉文化的批判意识而不断升级，[①] 冲突在一定程度上导致高年级学生的汉文化适应程度最低。因此，欧美学生的文化观念适应状况呈现"倒 U 型曲线"。

日韩中级学生在 9 个题目上的得分最高，他们对这些项目的适应度最低；初、高级水平学生的文化适应程度差别不大。因此，在初级阶段，由于文化距离较小，日韩学生文化适应度较高，伴随语言水平提高和对中国的了解不断深入，学生的文化保护意识增强，对汉文化主流观念的适应度下降；进入高级阶段后，适应度再次上升。日韩学生的文化观念适应状况呈现"U 型曲线"。

数据显示，亚洲其他国家的初中高级学生在 10 个题目上的得分各有高低，文化适应程度相差不大。大多数人对汉文化具有

---

① Svanes, B. (1988). Attitudes and "cultural distance" in second language acquisition. *Applied Linguistics*, 9(4). Svanes 认为伴随学习者二语水平的提高，他们对目的语群体的了解增多，因此能更批判地审视目的语群体，所以习得水平越高，对目的语群体的否定程度越高是可能的。

较积极的适应性。

调查显示，语言水平、文化群体间的差异较深刻地影响学生对主流汉文化观念的适应。根据社会建构主义视角下的"语言与认同"的研究，[①] 社会环境与学习者的认同相互影响，并同时与二语习得产生互动，因此，留学生对汉文化的适应性会受到他们自我认同的影响，并与他们的汉语学习过程相互建构。

（二）访谈分析

限于篇幅，笔者将从访谈中获得的主要观点归纳如下：

首先，15名受访者表示，积极地适应中国的文化对提高汉语水平、增强跨文化交际能力有重要作用。在中国生活了5年的匈牙利学生白鲁诺的观点最具代表性。他告诉笔者，既然选择中国，就需要慢慢适应中国人的交流方式，保持开放的心态，理解和适应中国的文化观。他说："适应很重要，只有适应才能够让生活放松（轻松），我才可以与中国朋友更好地交流，学习（到）很多知识，更好地认识中国。"

其次，9名受访者告诉笔者，尽管自己尝试去适应汉文化，并想借此跟中国人进行更好的交流，但他们的努力没有得到相应"回报"——获得中国人的认可与赞扬。根据加拿大语言学家Norton（1995）[②] 就二语习得提出的"投资"观，笔者认为，留学生适应汉文化的过程是一种投资行为，他们期望通过对汉文化

[①] 高一虹、李玉霞、边永卫《从结构观到建构观：语言与认同研究综观》，《语言教学与研究》2008年第1期。

[②] Norton Pierce, B. (1995). Social identity, investment, and language learning. *TESOL Quarterly*, 29 (1): 9–31.

的投资①，从中国社会获得更多话语权，获得中国人的认同，以促进跨文化交际地顺利开展。

再次，尽管大多数被试表示适应中国文化有助于提高汉语水平及文化素养，但在适应中他们却遇到来自社会行为、思维逻辑等方面不同程度的阻碍。例如，在个人主义占主导地位的美国，人们很难理解集体主义。美国学生小鱼表示，中国人的社交习惯有时超出她的适应范围。她说："我和中国人一起旅游，他们喜欢（跟）很多人（在）一起……但美国人喜欢有时候和朋友（一起），有时候自己（单独行动）。我不太喜欢和一群人待长（太久），我喜欢（有）个人（空间）。"此外，她认为有些非语言交际行为令人费解，中国人之间不言自明的文化为她的适应带来很多障碍。

三、结论与教学启示

（一）结论

通过实证研究，我们可以得到以下几个基本结论。

第一，中高级学生在日常交际上遇到的障碍逐渐减少，但由文化价值观念差异带来的文化冲突造成部分高年级学生的整体适应状况略差于中级学生。同时，中高级学生对在华生活仍存有一些消极感受。此外，欧美中高级学生的整体适应性普遍好于同水平的亚洲学生。

第二，与中级学生相比，高年级学生在对汉文化观念的理解

---

① 在这里主要指按中国人的方式说话、做事，一定程度上认可主流的汉文化观念。

与适应上遇到更多的认同障碍，这一定程度上影响了他们在更高层次上的跨文化交际。

第三，来自欧美国家的中高级学生对汉文化观念的不适应性最为强烈；其次为日韩学生，他们对中国特色文化观的适应程度普遍低于亚洲其他国家学生。

第四，在考察学生对汉文化观念的适应程度时，按照汉语水平由低到高，欧美学生的适应趋势呈现为"倒 U 型曲线"，日韩学生的适应趋势呈现出"U 型"态势，亚洲其他国家学生的文化适应状况较好。

第五，适应汉文化相当于一项投资，留学生希望通过与中国人交流而获得更多认同，并提高跨文化交际能力。但是，在文化适应过程中，留学生遇到不同程度的文化阻碍。

（二）教学启示

留学生的文化适应性与他们的学习、生活关系密切，良好的文化适应性有益于留学生更好地融入中国社会、顺利开展跨文化交流。因此，结合本实证研究结果，笔者从汉语教学的角度，以文化课为例，对增强中高级留学生的文化适应性提出一些建议。

首先，文化课的教学内容应围绕中国文化的核心文化观念来设计。例如参考 Bond（1986）[1] 有关中国人价值观表，设计相应文化主题，内容涵盖人际观、道德观、家庭观、婚恋观等世界性话题，以引发学生主动比较不同文化在这些主题上的异同，并在教师的引导下展开全面探讨。此外，教学内容的设计需关注全球

---

[1] Bond, H. M. (1986). *The Psychology of the Chinese People*. Hong Kong: Oxford University Press, pp.45-60.

视野下汉文化观念的演变,让学生了解当代中国人的所思所想,以消除他们对中国文化的成见。

其次,针对高年级学生对主流汉文化观适应性偏弱的情况,教师应适当开展案例教学,引导学生真正理解汉文化观念,从而更好地适应汉文化。例如,当教授"中国人的道德观"时,教师可选择一个相关案例如"安乐死在中国",让学生分组讨论。在这里需注意:(1)学生的分组应根据不同文化群体对汉文化观念的适应性来安排。如安排适应性较强的亚洲学生与欧美学生一组,鼓励学生充分展开互动,在跨文化交流中用更为包容、理性的态度来对待文化冲突。(2)每个小组长需记录下组员对于"安乐死"的看法,并汇报各自讨论结果。教师据此归纳出学生的主要观点及他们对案例中汉文化道德观的理解障碍,并向学生介绍、分析中国人的道德观,让学生意识到不同文化在具体文化观念上的"界限",构建对于多元文化的理解框架,理智对待汉文化。

再次,教师可以邀请中国学生到留学生的课堂上来,让留学生与中国学生充分沟通、互动,从而使留学生真正理解、适应汉文化。例如,在结束"中国人的家庭观"这一主题的学习时,教师可安排中国学生与留学生组成学习小组,共同完成相关跨文化交际练习。练习的具体内容如下[①]:

(1)如果男女双方在地位差不多时结了婚,后来有一方地位高了并提出离婚,别人对这个人会有什么看法?

中国人——

你们国家的人——

[①] 引自吴晓露、程朝晖《说汉语 谈文化》(下),北京语言大学出版社,2009年。

(2)一个人很有钱,却不肯给父母生活费,人们会怎么看他(她)?

中国人——

你们国家的人——

练习内容与数量视课程内容和学生人数而定。其中"中国人"一栏由留学生回答,"你们国家的人"由中国学生回答。学生完成练习后,向全班汇报他们的答案,教师据此归纳出来自不同文化的学生对"家庭观"认识的异同,并带领学生比较和深入理解中国式家庭观的特质。在这一过程中,中国学生与留学生可帮助对方消除关于特定文化观念的误解,通过跨文化交际建立共识,从而增强留学生对汉文化观念的适应性。

本节通过实际调研,描述与分析了中高级汉语学习者的文化适应现状,并根据调查结果,提出了相应的教学建议。论文还存在需完善和探讨之处,但笔者希望能对留学生文化适应性的研究及汉语教学研究起到抛砖引玉的作用。

第四节 汉语学习者跨文化认同感研究[1]

在 Gardner(1985)[2] 的社会教育模式中,认同作为一种语言学习的"非语言成果",指的是"我是谁"的基本问题,具体来说,是指语言学习者对自我语言能力、价值取向以及社团归属感的主观评价。

---

[1] 本节选自魏岩军、王建勤、朱雯静、闻亭《影响汉语学习者跨文化认同的个体及社会心理因素》,《语言文字应用》2015 年第 2 期。

[2] Gardner, R. C. (1985). *Social Psychology and Second Language Learning: The Role of Attitude and Motivation*. London: Edward Arnold.

早期的经典研究主要是从"语言与认同之结构观"探讨语言学习和认同的关系。[1] 近年来，建构主义视角下的认同概念逐渐完善。加拿大学者 Norton（1993，1995，2000）[2] 基于对五位移民女性在加拿大英语学习经历的长期跟踪研究，借用 Bourdieu 的概念，提出语言学习同时也是一种"投资"，从而取代了"动机"的概念。学习者希望通过"投资"得到更好的回报，这包括象征性（如语言、教育、友谊等）和物质性资源（资本货物、房地产、金钱等），从而提高自己文化资本的价值。[3] 在该理论框架下，学习者的认同建构不再看作是单一的，而是处于特定的社会文化历史情境中，同时是多元的、动态的、多变的。

Epstein（2009）[4] 的"跨文化"概念同样是建构主义的。他认为，若是将认同仅仅依据学习者所在社团的种族、宗教和意识形态而定，那么往往会产生文化冲突。认同建构并不一定是非此即彼的关系，完全存在第三种可能，那就是"跨文化"。该理论主张认同建构应从自己的本土文化中解放出来，超越其文化堡垒，通过与不同文化的接触，穿越于多种文化之间。由此可见，"跨文化"更为强调开放性，主张文化自身的"不自足性"，因而需要与其

---

[1] 高一虹、李玉霞、边永卫《从结构观到建构观：语言与认同研究综观》，《语言教学与研究》2008 年第 1 期。

[2] Norton Peirce, B. (1993). *Language Learning, Social Identity, and Immigrant Women*. Unpublished doctoral dissertation. University of Toronto; Norton Peirce, B. (1995). Social identity, investment, and language learning. *TESOL Quarterly*, 29 (1): 9–31; Norton Peirce, B. (2000). *Identity and Language Learning: Gender, Ethnicity and Educational Change*. England: Pearson Education, 2000.

[3] 芮晓松、高一虹《二语"投资"概念述评》，《现代外语》2008 年第 1 期。

[4] Epstein, M. (2009). Transculture: A broad way between globalism and multiculturalism. *American Journal of Economics and Sociology*, 68(1)：327-351.

他文化互动而弥补自身文化的缺陷。

在上述理论框架下，跨文化认同的相关研究涉及不同的内容和层次。高一虹及其课题组对大学本科生、研究生英语学习和自我认同的关系进行了全面细致的研究，其研究自我认同包括六个类别：自信心变化、附加性变化、削减性变化、生产性变化、分裂性变化和零变化。其中附加性、削减性、生产性和分裂性变化归为英语学习者的文化认同。其中，高一虹和周燕（2008）①、高一虹等（2011）② 在一定程度上证明了语言学习带来的"附加性变化"和"生产性变化"的积极效应。

除上述研究外，Zea 等（2003）③ 的研究对象是少数族群，将文化认同界定为指少数族群对其母语社团文化及所在国主流社团的文化依附感、归属感以及基于这种归属感所表现出的行为倾向。在上述两种不同文化的互动中，认同也随之逐渐融合。Robert 等（1999）④ 和 Phinney（1992）⑤ 研究的是族群认同，指的是学习者对自己所属社团的认同，主要体现在学习者对自己所属社团的依附感和归属感。文化认同和族群认同侧重于认同建构的行为倾

---

① 高一虹、周燕《英语学习与学习者的认同发展——五所高校基础阶段跟踪研究》，《外语教学》2008 年第 6 期。

② 高一虹等《英语学习与学习者的认同发展——五所高校高年级阶段跟踪研究》，《外语研究》2011 年第 2 期。

③ Zea, M.C., Asner-Self, K. K., Birman, D., & Buki, L. P. (2003). The abbreviated multidimensional acculturation scale: Empirical validation with two Latino / Latina samples. *Cultural Diversity and Ethnic Minority Psychology*, 9(2): 107-126.

④ Robert, R. E., Phinney, J. S., Masse, L. C., Chen, Y. R., Roberts, C. R., & Romero, A.(1999). The structure of ethnic identity of young adolescents from diverse ethnocultural groups. *The Journal of Early Adolescence*, 19(3) : 301-322.

⑤ Phinney, J. S. (1992). The multigroup ethnic identity measure: A new scale for use with diverse groups. *Journal of Adolescent Research*, 7(2): 156-176.

向，价值观认同涉及的层次更深，Kim 等（1999）[①] 从服从社会规范、通过成就获得家族认可、情感自我控制、集体主义、谦虚、孝道等六个方面进行考察，研究发现，价值观认同相比前两者变化得更为缓慢，学习者在融入当地主流文化的同时，却始终固守自己本土文化的价值观念。[②]

关于态度、动机与语言学习结果的关系研究已相当丰富。大部分研究证明，态度通过动机间接影响第二语言习得水平。[③]Gardner 等的一系列实证研究[④]大都证实了动机对语言习得的促进作用，尤其是融合型动机更有利于第二语言习得，然而，

---

① Kim, B. S. K., Atkinson, D. R., & Yang, P. H. (1999). The Asian values scale: Development, factor analysis, validation, and reliability. *Journal of Counseling Psychology*, 46(3): 342-352.

② 魏岩军等《影响美国华裔母语保持的个体及社会心理因素》，《语言教学与研究》2012 年第 1 期。

③ Oller, J., Hudson, A. J., & Liu, P. F. (1977). Attitudes and attained proficiency in ESL: A sociolinguistic study of native speakers of Chinese in the USA. *Language Learning*, 27(1): 1-23; Snow, M. A., Padilla, A. M., & Campbell, R. N. (1988). Patterns of second language retention of graduates of a Spanish immersion program. *Applied Linguistics*, 9(2): 182-197; Svanes, B. (1988). Attitudes and cultural distance in second language acquisition. *Applied Linguistics*, 9(4): 357-359; 倪传斌、王志刚、王际平、姜孟《外国留学生的汉语语言态度调查》，《语言教学与研究》2004 年第 4 期；闻亭《不同文化距离下的态度与习得水平调查研究》，《语言教学与研究》2009 年第 3 期。

④ Gardner, R. C., Lalonde, R. N., & MacPherson, J. (1985). Social factors in second language attrition. *Language Learning*, 35(4): 519-540; Gardner, R. C., Lalonde, R. N., & Moorcroft, R. (1985). The role of attitudes and motivation in second language learning: Correlational and experimental considerations. *Language Learning*, 35(2): 207-227; Masgoret, A. M., & Gardner, R. C. (2003). Attitudes, motivation, and second language learning: A meta-analysis of studies conducted by Gardner and associates. *Language Learning*, 53(1):123-163.

态度、动机与跨文化认同之间的关系研究却较少涉及。[1]

综上所述,文化、族群和价值观是影响学习者认同建构的主要要素,所学语言的使用范围和频率也是影响因素之一。因此,本研究的"跨文化认同"将从语言、文化、族群和价值观四个层面进行考察,一方面考察来华经历和汉语学习时间对汉语学习者跨文化认同的影响,另一方面探讨学习者态度和动机与跨文化认同的关系,最后提出汉语国际传播的策略和对策。

一、调查对象与研究方法

(一)调查对象的基本情况

本研究的调查对象分别来自美国、印度尼西亚和韩国,问卷调查均在国外实施,调查对象均处于外语学习情境下。美国数据来自爱荷华大学、卡内基梅隆大学、纽约州立大学等美国东部和中部六所大学和高中,印度尼西亚数据来自慈育大学、建国大学、玛拉拿达基督教大学、国立第十九高中等,韩国数据来自启明大学。不同国家的调查对象在年龄、性别和教育程度等因素上基本保持一致。问卷在课堂发放,当堂回收,共发放456份,回收425份,有效问卷406份。调查对象的基本情况见表1。[2]

---

[1] 魏岩军等《影响美国华裔母语保持的个体及社会心理因素》,《语言教学与研究》2012年第1期。

[2] 本研究部分问卷数据有些许缺失,缺失的数据不在统计之列。

表 1 调查对象的基本情况

国籍			性别		教育程度			年龄
美国	印度尼西亚	韩国	男	女	高中	本科	研究生	16—29 岁
199	147	60	171	235	134	257	12	406

（二）问卷设计

本次调查采取问卷调查的方法，语言根据调查对象不同翻译为英文、印度尼西亚文和韩文，具体包含以下内容：

1. 调查对象的基本情况，包括国籍、性别、年龄、教育程度、汉语学习时间、在华时间等。

2. 汉语学习者跨文化认同的调查。跨文化认同测量依据 Zea 等（2003）[①] 的简明多维度量表，同时参照 Robert 等（1999）[②] 和 Kim 等（1999）[③] 关于族群认同和价值观认同的研究，将学习者对母语社团认同分为语言、文化、族群和价值观认同四个方面，每个方面 8 道题，共 32 道题。"语言认同"题目自编，主要体现为汉语学习者在不同环境下汉语的使用范围和使用频度；"文化认同"指汉语学习者对华人社团的文化依附感、归属

[①] Zea, M. C., Asner-Self, K. K., Birman, D., & Buki, L. P. (2003). The abbreviated multidimensional acculturation scale: Empirical validation with two Latino / Latina samples. *Cultural Diversity and Ethnic Minority Psychology*, 9(2): 107-126.

[②] Robert, R. E., Phinney, J. S., Masse, L. C., Chen, Y. R., Roberts, C. R., & Romero, A. (1999). The structure of ethnic identity of young adolescents from diverse ethnocultural groups. *The Journal of Early Adolescence*, 19(3) : 301-322.

[③] Kim, B. S. K., Atkinson, D. R., & Yang, P. H. (1999). The Asian values scale: Development, factor analysis, validation, and reliability. *Journal of Counseling Psychology*, 46(3): 342-352.

感以及基于这种归属感所表现出的行为倾向；[①]"族群认同"指学习者对华人社团的认同，主要表现为学习者对华人社团的依附感和归属感；[②]"价值观认同"包括六个因素，即服从社会规范、通过成就获得家族认可、情感自我控制、集体主义、谦虚和孝道等。[③] 各类认同题目举例如下：

语言认同：I speak Chinese as much as I can when I talk to my Chinese friends.

文化认同：I like reading books introducing Chinese culture.

族群认同：I would like to make Chinese friends.

价值观认同：Modesty is an important quality for a person.

3. 汉语学习者对华人社团态度的调查。本研究关于态度的问卷借鉴 Gardner(1985)[④]，Gardner、Lalonde 和 MacPherson(1985)[⑤] 关于态度量表的设计，并进行适当改编，具体包括学习者对中国（尤指中国的政治、经济和文化）、对中国人以及汉语学习的态度，共24道题，每类8道。

[①] Zea, M. C., Asner-Self, K. K., Birman, D., & Buki, L. P. (2003). The abbreviated multidimensional acculturation scale: Empirical validation with two Latino / Latina samples. *Cultural Diversity and Ethnic Minority Psychology*, 9(2): 107-126.

[②] Robert, R. E., Phinney, J. S., Masse, L. C., Chen, Y. R., Roberts, C. R., & Romero, A. (1999). The structure of ethnic identity of young adolescents from diverse ethnocultural groups. *The Journal of Early Adolescence*, 19(3): 301-322.

[③] Kim, B. S. K., Atkinson, D. R., & Yang, P. H. (1999). The Asian values scale: Development, factor analysis, validation, and reliability. *Journal of Counseling Psychology*, 46(3): 342-352.

[④] Gardner, R. C. (1985). *Social Psychology and Second Language Learning: The Role of Attitude and Motivation*. London: Edward Arnold.

[⑤] Gardner, R. C., Lalonde, R. N., & MacPherson, J. (1985). Social factors in second language attrition. *Language Learning*, 35(4): 519-540.

4. 汉语学习者学习动机的调查。动机的测量依据 Gardner 提出的融合型和工具型动机进行分类，同时参考了 Gardner（1985）[1]，Gardner、Lalonde 和 MacPherson（1985）[2] 和 Svanes（1987）[3] 的动机量表的设计，并进行适当改编，最终形成 16 道题，每类 8 道。态度、动机与认同测量指标均采用 Likert Scale 6 点量表，并统一为积极的表述方式。

5. 语言水平自测，包括听说读写四项技能。自测表是根据《欧洲语言教学与评估共同参考框架：学习、教学、评估》[4] 中"语言水平自测表"的四项语言技能评测标准修改而成。

为了保证问卷调查的可靠性，[5] 我们对本部分问卷的信度进行了检验。跨文化认同总量表信度系数为 0.834，语言认同分量表的信度系数为 0.824，文化认同分量表的信度系数为 0.884，族群认同分量表的信度系数为 0.770，价值观分量表的信度系数为 0.848。因此，本次跨文化认同量表的信度系数是相当高的。

---

[1] Gardner, R. C. (1985). *The Attitude / Motivation Test Battery: Technical Report*. http://publish.Uwo.ca/~gardner/docs/AMTBmanual.pdf.

[2] Gardner, R. C., Lalonde, R. N., & MacPherson, J. (1985). Social factors in second language attrition. *Language Learning*, 35(4): 519-540.

[3] Svanes, B. (1987). Motivation and cultural distance in second language acquisition. *Language Learning*, 37(3): 341-359.

[4] Council for Cultural Co-operation Education Committee (Ed.). *Common European Framework of Reference for Languages: Learning, Teaching and Assessment*. Cambridge: Cambridge University Press.

[5] "文化认同""族群认同"和"价值观认同"问卷量表的信效度在 Zea 等（2003）、Robert 等（1999）、Kim 等（1999）等文章中均已相应得到较高的验证。

二、个体因素对汉语学习者跨文化认同的影响

(一)来华经历对汉语学习者跨文化认同影响的统计分析

正所谓"百闻不如一见",汉语学习者对华人社团的认同不能只凭空想象。因此是否来华会对学习者的认同产生非常大的影响。表2列出了是否来华两种条件下美国汉语学习者认同程度的平均分。①

表2 不同来华经历的汉语学习者认同程度的平均分

	语言认同	文化认同	族群认同	价值观认同
未曾来华	2.47	4.45	3.86	4.00
曾来华	2.92	4.69	4.40	3.99

方差分析验证,来华经历的主效应显著($F_{(1,196)} = 9.25$,$p = 0.003$),四项认同的主效应显著($F_{(3,588)} = 181.55$,$p < 0.0005$),交互作用显著($F_{(3,588)} = 4.09$,$p = 0.007$)。简单效应检验发现,在语言和族群认同的水平上,是否来华之间差异显著($p = 0.002$;$p < 0.0005$);在文化认同上,曾来华和未曾来华差异边缘显著($p = 0.100$),价值观认同不显著($p = 0.933$)。总体来看,曾来华的学习者比未曾来华的认同程度高,具体每一项认同来看,曾来华的学习者在语言、文化和族群认同上比未曾来华的认同程度更高。价值观认同上,是否来华对其没有影响。

---

① 本部分主要考察是否来华对跨文化认同的影响,印度尼西亚学习者大都未曾来华,韩国学习者大都曾来华,经历相对单一,不做考察。下文汉语学习时间印度尼西亚和韩国数据也较为集中,做同样处理。

（二）汉语学习时间对学习者跨文化认同影响的统计分析

汉语学习时间的长短体现了学习者与汉语的接触程度，也在一定程度上反映了其汉语学习的持久力。这种语言经历上的不同会带来其跨文化认同的差异。表3列出了不同汉语学习时间美国学习者认同程度的平均分。

表3　不同汉语学习时间的学习者认同程度的平均分

	语言认同	文化认同	族群认同	价值观认同
2年以下	2.44	4.39	3.89	4.00
2年以上	2.86	4.75	4.18	4.01

方差分析验证，汉语学习时间的主效应显著（$F_{(1,195)} = 9.45$，$p = 0.002$），四项认同的主效应显著（$F_{(3,585)} = 235.12$，$p < 0.0005$），交互作用显著（$F_{(3,585)} = 2.91$，$p = 0.034$）。简单效应检验发现，在语言、文化和族群认同上，不同汉语学习时间之间差异显著（$p = 0.001$；$p = 0.003$；$p = 0.012$）。汉语学习时间越长，认同程度越高。价值观认同不受汉语学习时间影响（$p = 0.950$）。

（三）对影响汉语学习者跨文化认同个体因素的讨论

学习者的认同并不是固定的，认同建构也不是一朝一夕完成的，而是要经历持续渐变的过程。来华经历和汉语学习时间为这个过程提供了认同建构的时间，也为学习者提供了大量输入目的语及其文化的机会。[①] 美国学习者来华经历和汉语学习使得他们

---

① 孙乐芩、冯江平、林莉、黄筱杉《在华外国留学生的文化适应现状调查及建议》，《语言教学与研究》2009年第1期。

更容易适应中国文化，而根据 Schumann（1978）[①] 的"文化适应模式"，第二语言习得是文化适应的一部分，学习者始终处于从不适应过渡到适应的连续统中。曾来华和汉语学习时间长的学习者在社会和心理两方面比另一方更能融入目的语文化和族群之中去，因而更易产生对华人社团的认同。[②]

基于"语言与认同之建构观"的视角，曾来华的学习者、汉语学习时间更长的学习者对汉语的"投资"更多，即"支付的成本"和付出的精力越大，学习者所获得的文化资本就会越多。[③] 另一方面，语言学习带来了学习者"跨文化"能力的发展，在语言、文化和族群认同取向上变得更为开放。[④]

三、社会心理因素与汉语学习者跨文化认同

（一）汉语学习者态度、动机与跨文化认同关系的统计结果

社会心理学领域认为，第二语言学习者的态度、动机和认同，

[①] Schumann, J. H. (1978). The acculturation model for second language acquisition. In Gingras, R. (Ed.). *Second Language Acquisition and Foreign Language Teaching*. Washington, D. C.: Center for Applied Linguistics.

[②] Zea, M. C., Asner-Self, K. K., Birman, D., & Buki, L. P. (2003). The abbreviated multidimensional acculturation scale: Empirical validation with two Latino / Latina samples. *Cultural Diversity and Ethnic Minority Psychology*, 9(2): 107–126.

[③] Norton Peirce, B. (1993). *Language Learning, Social Identity, and Immigrant Women*. Unpublished doctoral dissertation. University of Toronto; Norton Peirce, B. (1995). Social identity, investment, and language learning. *TESOL Quarterly*, 29 (1): 9–31; Norton Peirce, B. (2000). *Identity and Language Learning: Gender, Ethnicity and Educational Change*. England: Pearson Education, 2000.

[④] Epstein, M. (2009). Transculture: A broad way between globalism and multiculturalism. *American Journal of Economics and Sociology*, 68(1) : 327–351.

共同发挥作用对语言学习产生影响。这些因素影响语言学习的同时，彼此之间也互相影响。本研究的汉语学习者的态度包括对中国的态度、对中国人的态度和对学习汉语的态度，动机则分为融合型动机和工具型动机。我们采用 Spearman 等级相关分析，对不同文化背景学习者的态度、动机和认同之间进行了相关分析。

表 4　汉语学习者的态度和跨文化认同之间的相关系数

	语言认同	文化认同	族群认同	价值观认同
美国	0.39**	0.61**	0.70**	0.10
印度尼西亚	0.58**	0.75**	0.78**	0.17*
韩国	0.63**	0.76**	0.79**	0.09

注：** 在 0.01 水平上显著（双尾），* 在 0.05 水平上显著（双尾）。

表 4 列出了汉语学习者的态度和认同之间的相关程度。① 从总体情况来看，三国学习者的态度和认同之间是存在相关的，但是相关程度高低不同。其中，学习者文化和族群认同与态度之间存在强正相关，语言认同相关较低，价值观认同相关程度更低乃至不相关。

表 5　汉语学习者对华人社团动机和认同之间的相关系数

		语言认同	文化认同	族群认同	价值观认同
美国	融合型动机	0.40**	0.62**	0.61**	0.14*
	工具型动机	0.27**	0.34**	0.37**	0.24
印度尼西亚	融合型动机	0.53**	0.68**	0.67**	0.13
	工具型动机	0.49**	0.60**	0.61**	0.09
韩国	融合型动机	0.62**	0.70**	0.69**	0.11
	工具型动机	0.61**	0.64**	0.62**	

注：** 在 0.01 水平上显著（双尾），* 在 0.05 水平上显著（双尾）。

---

① 因学习者的三种态度，与各项认同之间的相关系数差别不大，此处将其合并为对中国、中国人和学习汉语的总态度，与各项认同之间进行相关分析。

表5数据说明的是学习者汉语学习动机和认同之间的相关关系。与态度和认同相关结果一致的是，学习者的文化和族群认同与两类动机之间表现出更强的相关，语言认同次之，价值观认同上存在弱相关或不相关。另外，从动机类型来看，三种文化背景的学习者，融合型动机与认同的相关程度普遍高于工具型动机。

（二）对汉语学习者态度、动机与跨文化认同关系的讨论

社会心理学领域一般把态度界定为个体对待他人或事物的反应方式，这种消极或积极的反应是可以进行评价的，它通常体现在个体的信念、感觉或者行为倾向中。学习者的态度由三方面组成，认知是基础，情感是核心，意动是学习者的实际行为。而文化认同，基于 Zea 等（2003）[①] 的定义，指的是对一种文化、社团及群体的依附感、归属感，以及基于这种归属感所表现的行为倾向。态度中的"意动"是认知和情感在行动上的表现和倾向，这正好与认同的内涵相合，因而相关程度比较高。另外，Lambert 的"社会心理模式"认为态度对社会身份自我认定的影响是通过动机和语言熟练程度来实现的。当学习者群体对华人社团持肯定态度时，就会逐渐形成对自己的社会身份的认定，向华人社团靠拢，因而态度和族群认同之间也表现出非常强的相关性。

Gardner（1985）[②] 的经典动机模式区分了融合型动机和工具型动机，与"社会心理模式"不同的是，该模式认为对目的语文

[①] Zea, M. C., Asner-Self, K. K., Birman, D., & Buki, L. P. (2003). The abbreviated multidimensional acculturation scale: Empirical validation with two Latino / Latina samples. *Cultural Diversity and Ethnic Minority Psychology*, 9(2): 107-126.

[②] Gardner, R. C. (1985). *Social Psychology and Second Language Learning: The Role of Attitude and Motivation.* London: Edward Arnold.

化的态度和认同共同决定学习者的动机。关于态度、动机和认同三者之间关系的讨论一直莫衷一是，[①] 然而，不可否认的是，三者之间存在着非常密切的相关关系。本研究发现，与工具型动机相比，融合型动机与认同的相关程度更高，这得从两类动机的内涵来解释。Lambert 和 Gardner 将融合型动机看作学习者所表现出来的对目的语社团积极肯定的态度，对另一语言群体的文化或成员纯粹的、自身的兴趣，乃至融入该社团成为其一员的愿望。工具型动机更多的则是把第二语言用作工具的实际目的。可见，融合型动机与认同建构存在更大的一致性，Gardner（1979）[②] 也提出了类似的观点，即融合性动机与附加性双语现象相关，工具型动机与削减性双语相关。Lambert（1969）[③] 的研究也证实，对于中级以下水平的学习者来说，融合型动机更容易激发其在语言上努力达到并保持与目的语社团成员一致。本研究的结果显示，无论是融合型动机，还是工具型动机，都表现出了与认同取向比较高的相关，而融合型动机与认同之间的关系更为密切。

由此可见，工具型动机强烈的学习者更多地持有"语言工具观"，而融合型动机为"语言认同建构观"。"语言工具观"把语言看作交流的工具，学习一种语言就是掌握一种工具。而语言

[①] 魏岩军等《影响美国华裔母语保持的个体及社会心理因素》，《语言教学与研究》2012 年第 1 期。

[②] Gardner, R. C. (1979). Social psychological aspects of second language acquisition. In Giles, H., & Clair, R. (Eds.). *Language and Social Psychology*, Oxford: Basil Blackwell, pp.193-220.

[③] Lambert, W. E. (1969). *Psychological aspects of Motivation in Language Learning*. The Bulletin of the Illinois Foreign Language Teachers Association (May), 5-11.

认同建构主张语言学习和使用的过程，同时也是自我不断被建构的过程，就是在自己特有的兴趣、爱好和潜能等条件下与现有的社会环境相互作用，最终建构自己的世界观，重塑自我意识。态度、动机和认同的关系探究，无处不渗透着一种语言工具之外的学习者个体在社会心理上的有意识选择，体现着"语言是世界观；语言是文化；语言是自我建构；语言是元世界观、元文化"[①]。

四、基本结论与汉语国际传播策略

（一）基本结论

本研究以语言、文化、族群、价值观认同为视角，以美国、印度尼西亚和韩国三种不同文化背景的406名非华裔汉语学习者为调查对象，通过对影响非华裔学习者跨文化社团认同因素的考察，得出以下结论：（1）对美国学习者来说，汉语学习时间和在华时间越长，语言、文化和族群认同程度越高，价值观认同不受影响。（2）四类认同中，文化认同和族群认同与态度和动机之间的相关程度更高，其次是语言认同，价值观认同最低。（3）融合型动机与认同的相关程度普遍高于工具型动机。

（二）对汉语国际传播的启示和对策

把语言看成工具，就会注重不同语言使用者的沟通；站在认同建构的立场上，就会强调语言的文化内涵。语言作为工具，作

[①] 田贵森、郑月莉《大学生英语名字的获取和使用》，载《中国大学生英语学习社会心理——学习动机与自我认同研究》，外语教学与研究出版社，2004年。

为文化，每一种视角都有其合理性。① 如果只注重工具性，中国经济成就再大，也难以转化为真正的文化吸引力。② 如何将经济资本转化为在全球范围内被认可并且受到尊重的文化资本？汉语学习兼有工具和认同建构的两重性，是当前汉语国际传播迫切需要去实践的一大主题。

1. 在大步实施"走出去"战略的同时，不能忽视"请进来"的重要作用。

近年来，伴随着孔子学院的大力创建，汉语国际传播大力提倡从"请进来"到"走出去"。然而，调查数据显示，曾来华的汉语学习者对中国的认同程度普遍比未曾来华者高，因此汉语传播很有必要在提倡"走出去"传播战略的同时，再把"请进来"战略贯彻起来，在国内大力营造学习中国语言与文化的氛围与环境，也可以通过建立完善的奖学金制度，大力吸引外国汉语教师和学生到中国留学；大力发展旅游产业，让更多的外国人来中国参观游览；组织多种形式的讲习班、夏冬令营等活动，促进中外的交流与合作。"请进来"和"走出去"都是为了让世界人民更好地认识中国，了解一个客观真实的中国。两者之间彼此结合，共同促进其汉语的学习，加深世界对中国的理解和认同。

2. 加强语言教与学的核心地位，激发学习者内在兴趣和动机，增强其对中国的肯定态度，提升学习者对华人社团的跨文化认同。

---

① 郭熙《多元语言文化背景下母语维持的若干问题：新加坡个案》，《语言文字应用》2008 年第 4 期。

② Kumaravadivelu, B. (2012). *Global Mandarin: Promoting Chinese Language and Culture in an Age of Globalization.* Paper presented at the 4th International Symposium on Teaching Chinese as a Second Language for Young Scholars, Peking University.

汉语教与学不能只培养学习者使用语言进行交际，更应该触及学习者深层次的认同建构，积极的语言学习者和认同构建者总是秉承着多元、开放的社会心理和追求，主动去吸收本民族之外目的语社团合理的文化因素，不断地超越自我，积极发展自己的人文取向。高一虹的"生产性双语现象"就体现了认同建构下学习者母语和目的语的语言文化之间积极互动、相得益彰，最终使学习者的认知、情感和行为能力都得到提高。跨文化认同的提升，同样会作用于学习动机的激发、正面态度的增强，从而对中国以及其语言和文化产生好感。

Rose（2005）[1] 提出了国际交往的"相互作用模型"。他认为，如果双方对彼此的理解是对称的，那么任何一方都不会占有优势。只有在彼此理解不对称的情况下，一方才可能因其对对方更多的理解而获益。因此，汉语传播不能只传播语言，更是为了获得汉语学习者的认同，这并不是一种文化侵略，而是培养和壮大中国的国际友好人士；这也不是文化霸权，而是积极倡导在多元文化下和谐共存、保持语言文化生态平衡下每一个民族应有的责任。同时，这也体现了国家的可持续发展战略，语言传播带来的文化认同等蕴含着巨大的潜在收益，为国家后续的发展提供源源不断的动力。仅仅停留在语言工具层面的语言传播是远远不够的，必须上升层次，提升到认同建构上来，才是站在语言战略的高度去审视当前的语言传播问题。

---

[1] Rose, R. (2005). Language, Soft Power and Asymmetrical Internet Communication. Oxford Internet Institute, *Research Report No.7*, April.

第五节　汉语学习者跨文化交际意愿研究①

近半个世纪以来，第二语言教学理念经历了从重视听说读写等语言技能的培养到注重学生语言交际能力的培养，再到注重学生跨文化能力的培养这一变化。②汉语作为第二语言的教学更是将终极目标定为培养学习者具有在现实生活中自由运用汉语进行交际的能力，而且要在最短的时间内取得最佳的学习效果。③因此，关注与学生的语用能力相关的各种因素十分重要。这些因素中，学习者使用第二语言进行交际的意愿近十年来受到了研究者的重视。第二语言交际意愿是指在某一特定的时刻，学习者发起同某人或某些人用二语交流的愿望。④一方面，二语交际意愿是决定学习者是否参与交际的最直接因素，而使用二语交际在当前强调"做中学"和"用中学"的二语教学理念中是至关重要的。另一方面，二语交际意愿与学习环境、动机、情感等社会和个体因素关系密切，共同作用于二语学习的全过程。因此二语学习的恰当目标应该是增强学习者的交际意愿，从而实现语言教育促进不同文化不

---

① 本节选自吴庄、文卫平《汉语交际意愿等社会心理因素对日本留学生汉语使用频率的影响》，《暨南大学华文学院学报》2009年第4期。
② 余卫华、林明红《穗港高校学生英语交流意愿对比研究》，《外语教学与研究》2004年第3期。
③ 赵金铭《对外汉语教学理念管见》，《世界汉语教学》2007年第3期。
④ MacIntyre, P. D., Clément, R., Dörnyei, Z., & Noels, K. (1998). Conceptualizing willingness to communicate in a L2: A situational model of L2 confidence and affiliation. *The Modern Language Journal*, 82: 545-562.

同国家的人们进行接触和交流的社会功能。①

目前,有关二语交际意愿的研究都是在西方环境下(主要是北美双语社会中)进行的。② 关于来华留学生的汉语学习交际意愿,目前还没有研究见于文献。交际行为在很大程度上受文化的约束,③ 交际双方的语言和文化背景以及对待彼此文化的态度势必影响他们的二语交际意愿。已有研究要么根植于北美语境,要么针对英语学习,结果都无法推论到其他情境下的二语学习。近年来,随着中国经济的发展和国际地位的提高,学习汉语已经成为一股热潮。而来华留学生中,日本留学生总数位居第二。④ 由于民族性格等因素的影响,日本留学生在汉语交际意愿等个体因素上可能会表现出一定的特性,值得关注。

一、理论框架

根据 MacIntyre 等(1998)⑤ 提出的启发性(Heuristic)模式,二语交际意愿的强弱最终决定学习者是否参与二语交际。而它本身又受交际情境、动机倾向、情感认知环境及个体和社会环境 4

---

① MacIntyre, P. D., Clément, R., Dörnyei, Z., & Noels, K. (1998). Conceptualizing willingness to communicate in a L2: A situational model of L2 confidence and affiliation. *The Modern Language Journal*, 82: 545-562.

② Wen W. P., & Clément, R. (2003). A Chinese conceptualization of willingness to communicate in ESL. *Language, Culture and Curriculum*, 16:18-38.

③ McCroskey, J. C., & Richmond, V. P. (1990). Willingness to communicate: Differing cultural perspectives. *Southern Communication Journal*, 56: 72-77.

④ 根据国家留学基金管理委员会的统计数据,2006 年来华留学生中,日本留学生总数为 18,363 名,位居第二。

⑤ 同①。

个层面的 10 个因素影响。① 研究表明，动机对于促进二语学习有显著的作用。② 动机对学习者的交际焦虑有显著影响，较强的二语学习动机导致较低的交际焦虑。③ 融合性动机与来华留学生的跨文化意识层级有显著的正相关关系。④ 就焦虑而言，日本来华学生的焦虑程度最高。⑤ 而不同类型的焦虑都会对二语学习产生一定程度的负作用。⑥ 这种负面影响主要表现在口语和听力方面。⑦ 这很可能是因为交际焦虑导致留学生的交际意愿较低。而二语学习过程中参与交际越多，与本族语使用者互动的机会就越多，语

---

① MacIntyre 等的二语交际意愿模式为金字塔形，分为 6 层，从上至下分别为交际行为、行为意图、情境先导因素、动机倾向、情感—认知环境、社会和个体环境。每一个层次又包含若干变量，共计 12 个。金字塔的分层表明变量之间的相互关系的紧密程度。位于上面的变量受到其下所有层次变量的影响；而影响每一层变量的直接因素是其下一层的变量。交际意愿位于行为意图层面（第二层），因此受到其下 4 个层面 10 个变量的影响。

② 江新《对外汉语教学的心理学探索》，教育科学出版社，2007 年。

③ Yashima, T. (2002). Willingness to communicate in a second language: The Japanese EFL context. *The Modern Language Journal,* 86: 54-66; Yashima, T., Zenuk-Nishide, L., & Shimizy, K. (2004). The influence of attitudes and affect on willingness to communicate and second language communication. *Language Learning,* 54:119-152.

④ 施家炜《跨文化交际意识与第二语言习得研究》，《世界汉语教学》2000 年第 3 期。

⑤ 钱旭菁《外国留学生学习汉语时的焦虑》，《语言教学与研究》1999 年第 2 期。

⑥ Clément, R., Dörnyei, Z. & Noels, K. (1994). Motivation, self-confidence and group cohesion in the foreign language classroom. *Language Learning,* 44:418-448.

⑦ 钱旭菁《外国留学生学习汉语时的焦虑》，《语言教学与研究》1999 年第 2 期；张莉《留学生汉语学习焦虑感与口语流利性关系初探》，《语言文字应用》2001 年第 3 期；张莉、王飚《留学生汉语焦虑感与成绩相关分析及教学对策》，《语言教学与研究》2002 年第 1 期。

言能力（特别是基本人际交际技能）就越强。[1] 此外，焦虑也有可能反过来作用于动机强度，高焦虑水平会降低语言学习的动机。[2]

跨文化适应性是指留学生在二语社会中学习生活的适应感，包括他们对二语文化的态度和对自身与二语社团成员之间关系的满意程度。[3] 不同文化背景的人交流时都会经历不同程度的文化障碍。而克服文化障碍和适应异域文化的程度影响学习者使用二语与他人（特别是二语社团成员）交流的积极性，从而对二语学习造成影响，而二语水平的提高又会反过来促进留学生对异域生活的适应。[4]

虽然目前尚无针对日本留学生汉语交际意愿的研究，Yashima（2002）[5] 和 Yashima 等（2004）[6] 针对日本学生英语交际意愿的研究，可以为本研究构建概念模型提供启示。这两个研究发现，学习者的跨文化适应性影响学习动机，后者则可以预测学习者的语言水平和在交际中的自信心强度，而自信心强度越高，

---

[1] Brown, H. D. (1987). *Principles of Language Learning and Teaching*. Prentice-Hall.

[2] 江新《对外汉语教学的心理学探索》，教育科学出版社，2007 年。

[3] Yashima, T., Zenuk-Nishide, L., & Shimizy, K. (2004). The influence of attitudes and affect on willingness to communicate and second language communication. *Language Learning*, 54:119-152.

[4] 施家炜《跨文化交际意识与第二语言习得研究》，《世界汉语教学》2000 年第 3 期。

[5] Yashima, T. (2002). Willingness to communicate in a second language: The Japanese EFL context. *The Modern Language Journal*, 86: 54-66.

[6] Yashima, T. (2002) Willingness to communicate in a second language: The Japanese EFL context. *The Modern Language Journal*, 86: 54-66; Yashima, T., Zenuk-Nishide, L., & Shimizy, K. (2004). The influence of attitudes and affect on willingness to communicate and second language communication. *Language Learning*, 54: 119-152.

第五节 汉语学习者跨文化交际意愿研究

二语交际意愿越强。另一方面，跨文化适应性也可以在一定程度上预测学习者的二语交际意愿。

以上述研究结果为基础，本研究提出如下假设（图1）：

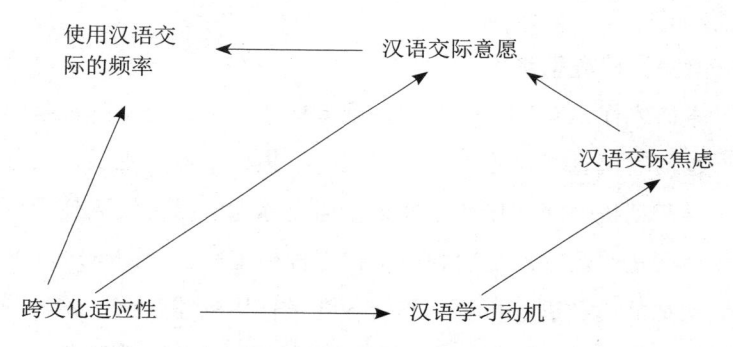

```
使用汉语交际的频率 ←—— 汉语交际意愿
         ↖            ↗        ↖
          ↖          ↗          汉语交际焦虑
           ↖        ↗                ↑
        跨文化适应性 ——→ 汉语学习动机
```

图1　本研究检测的二语交际模型

第一，汉语交际意愿影响日本留学生使用汉语交际的频率。

第二，跨文化适应性与留学生的动机强度和交际意愿都有直接关系。较强的适应感导致较强的汉语学习动机和交际意愿。

第三，较强的动机导致较低的焦虑水平。

与 Yashima 的研究不同，本研究将使用二语交际的频率这一因素考虑进来。这是因为，交际意愿是关系到学习者是否发起交际的最直接因素。[1] 理论上，日本留学生的汉语交际意愿越强，使用汉语交际的频率就应该越高。此外，我们将 Yashima 模型中的交际自信心用汉语交际焦虑这一因素替代。因为如前所述，交际焦虑和自信心强度呈现极高的负相关关系，采用交际焦虑这一

---

[1] MacIntyre, P.D., Clément, R., Dörnyei, Z., & Noels, K. (1998). Conceptualizing willingness to communicate in a L2: A situational model of L2 confidence and affiliation. *The Modern Language Journal*, 82: 545–562.

因素有利于我们从反面来观测留学生的交际行为。

二、研究设计

（一）研究思路

本研究在已有有关研究的基础上构建一个二语交际模型。然后通过问卷调查和自陈报告的形式，收集日本留学生汉语交际焦虑、学习动机、跨文化适应性、汉语交际意愿以及汉语使用频率等5个变量的数据。最后利用结构方程模型软件（AMOS4.0）对我们构拟的模型进行检测，确定各变量作用的路径图。路径分析（Path Analysis）是国外二语习得领域目前广泛采用的统计分析方法，它是一种特殊的回归分析，其优势在于不仅能确定自变量对因变量的影响，还能确定自变量之间的相互关系。之所以采用AMOS进行路径分析，原因有二：一是它的灵活性较强，允许回归方程中自变量含有测量误差，允许变量之间存在协方差；二是可以对原始数据进行直接加工，提供标准化和非标准化两种估计结果，不像其他路径分析软件（如LIS-REL）需要输入各变量的相关系数表。[①]

（二）调查对象

研究者于2007年11月间对北京语言大学和北京外国语大学的142名日本留学生进行了问卷调查。抽样的方式是滚雪球式，即研究者通过自己接触到的37名日本留学生寻找更多的留学生

[①] 文秋芳《"作文内容"的构念效度研究——运用结构方程模型软件AMOS5的尝试》，《外语研究》2007年第3期。

参加调查。样本的结构见表1。

表1 被试情况

指标	性别		学历			来华时间				
水平	男	女	本科生	硕士生	博士生	6个月以下	6个月至1年	1年至2年	2年至3年	3年以上
人数/个	67	75	134	4	4	31	37	35	22	17
百分比/%	47.2	52.8	94.4	2.8	2.8	21.8	26.1	24.6	15.5	12.0

（三）研究工具

为了避免研究对象的汉语水平影响问卷的信度，本研究所采用的问卷以日文呈现。所有因素均为 Likert 5 级量表，改编自前人的研究，原文为英文或日文。英文问卷由一名日语专业硕士研究生（有两年留学日本的经历）翻译成日文，并请两名日本留学生校正。下面分别就各量表的出处和内在信度进行说明。

1. 汉语学习动机。改编自 Gardner 和 Lambert（1972）[1]。分为动机强度（Cronbach's $\alpha = 0.79$）和学习汉语的需求（$\alpha = 0.76$）两个观测变量，各 6 个项目。

2. 汉语交际焦虑。采用 Horwitz、Horwitz 和 Cope（1986）[2] 的外语课堂焦虑感量表中针对外语交际焦虑的 9 个项目（$\alpha = 0.85$）。

3. 跨文化适应性。以 Yashima（2002）[3] 为基础改编。包括群体间接近—回避的倾向（共 6 项，$\alpha = 0.72$）、对人际关系的满

---

[1] Gardner, R. C., & Lanbert, W. E. (1972). *Attitudes and Motivation in Second Language Learning*. Rowley, MA. Newbury House.

[2] Horwitz, E. K., Horwitz, M. C., & Cope, J. (1986). Foreign language classroom anxiety. *Modern Language Journal*, 70: 125-132.

[3] Yashima, T. (2002). Willingness to communicate in a second language: The Japanese EFL context. *The Modern Language Journal*, 86: 54-66.

意程度（共 2 项，α = 0.68）以及适应感（共 5 项，α = 0.74）三个观测变量。

4. 汉语交际意愿。改编自 MacIntyre 等（2001）[1]。共 24 项（α = 0.88），涵盖说、读、写和理解[2]等方面的任务。

5. 汉语使用的频率。该量表是以 Yashima 等（2004）[3]为基础改编的自陈式报告，共 8 项（α = 0.53）。

三、结果与讨论

（一）汉语交际频率与交际意愿的相关

日本留学生的二语交际意愿究竟能否如 MacIntyre 等假设的那样预测二语使用频率？我们对这两个因素之间的相关关系进行了统计分析。结果表明，除 Q4 外，日本留学生使用汉语交际的频率与交际意愿均有显著的正相关关系（见表 2）。当面临老师所布置的课堂交际任务时，学生所报告的交际频率最高（$Mean = 4.70$），但这一项目的值与交际意愿之间的相关程度不显著。

---

[1] MacIntyre, P. D., Baker, S. C., Clément, R., & Conrod, S. (2001). Willingness to communicate, social support, and language-learning orientations of immersion students. *Studies in Second Language Acquisition*, 23: 369-388.

[2] 本研究中"理解"（comprehension）指有意识地获取话语的语音信息并将之解码的行为（即获取话语传达的意义）。文中没有使用"听"一词是因为"听"包括无意识的、不可控制的获取语音信息的行为，但缺乏较强交际意愿听者常忽略该信息，不将之解码。

[3] Yashima, T., Zenuk-Nishide, L., & Shimizy, K. (2004). The influence of attitudes and affecton willingness to communicate and second language communication. *Language Learning*, 54: 119-152.

这一结果支持 Clément 等（2003）[1]的观点，即当学习者无法选择是否使用二语交流时，交际意愿就与二语使用没有关系。在东方文化中，课堂中老师和学生处于不对等的地位，对于老师的提问等交际任务，学生一般很难拒绝，哪怕他们并没有太强的意愿来参与交流。这是因为东方学习者的总体特征是以他人为指向（Other-directed），因此普遍采取顺从的学习方式。[2]

表2　汉语交际频率与交际意愿的相关系数

交际频率的各项目		均值 Mean	标准差 S.D.	与交际意愿的相关系数（双尾）
Q1	我积极参与汉语课堂上的各种语言操练活动。	3.20	1.03	0.162*
Q2	课堂上我使用汉语向同学介绍我喜欢的书籍、电影或音乐。	3.04	0.87	0.301**
Q3	汉语课堂上我主动提问和回答问题。	3.54	1.08	0.340**
Q4	当老师要求我就某一熟悉的话题用汉语发表看法时，我尽力用汉语表达我的意思。	4.70	0.66	0.085
Q5	下课时我用汉语与同学交谈。	3.11	0.81	0.474**
Q6	在校园里遇到朋友和熟人时，我用汉语和他们交谈。	2.53	1.13	0.343**
Q7	我用汉语向我的朋友介绍日本。	2.99	0.90	0.440**
Q8	遇到中国朋友时，我抓住机会和他们说汉语。	3.20	0.99	0.445**

注：$N = 142$，**$p < 0.01$，*$p < 0.05$。

此外，配对样本 t 检验显示，被试在课堂上（Q1—Q3 之均

---

[1] Clément, R., Baker, S. C., & MacIntyre, P. D.(2003). Willingness to communicate in a second language: The effects of context, norms and vitality. *Journal of Language and Social Psychology*, 22(2): 190-209.

[2] Wen W. P., & Clément, R. (2003). A Chinese conceptualization of willingness to communicate in ESL. *Language, Culture and Curriculum*, 16: 18-38.

值 3.26）与课后主动交流的频率（Q5—Q8 之均值 2.96）存在显著差异（$t = 9.7847$, $Sig. = 0.000$）。而与交际意愿的相关程度上，课后主动交流的频率与交际意愿更相关。这说明日本留学生使用汉语的情境主要是在课堂里。丁安琪（2007）[①]认为，尽管目的语的学习环境提供了足够的机会与母语者进行各方面的交流，日本留学生在日常生活中却难以克服心理障碍，跟母语者主动进行交流。因此，他们就将希望寄托在教师的身上，希望课堂上借由老师的要求，多一些开口的机会。此外，日本留学生课外的时间大多与本国学生相处，并没有融入中国学生群体之中。

（二）不同类型的交际意愿的比较

说、读、写和理解四种类型的交际中，日本留学生交际意愿最强的是使用汉语阅读（$M = 3.41$），其次是理解（$M = 3.27$）和说（$M = 2.91$），使用汉语写作的意愿最低（$M = 2.55$）。总体而言，接受型的交际意愿（阅读和理解）与产出型的交际意愿（说和写）之间的差异显著（$t = 10.861$, $Sig. = 0.000$），前者高于后者。这一结果一方面反映了日本人学习外语的特点，即只重视阅读翻译，不重视口语，[②]另一方面说明留学生还没有能充分利用目的语环境。王学松（2001）[③]也有类似发现，即日本来华学生在实际的学习生活中还是以课本等文字材料为主，且他们对音像材料比较感兴趣。但王学松的研究也发现喜欢"用汉语和会话联系"

---

① 丁安琪《关于日本本科留学生对汉语课堂活动有效性评价的分析》，《世界汉语教学》2007 年第 1 期。

② 郭春贵《日本的大学汉语教育问题》，《世界汉语教学》2005 年第 4 期。

③ 王学松《来华日本留学生汉语学习情况调查》，《语言文字应用》2001 年第 4 期。

的学生远远多于不喜欢的学生,这与我们的研究结果不一致。这有可能是因为王学松的研究对象全部是长期留学生,而我们的样本中短期学生占相当的比例。

以往的研究发现日本留学生对使用汉语写作的兴趣很低,我们的研究结果也不例外。对此,保版律子(1998)[①]的解释是大多数学生学习汉语的目的是"对中国、对汉语感兴趣",因此读和说似乎更为重要;而王学松(2001)[②]认为是学生由于汉、日语的书面表达习惯不同而难以适应,因此对写作保持一种抗拒心理。我们认为另一种可能是这三项研究的调查对象都局限于语言学校中的日本留学生。对于他们而言,使用汉语写作并非必需的能力。考察本研究样本中的 8 名硕士生和博士生的反应,可知他们使用汉语写作的意愿与说、读和理解的差异并不明显。对于硕士和博士生而言,汉语写作无疑是一项必备的技能,因为他们面临毕业论文的压力。

(三)动机和情感因素作用于交际意愿和交际频率的路径

研究者对第二节中构拟的模型进行检测,结果见图 2。

---

① 保版律子《日本大学生汉语学习情况调查》,《世界汉语教学》1998 年第 2 期。
② 王学松《来华日本留学生汉语学习情况调查》,《语言文字应用》2001 年第 4 期。

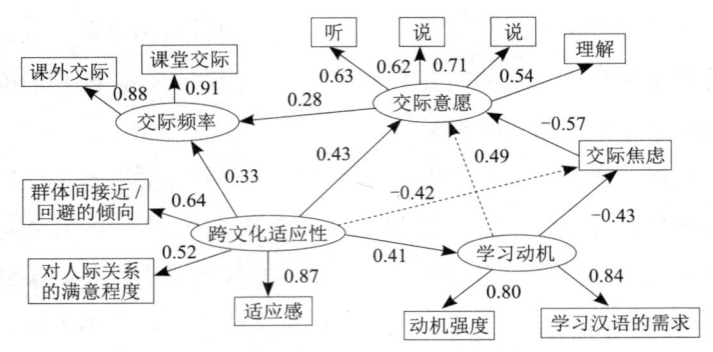

注：$N = 142$；$x^2 = 15.28$，$df = 10$，$CFI = 0.97$，$GFI = 0.96$，$RMSEA = 0.06$。

图 2　各因素之间相互作用的路径图

模型中，潜在变量跨文化适应性由可测变量群体间接近/回避的倾向、对人际关系的满意度和适应性定义；汉语学习动机由动机强度和学习汉语的需求两个可测变量定义；交际意愿由读、说、写和理解的意愿四个可测变量定义；而交际频率则体现为课堂和课外两种情境下的交际频率两个可测变量。结果表明，数据对原始模型的拟合一般（$x^2 = 76.15$，$df = 14$，$CFI = 0.89$，$GFI = 0.88$，$RMSEA = 0.20$）。[①] 根据软件对模型修正指数的建议，研究者将原始模型增加了两条路径（由虚线表示）。第一条是学习动机对交际意愿的影响。已有的研究表明，较强的动机（特别是交友和其

---

① 数据对结构方程模型的拟合优度主要体现为以下几个指标：卡方值（x^2）与自由度（df）、拟合优度指数（Goodness of Fit Index, GFI）、调整后的拟合优度指数（Adjusted Goodness of Fit Index, AGFI）、比较拟合指数（Comparative Fit Index, CFI）、平方根参差值（Root Mean Square Error of Approximation, RMSEA）等。AMOS 软件要求，当 x^2 与 df 之比 <2，$p>0.5$；GFI, AGFI, CFI ≥ 0.90；RMSEA ≤ 0.08 时，模型才能被接受。参见文秋芳《"作文内容"的构念效度研究——运用结构方程模型软件 AMOS5 的尝试》，《外语研究》2007 年第 3 期。

他各种实用型的动机)对交际意愿有促进作用。[①] 而外国留学生学习汉语的动机主要是工具性的。[②] 另一条新增的路径是跨文化适应性对交际焦虑的影响。目前有关跨文化适应性与留学生交际焦虑之间的关系并未得到证明。根据王学松(2001)[③] 的调查结果,由于生活习惯的改变带来的不适应在很大程度上给日本留学生的汉语学习带来了困扰。理论上讲,不适感通常会使人产生焦虑的情绪。修正后的模型对数据的拟合程度达到了统计要求($x^2 = 15.28$,$df = 10$,$CFI = 0.97$,$GFI = 0.96$,$RMSEA = 0.06$)。模型中的所有路径均达到了 0.01 的显著水平。跨文化适应性对学习动机、交际焦虑和交际意愿均有影响,并直接作用于留学生使用汉语的频率,因此是汉语学习中一个非常重要的变量。这从一个侧面印证了施家炜(2000)[④] 的观点,即跨文化交际意识的培养与增强对于促进语言学习过程、提高学习者的语言运用能力有不可忽视的作用。随着跨文化适应性的增强,留学生的跨文化意识得到提高,其学习动机和交际意愿相应增强,而交际焦虑减弱,因此会更加积极地使用汉语。而在真实情境中使用二语是二语习得成功的重要因素。以往的研究发现学习动机通过作用于交际焦

---

① Clément, R., Baker, S. C., & MacIntyre, P. D. (2003). Willingness to communicate in a second language: The effects of context, norms and vitality. *Journal of Language and Social Psychology*, 22(2): 190-209.

② 王志刚、倪传斌、王际平、姜孟《外国留学生汉语学习目的研究》,《世界汉语教学》2004 年第 3 期。

③ 王学松《来华日本留学生汉语学习情况调查》,《语言文字应用》2001 年第 4 期。

④ 施家炜《跨文化交际意识与第二语言习得研究》,《世界汉语教学》2000 年第 3 期。

虑而影响交际意愿。[①] 而本研究发现，动机对留学生的交际意愿本身有直接影响。这与 MacIntyre 等的模式有所出入。该模式中交际意愿位于金字塔的第二层，而动机位于第四层，两者之间通过交际自信（与焦虑有关）相联系。此外，Hashimoto（2002）[②] 假设的动机对交际频率的直接影响未被本研究证实。本研究表明交际焦虑对交际意愿有显著的负作用；焦虑感是留学生说汉语的主要心理障碍。这与已有研究的结论吻合，即焦虑影响留学生的语言能力（特别是口语）。[③] 另一方面，这也解释了为什么日本留学生（特别是初级学生）多半希望"以老师讲为中心"而普遍不愿意开口说话。[④] 因为他们较强的焦虑情绪导致交际意愿较弱。交际意愿对语言使用频率影响的路径指数为 0.28，说明虽然交际意愿对语言使用频率有一定作用，留学生使用汉语交际的频率还取决于其他因素。一个可能的因素是留学生的汉语水平，因为客观语言水平对二语习得效果有影响。[⑤] 可能这种影响是通过作用

[①] Yashima, T. (2002). Willingness to communicate in a second language: The Japanese EFL context. *The Modern Language Journal*, 86: 54-66; Yashima, T., Zenuk-Nishide, L., & Shimizy, K.(2004). The influence of attitudes and affect on willingness to communicate and second language communication. *Language Learning*, 54: 119-152.

[②] Hashimoto, Y.(2002). Motivation and willingness to communicate as predicators of reported L2 use: The Japanese ESL context. *Second Language Studies*, 20(2): 29-70.

[③] 钱旭菁《外国留学生学习汉语时的焦虑》，《语言教学与研究》1999年第 2 期；Clément, R., Dörnyei, Z., & Noels, K. (1994). Motivation, self-confidence and group cohesion in the foreign language classroom. *Language Learning*, 44: 418-448.

[④] 王学松《来华日本留学生汉语学习情况调查》，《语言文字应用》2001年第 4 期。

[⑤] 施家炜《跨文化交际意识与第二语言习得研究》，《世界汉语教学》2000 年第 3 期。

于交际频率而产生的。另一个解释是交际意愿对语言使用的作用只限于学生有足够的权利选择是否使用二语进行交际时,[①] 留学生因为身处异国他乡,独特的学习和生活环境决定他们很多时候无法选择是否使用汉语,因此交际意愿对汉语使用的决定作用有限。

四、结论

(一) 研究结论

本研究主要有如下几方面发现:第一,日本留学生的汉语交际意愿和其使用频率紧密相关,交际意愿越强,使用汉语的频率越高。第二,接受型和产出型的交际意愿之间存在明显的差异,前者强于后者。第三,学习动机、交际焦虑和跨文化的适应性对日本留学生的汉语交际意愿均有直接影响。跨文化适应性对学习动机、交际焦虑也有影响,并直接作用于日本留学生使用汉语的频率。

(二) 教学启示

本研究结果对汉语教学有一定的启示意义。

首先,帮助留学生克服来华后的文化障碍,使他们尽快适应汉语语言环境应该成为对外汉语教学的一个重要的环节。以往的认识是留学生身处得天独厚的汉语环境,必定有助于他们语言能力的培养提高。殊不知环境的改变所导致的不适感很有可能使学生回避与本族语使用者的互动,从而不能很好地利用语言环境优

---

① Clément, R., Baker, S. C., & MacIntyre, P. D.(2003). Willingness to communicate in a second language: The effects of context, norms and vitality. *Journal of Language and Social Psychology*, 22(2): 190-209.

势。我们认为有条件的学校可以有意识地组织和促进留学生和中国学生交流,这是帮助留学生增强跨文化适应性的一个有效手段。目前各学校中国学生和留学生基本上还是两个相互独立的社团,相互间的交往还非常有限。

其次,口语教学中可以考虑采用任务型的教学模式。通常老师都期望课堂上学生能主动发言。但由于日本是一个喜欢沉默、不善言谈的民族,从小进行的是"寡言美德"的教育,日本留学生课堂上很少会主动发言,即使老师问的问题他们都知道答案,一般也要等到老师点到自己的名字时才会回答。[①] 本研究发现日本留学生在面临老师所布置的任务时交际频率最高,这说明日本留学生普遍存在以任务为取向(Task-oriented)的特点。

再次,应重视激发学生的学习动机。高水平的动机对于降低学生的焦虑情绪和提高学生的交际意愿都有显著作用。既然大多数留学生学习汉语都是出于对中国文化和汉语的兴趣,[②] 教学中我们应该努力保持和提高他们的兴趣。具体措施包括在教学和教材编写中增加对中国文化的介绍,用中国文化的精义来吸引学生;在语言教学中引入多种媒介,包括学生喜爱的音像媒介,以丰富课堂内容。

(三)不足与建议

本研究的不足之处主要有:第一,样本比较小。虽然本研究涉及 142 名被试,跟国内的同类研究相比人数并不少,但由于本

[①] 丁安琪《关于日本本科留学生对汉语课堂活动有效性评价的分析》,《世界汉语教学》2007 年第 1 期。

[②] 王志刚、倪传斌、王际平、姜孟《外国留学生汉语学习目的研究》,《世界汉语教学》2004 年第 3 期。

研究设计的变量较多，采用的路径分析的方法一般要求样本越大越好。第二，本研究中79.6%的被试是语言学校中的留学生，来华攻读学位的学生占样本比例较低，研究结果是否可以推广到该类学生需要进一步研究。第三，由于被试分布比较散，对交际频率本研究只能采取自陈式报告收集数据，今后的研究可以考虑依据应用语言学界广泛使用的课堂观测系统（如FIAC）收集数据。

第六节 跨文化交往对汉语作为第二语言教学的影响和对策①

一、对外汉语课堂交往的差异

跨文化交往指具有不同文化背景的民族成员相互进行的交往。来华学习汉语的留学生来自不同国家，受不同的母语影响，有不同的社会文化背景，对他们的汉语教学实际上是一种多元文化主体之间的交往活动。交际个体不同国同族，有着不同的母语，所以在学习汉语时表现出明显的文化差异。

（一）文化心理差异

文化心理决定着一个民族共有的交往风格。比如欧美人较为外向，而亚洲人较为内敛，这些属于文化背景的东西极大地影响

---

① 本节选自韩然《跨文化交往对汉语教学的影响和对策》，《语言与翻译》2007年第2期。

着学习者的课堂交往态度、心理、方式。我们可以把这些概括为四个方面：开放还是封闭，即时反应还是延时反应，寻求成功还是规避失败，活跃还是缄默。这些差异都会影响到对课堂教学的参与度、积极性和主动性，从而影响学习效率，使教学过程表现出与一般教育不同的交际情境、文化差异，有时可能出现教学环节的操控失据，表现在个体上，可能出现听、说、读、写能力不均衡、产生学习焦虑等。

（二）辅助语言或非语言交往差异

在多元文化的汉语课堂上，学生需要同时使用汉语言信号、辅助语语言信号以及非言语信号进行交往，包括交换目光、侧耳倾听、举目凝视，也包括其他表示赞同、接受及否定等态度的声音、动作。虽然随着经济全球化，传播网络化，跨文化交际的差异在逐渐缩小，文化隔膜逐渐变少，但文化差异毕竟是存在的。比如汉语表示数字"八"的手势。在课堂上，包括身体距离的远近、说话声音的大小、提问答问的方式等差异都影响着学生间的交往动机、态度和方式的选择。

（三）学习和应用汉语的态度差异

以汉语中喜欢与人表示亲近的特点为例，大部分学生表示对汉语的这一特点很欣赏，这与人们普遍对异质文化抱有较强的好奇心一致。但是具体到语言学习与应用，又会出现基于其文化的应对态度差异。比如在汉语中，主动打招呼的人有时故意把对方正在做的事说出来，看到一个人在吃饭，招呼一声"吃饭呢？"；看到一个人从商店出来，明知故问"去商店了？"，大部分母语为英语者认为那是别人的隐私，不应该这样问。大部分亚洲学生感觉这样打招呼太麻烦，表示不愿意尝试。

（四）学习方法差异

个体的学习方法有时也与一个民族长期形成的学习文化有关。比如有些国家的学习者普遍特别注重语法规则、书面语汇的学习，重读写，相反有些国家留学生普遍重视口语听说。前者基本功扎实，但口语能力薄弱，后者交际能力强，但读写能力薄弱，影响向中高级汉语的可持续发展。教师应注意学习方法的跨文化特征，在课堂上创造良好的交际情境、交际平台，使二者得到调节。

二、交往研究是汉语教学研究的重要课题

课堂教学的本质是人际交往的过程。首先，作为第二语言的学习，汉语学习首先是交往学习；其次，交往是课堂教学的重要资源，对外汉语课堂与别的教学环境相比，其优势恰在于不同文化交汇的教学环境，为教学创造出无限的丰富性；其三，交往是学习主体的需要，这是任何学习者共有的需求。

（一）汉语学习首先是交往学习

首先，语言是交际工具，离开交际的语言学习是与学习者的目标相背离的，若语言学习成了语言研究，则所学语言只能是死的语言。

其次，语用原理、语用策略是语言学习不可分割的部分，在目的语环境中，学生的日常生活、衣食住行、各种交往经历、文化知识、认知框架都在不断地发生变化，课堂的交往正是社会交往的"实验室"。学习汉语的过程，也是在教师和目的语环境的影响下，试误、验证、学到汉语交往的规则、态度，掌握汉语语用原理、语用策略的过程。所以可以说交往是语言学习的本身。

（二）交往是课堂教学的重要资源

文化的互补性，在汉语课堂教学中表现得非常活跃。对外汉语教学的一个显著的特征是教材的无限生成性，这种生成性不但指学生处在汉语环境中学习资源的无限丰富，还指在交往中会随机产生大量教学素材。课堂教学在策略选择时，应注意激活学生对不同文化差异的关注，将"异质文化特征"作为教学设计的源头活水，或者利用那些具有共同价值取向的社会现象、话题。比如讨论一些人类面临的共同问题，提倡人类共同倡导的优秀品质，把它们变成特殊的具有文化比较意义的教学资源；如北京大学版《初级汉语口语》（下）18课《健康和快乐比什么都重要》，话题涉及老龄化问题。教学时如果将学生组织成以国别为单位的小组，准备如何向别国同学说明一下自己国家的人口情况、老人生活情况、如何解决老龄化问题等，或者对中国城市的老龄化问题做一些调查、分析与研究，不论学生掌握的汉语有多少，他们都会尽自己所能地积极准备，努力完成，因为共同的价值观，共有的汉语平台，不同的文化习俗，各异的生活方式，在求同存异中，课堂交往显示出其所具备的与别的教学环境不同的优势。

（三）交往是学习主体的需要

课堂学习的个体差异，大多来自学生主体需要不能满足。"满足"这一概念在教育学中可以指多种因素给学生心理造成的影响，比如课程难度是否适中，对于学生的认知需求是否合适等。而从教学组织来说，尤其对于文化差异较大的对外汉语教学班，课堂组织如果不能注意满足学生的交往需求，就可能使个体产生社会学所谓的亚社会行为或超社会行为的情况。

亚社会行为（Undersocial Behavior）是指学生个体疏离教师、

同学和集体的表现行为。① 在一个汉语教学班中，出于"同在异乡为异客"等原因，留学生内心有相互接纳的积极意向，会主动寻求与别人对话、沟通，但如果教学组织有问题，学生们将不主动或不愿继续对话、沟通，其中甚者会疏离教师、同学和集体，亚社会行为就会产生，如果其社会接纳需要持续得不到满足，会产生三方面的问题：（1）该生会跟不上课程，对学习失去兴趣。（2）该生失去作为自己重要学习资源的交流合作。（3）这种亚社会交往行为会影响其他个体，使课堂学习活动产生阻断等问题，如口语课最常用的轮流说话、讨论等训练，或小组活动中的合作，一个学生的消极态度会使"链接"中断，导致活动失败。

反过来，对外汉语课堂也容易产生超社会行为（Oversocial Behavior）。超社会行为是指学生在不恰当的时间以不恰当的方式吸引教师和同学注意的行为。② 当一个学生感到被忽略、被孤立时就可能引发其超社会行为。例如，有时，同一国家或持相同语言的学生会在不恰当的时间交流，有时，学生不愿意按照教师要求的话题或方法完成练习，这些都曲折地反映出教学策略与其文化背景学习习惯有违或不适应的问题。教师要在教学内容的呈现、教学难度的把握、教学组织等方面下功夫，在构建和谐的、能满足学生不同文化背景的交际需要的教学方法上下功夫，引导学生以积极心态相互包容，相互接纳，让学生取得认同，从而对学习集体有依赖，成为教学共同体中的主动者。

在跨文化学习环境中，有些学生回避交往，对互相练习、小

---

① 张希希《论有效课堂交往的策略》，《课程、教材、教法》2001 年第 5 期。
② 同①。

组练习不积极；有些学生喜欢读生词、读课文等机械训练，不喜欢谈话、发言等创造性学习；有些学生喜欢分析理解，不喜欢练习说与写。这些都直接或间接地反映出对外汉语教学的状况或者说是存在的问题，解决的一个途径就是要重视组织课堂交往，以满足学习者的交往需要。

三、满足汉语学习者的交往需要

文化人类学已有充分的证据表明，人类满足各种需求的方式虽有极大的文化差异，但人类追求自我实现的目标却是一致的。自我实现，就是不断实现潜能、智能和天资，为此，人们会在自己原本可能畏惧、依赖的环境中，会"主动创造心理环境"（马斯洛语）。[①] 按照这一理论，我们就要讨论如何保护学生学汉语的动机。受传统教学方法影响，我国传统的教学使交往限制在教师与学生之间，课堂活动多为单向而非多向，训练的组织形式也较为贫乏，难以使学生与学生之间产生充分互动，难以顾及文化差异性，保护学生"自我发挥和完成的欲望"，课堂气氛较为沉闷，从而影响学习效果。

以下我们从如何满足学生的社会接纳需要、决策需要及亲和需要三种心理需要，探讨在汉语教学中应采取的策略。

（一）满足多元的社会接纳需要

社会接纳需要是多种心理需要中最有影响力的一种需要，指人们在交往中寻求别人认可接纳的心理需求。留学生在中国学习

[①] 成明编译《马斯洛人本哲学》，九州出版社，2003年。

汉语的同时，也在了解适应汉民族的行为规范、价值观、信仰等；另一方面，留学生在与其他各国学生交往中也以各自的文化背景来观察和分析环境。课堂上如果能充分利用交际互动，就将多个具有不同价值体系的个体汇聚到了一起，将个体行为纳入了这一共同文化（即汉文化）的平台。

每个个体置身于跨文化环境中，都会自觉不自觉地表征其"文化身份"，即他的行为一定带有其民族的烙印。一个民族的正向的身份感，是一种强大的心理力量，在一个集体中，能给个体带来安全感、自豪感、独立意识和自我尊重。教师在课堂交往策略的取舍中，要善于利用留学生的"文化身份"感，使每一个学生都主动地寻求被接纳，并准备接纳他人。这是汉语课堂交往形成的基础，也是最核心的东西，不管教师有没有意识到，它都在活跃地参与着。比如，欧美学生与亚洲学生，东南亚学生与中东学生，他们的学习方法、课堂学习习惯差距非常明显，他们在课堂上寻求被同学接纳的方式差距也很大。如果教师具有多元文化的包容态度，组织教学策略得法，学生在学习汉语的共同目标下积极建构知识，从而寻求他人的认同，课堂就成为一个具有较高心理安全度的和睦环境，汉语的学习效率将随之提高。

（二）满足多元文化环境中的亲和需要

觉得自己有能力给予和接受关爱的需要就是亲和需要。[①] 人际交往的动机之一是寻求建立亲和关系，留学生希望与同学、教师有更密切的关系，比较本国学生来说，他们更愿意包容别人，更喜欢帮助他人，对他人的关爱更敏感，在出现异质学习习惯、

---

① 张希希《论有效课堂交往的策略》，《课程、教材、教法》2001 年第 5 期。

交往方式时,求同存异的愿望更突出。教师选择教学策略时应该考虑这种心理需求,创造有亲和力的课堂环境。

亲和需求源于人的心理安全需求,而课堂上这种安全需求得不到满足时,就会消极被动,加剧学习焦虑。钱旭菁(1999)[①]的调查表明,外国留学生汉语学习焦虑是普遍存在的。在各种焦虑中,以交际焦虑和对负面评价焦虑尤为严重,而且汉语学习焦虑有明显的国别差异,比如美国留学生的口语焦虑值显著低于日本和韩国留学生,课堂学习焦虑和考试焦虑日韩学生低于欧美学生。过度焦虑是语言学习的障碍,而"减负"与"减压"就是要让个体感觉到环境充满自由、善意与温情。

创建了有亲和力的交往环境,就可以将学生在中国生活中的事件作为课堂交往的资源。比如一位韩国学生在流动献血车上献出200毫升鲜血,他自己觉得很平常,但中国朋友赞扬他非常高尚,为什么?将这个问题拿到课堂上讨论时,教师注意接纳各种意见,保持自由开放的课堂气氛,让同学们谈他们的看法,在全体同学交换看法后,学生也发现不论民族、肤色、风俗是如何不同,人类还是有一致的、共同的东西,汉语学习也在讨论中得到加强。

(三)利用决策需要激发交往动机

在留学生课外活动中,我们会发现大多数学生都具有非常强的交往渴求和组织能力,但在课堂上,这些积极的东西却不一定调动得起来,这与我们传统的教学习惯,教学组织技巧有关。据调查,很多留学生来中国学习汉语的目的是希望锻炼在不熟悉的

---

① 钱旭菁《外国留学生学习汉语时的焦虑》,载《中国对外汉语教学学会第六次学术讨论会论文集》,华语教学出版社,1999年。

文化环境中的适应能力。教师应根据这种心理特点及时地满足学生的决策需要，以促进课堂有效交往。

比如高级精读课的教学组织，如果采用"任务合作"方式，除了分配任务、提出要求以外，所有任务都由学生小组来做，做什么、怎么做，教师不做过多干涉。在课下的准备中学生讨论集思广益，从词、句到篇章的阅读理解，每个人都是决策者，每个人又都是施行者。在课堂上，每个人的提问、分析与解答都站在责任人的立场上，为小组的共同目标努力。而且，一篇课文划分为几个部分，分配给几个小组，因为"组"是一个"社会单元"，学生关注自己任务完成的同时，还要关注他组的任务。这样一来，伴随着有意义的自我建构，人人主动学习、合作探讨，文章读得深入，语言目标完成得全面、快捷，大量"串讲"的烦闷感觉就没有了。把任务交给学生，让学生去尝试自己主动提问、分析并解决问题，使学生的主体性得以很好的发挥，而交往中决策需求也得以满足，既是动因，又取得了良好的结果。

四、结语

在汉语的课堂教学中，汉语既是学习的对象，又是交往的凭借，在这样的特殊场景中，汉语为不同文化的个体建构了一个共同的平台。

面对跨文化教学环境，要把握"求同存异"是跨越文化障碍、语言差异的根本原则。在组织教学上要突出交际性特征，改变传统教学方法，选择国内外教育心理研究实验行之有效的教学方法。

课堂交往是社会交往的"微缩景观"，教师是汉语文化交往的"专家""典范"。留学生学习汉语的过程,也是在教师指导下,在目标语环境的影响下,试误或求胜,学到汉语交往的规则、态度,发展汉语语用能力的过程。其心理需要得到满足,就加强了他们语言观察、语言实践的兴趣,学习的"绩"与"效"则会提高。

图书在版编目(CIP)数据

汉语作为第二语言教学的跨文化交际研究/李晓琪主编.—北京:商务印书馆,2019
(商务馆对外汉语教学专题研究书系.第二辑)
ISBN 978-7-100-17917-1

Ⅰ.①汉… Ⅱ.①李… Ⅲ.①汉语—对外汉语教学—教学研究 Ⅳ.①H195.3

中国版本图书馆 CIP 数据核字(2019)第 249102 号

权利保留,侵权必究。

汉语作为第二语言教学的跨文化交际研究
李晓琪 主编

商 务 印 书 馆 出 版
(北京王府井大街36号 邮政编码100710)
商 务 印 书 馆 发 行
北京新华印刷有限公司印刷
ISBN 978-7-100-17917-1

2019年12月第1版　开本 880×1230　1/32
2019年12月北京第1次印刷　印张 10⅜
定价:36.00 元